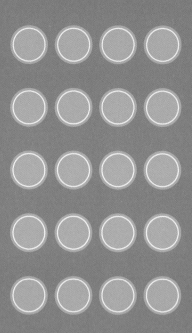

기업가정신과 창업

서용한·이연주

제이앤씨
Publishing Company

저 자 약 력

서용한

울산과학대학교 글로벌비즈니스학과 교수
현 기업가정신과 창업 강의
미국 California 주립대 방문교수
일본 사가여자단기대학 연구교수
부산대학교 박사

이연주

울산과학대학교 글로벌비즈니스학과 교수
현 울산과학대학교 국제교류어학원 원장
Boston University 석사
University of South Queensland 박사
Yale Education Consulting Company, Executive Consultant

기업가정신과 창업

초 판 1쇄 발행   2022년 03월 15일
초 판 2쇄 발행   2023년 02월 15일

저   자   서용한 · 이연주
발 행 인   윤석현
발 행 처   제이앤씨
책 임 편 집   최인노
등 록 번 호   제7-220호

우 편 주 소   서울시 도봉구 우이천로 353 성주빌딩
대 표 전 화   02) 992 / 3253
전   송   02) 991 / 1285
홈 페 이 지   http://jncbms.co.kr
전 자 우 편   jncbook@hanmail.net

ISBN 979-11-5917-196-3   13320   정가 18,000원

『주머니 속 동전』을 위하여

기업가정신과 창업의 궁극적인 목적은 대학에 입학하는 학생들에게 어떤 분야를 전공하던지 관계없이 기업가정신과 관련된 좋은 교육을 받게 하는 것입니다. 물론 모든 학생들이 기업가가 될 필요는 없습니다. 대부분의 학생들은 좋은 직장과 직업을 갖는데 관심이 많은 것이 현실입니다만 적어도 많은 학생들이 우리 사회와 경제에 중요한 영향을 미치는 기업가정신을 이해하길 바랍니다. 그리고 일생의 어느 순간이 될지 모르지만 창업의 과정을 정확히 이해하고, 스스로 기업가정신을 활용할 수 있는 시점이 올 것이라 믿고 있습니다. 여러분이 살고 있는 지금이 시대는 결코 정체되지 않으며, 항상 재창조되고 혁신되어지고 있다는 것입니다.

여러분이 취업에 성공하더라도 기업은 여러분들에게 끊임없이 혁신적이고 창의적인 조직생활을 요구할 것입니다. 창업에 도전하는 학생들도 기업가정신의 중요성을 체험하게 될 것이며 이것이 곧 기업가정신을 배워야 하는 이유입니다. 기업가정신은 여러분과 세상을 새롭게 혁신시키는 가장 훌륭한 방법입니다.

우리가 살아가다보면 주머니 한 구석에 동전이 몇 개 생길 때가 있기 마련입니다. 무겁기도 하고 걸을 때면 짤랑거리는 소리 때문에 귀찮다는 생각이 듭니다. 하지만 혹시라도 목이 말라 자판기 앞에 섰지만 백 원 또는 십 원이 모자라 음료수를 마실 수 없는 순간이 있을 수 있습니다. 그때서야 보잘것없고 귀찮기만 했던 주머니 속 동전이 얼마나 소중한지 깨닫게 됩니다.

기업가정신과 창업은 언제 사용될지 알 수 없지만 언젠가 여러분이 필요할 때 요긴하게 사용될 수 있는『주머니속 동전』이 될 수 있을 것이라 확신합니다.

저자 일동

『기업가정신과 창업』 교재활용에 관련하여

본 『기업가정신과 창업』 교재는 자기 주도적이고 수행 중심적인(성과중심) 창업교육을 목표로 수강학생들이 한 학기 동안 자신의 『창업 포트폴리오』를 완성하는데 초점이 맞추어져 있습니다.

창업 포트폴리오는 학생들에게 기업가정신과 창업에 대하여 스스로 생각하게 하여 자기 주도적으로 강의에 참여함으로써 만들어지는 성과물입니다. 본 교재는 이러한 교육 목표에 부합되도록 다음과 같이 내용을 구성하였습니다.

- 각 주별 강의에 대해 학생들이 스스로 내용을 요약하고 평가할 수 있도록 『기업가정신과 창업 포트폴리오 노트』를 작성 하도록 하였습니다 [교재 별첨에 첨부]

- 각 주별 강의 주제와 관련된 『수행 과제』가 첨부되어 있습니다. 수행 과제 전체 또는 일부를 선택하여 활용할 수 있도록 하였습니다 [교재 별첨에 첨부].

- 학생들 스스로 생각하고 토론할 수 있는 기회를 제공하기 위해 토론 자료, 참고자료, 사례 부분을 별도로 구성하였습니다.

- 마지막으로 각 과별 내용을 학생 스스로 정리하고 평가할 수 있도록 『핵심주제 확인학습』 섹션을 마련하였습니다.

교재를 사용하는 교수님들께서는 학기말에 교재 뒷부분에 첨부된 수행과제 성과물인 『기업가정신과 창업 창업포트폴리오』를 교재에서 절취하여 과제로 제출받아 평가 자료로 활용할 수 있습니다.

강의교재 내용과 관련하여 도움이 필요하시면 언제든지 연락주시면 감사하겠습니다.

부디 본 교재를 통해 창업교육이 학생들에게도 도움이 되고 대학 내 창업활성화에 조금이나마 도움이 되길 기원합니다.

차 례

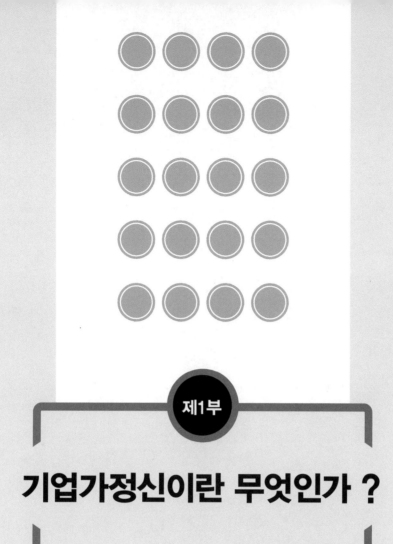

제1부

기업가정신이란 무엇인가 ?

기업가정신과 창업

제1장

창업환경과 기업가정신

학습목표

- 우리사회에서 기업가정신이 중요한 이슈가 되고 있는 이유를 설명할 수 있다.
- 기업가정신과 창업에 대한 잘못된 편견이 무엇인지 설명할 수 있다.
- 우리나라의 기업가정신과 창업 현황을 설명할 수 있다.

1. 창업과 기업가의 시대

    국가경쟁력과 기업경쟁력을 제고하는 중심에는 도전적인 기업가정신이 자리 잡고 있다. 세계경제포럼 보고서에서도 국가경쟁력 지수가 높을수록 혁신적 기업가의 비율이 높은 것으로 나타나고 있다[1]. 우리나라는 한국전쟁이후 '한강의 기적'을 통해 세계 최빈국에서 선진국으로 성장했고, 기업경쟁력을 높여왔다. 1970년대 2조 7,640억 원이던 GDP가 2021년에는 2,266조를 넘어 약 820배 성장했고, 세계 10위 경제 대국이 되었다. 1인당 국민소득은 세계 26위, 기업의 경쟁력 지표로 볼 수 있는 세계 수출시장 점유율 1위 품목 69개로 세계 11위이다[2].

    눈부신 성장을 지속해 온 한국경제는 세계 경제의 장기불황, 대기업 중심 산업구조의 한계, 4차 산업혁명의 등장으로 새로운 도전에 직면해 있다. 이로 인해 새로운 경제성장 동력으로서 기업가정신의 중요성이 강조되고 있다. 피터 드러커(Peter Drucker)가 제안한 혁신과 기업가정신이 확고하고도 지속적으로 유지되는 기업가적 경제시스템으로 전환이 필요하다. 기업가적 경제시스템은 영리를 추구하는 기업의 핵심 주체인 기업가뿐만 아니라 사회 모든 개인과 조직이 기업가정신으로 무장하고 혁신에 매진하는 시스템을 의미한다.

기업가적 시스템은 4차 산업혁명 시대의 개막으로 촉발될 경제구조의 변화, 기대수명 연장으로 가속화되고 있는 고령화 사회로의 사회구조의 변화 그리고 평생직장 개념이 사라지면서 개인 스스로 자기 주도적 경력관리를 해야 하는 개인 차원에서도 그 필요성이 증가하고 있다. 우선, 경제구조의 변화 측면에서 기업가정신의 중요성에 대해 살펴보자. 1·2차 산업혁명을 통한 대기업과 제조업 중심의 경제구조는 3차 산업혁명을 통해 벤처기업과 온라인 중심의 경제구조로 변화했다. 4차 산업혁명 이전까지 한국은 선진국의 선도기업(first mover)을 벤치마크해 이들보다 더 개선된 상품을 저렴한 가격에 재빠르게 출시하는 패스트 팔로워(fast follower)전략으로 성장해 왔다. 더 이상 벤치마킹 대상이 사라진 현재와 미래는 패스트 팔로워 전략으로 성공과 성장을 장담할 수 없다. 따라서 기업가적 사고방식(mindset)을 기반으로 선도적 지위를 개척해나가는 혁신적 기업가가 주도하는 창업생태계를 강화하는 노력이 필요하다.

기업가적 경제시스템 전환이 필요한 또 다른 이유는 대기업의 일자리 창출 한계와 직업구조의 변화이다. 글로벌 금융 위기 이후 장기적인 경제 침체와 고용 없는 성장으로 인한 청년실업 문제와 일자리 창출이 한국뿐만 아니라 전 세계 국가의 최대 현안이 되고 있다. 코로나19로 인한 팬데믹 상황은 세계적 경제위기와 실업률 문제를 가속화시키고 있다. 대외환경에 더해 경제성장을 주도하며 일자리 창출의 일등 공신이었던 대기업이 한계를 들어내고 있다. 한국의 취업유발계수는 2005년 20.3이였던 것이 2017년 10.5로 절반가량 낮아졌다. 취업유발계수는 생산액 10억 원당 발생하는 직·간접 취업자 수를 나타내는 수치로 2005년 10억 원 당 20.3명의 일자리를 창출했으나, 2017년에는 10.5명으로 약 10명의 일자리가 사라진 것이다. 이는 기술의 발달로 인해 노동생산성이 높아져 필요한 일자리를 감소시켰기 때문이다. 기술혁신으로 대변되는 4차 산업혁명은 인간을 대체하는 로봇과 자동화, 제품과 서비스의 혁신으로 인력감소가 지속될 전망이다.

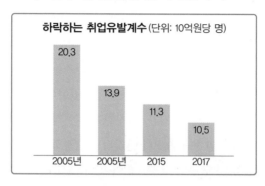

[그림 1-1] 취업유발계수의 연별 추이[3)]

일반적으로 졸업 후 대기업에 취업해서 안정적인 생활을 바랄 것이다. 그러나 앞으로 안정적인 평생직장이 가능한지에 대해 고민해 볼 필요가 있다. 미래학자 토머스 프레이는 2030년까지 전 세계 일자리 20억 개가 사라지고 80억 명 중 절반은 일자리가 없어진다고 예측하였다. 매켄지보고서도 3D프린팅, 빅데이터, 인공지능, 로봇, 드론, 무인 자동차산업 등의 미래 첨단 기술이 대부분의 일자리를 사라지게 만들지만 23억 개의 새로운 일자리가 탄생할 것으로 예측하였다. 이는 현재 대부분의 직업이나 직장이 안정적이지 않기 때문에 지속적으로 새로운 직업이나 직장을 받아들일 마음의 준비를 하거나 창업을 통해 스스로 일자리를 만들어야 한다는 것을 의미한다. 미국 노동청 통계에 의하면 18세부터 48세까지 평균 14.9개의 직업을 가지는 것으로 조사되었다. 오스트레일리아 학자들은 현재 초등학생들이 직업을 갖게 되는 10~15년 후에는 한 사람 평균 29~40개의 직업을 가질 것으로 예측하였다[4)].

[그림 1-2] 평생 직업의 수[5)]

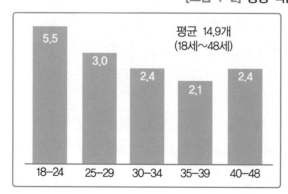

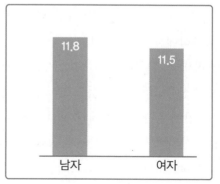

둘째, 기대수명 연장으로 가속화되고 있는 고령사회로의 사회구조 변화가 기업가적 시스템의 필요성과 어떤 관계가 있을까요. 국제연합은 전체 인구 중 65세 이상의 인구가 14% 초과하는 사회를 고령사회, 20% 초과할 경우를 초고령사회로 정의하였다. 우리나라는 2017년 기준 65세 이상의 노인인구가 14.2%로 고령사회에 진입하였다. 빨라지는 은퇴연령과 늘어나는 기대수명과 더불어 고령화 사회에서 중요한 것이 개인의 경제적 독립이다. KB금융지주 경영연구소 연구에 의하면 개인이 은퇴 시 필요한 자금이 평균 5억 7천만 원이라고 한다[6]. 안정된 직장에서 은퇴하면 연금을 받게 되지만 연금을 받지 못하거나 받더라도 안정적인 생활이 불가능한 경우 은퇴 후에도 직업을 가지거나 창업을 통해 수입을 창출해야 한다. 한국의 생계형 창업이 증가하고 있는 것도 같은 맥락에서 이해할 수 있다. 평생직장 인식조사에서 '제2의 인생' 시작 시점이 50대라는 응답이 43.3%로 가장 높아 제2의 인생을 준비하는 시점도 빨라지고 있는 것으로 나타났다. 제2의 인생을 위해 준비하고 있는 것으로는 자격증 취득을 통한 제2직업 준비가 45.5%로 가장 많았고, 개인사업 및 창업도 20.1%로 조사되었다[7]. 고령화 시대를 대비하는 지혜로운 방법은 자신이 잘할 수 있는 분야를 개척하고, 그 안에서 수익을 창출하는 방안을 끊임없이 찾고 실행에 옮기는 것이다. 고령화 시대에 대비한 4050 세대를 위한 창업 인프라를 구축하고, 나이가 경쟁력의 척도가 아닌 소중한 인적자산이 되도록 창업생태계를 강화해야 한다. 늘어나는 퇴직자들이 공원 벤치를 떠돌며 무능력자로 전락하는 악순환을 방지하는 노력이 필요한 시대이다.

셋째, 4차 산업혁명 시대의 핵심 정신이라고 할 수 있는 기업가정신은 개인 차원에서도 중요하다. 기업가정신이 발현되는 대표적인 사례가 창업이기는 하지만 연구, 예술, 스포츠 등 다양한 분야에서 구현될 수 있고, 영리를 추구하는 기업뿐만 아니라 비영리조직, 공공기관, 국가, 개인 차원에서도 발현될 수 있다. 이는 기업가적 활동의 궁극적인 목표가 사회에서 필요로 하는 새로운 가치를 창출하는 것이기 때문이다. 오늘날과 같이 경력관리 패러다임이 평생직장에서 평생직업으로 전환되면서 기업가정신은 자기 주도적 경력관리라는 개인 발전 차원에도 도움이 된다. 대학에서 기업가정신 교육을 받는 졸업생의 취업률은 78%로 교육을 받지 않는 졸업생 59%에 비해 높게 나타났다[8]. 또한, 기업가정신 교육을 받은 기업가가 5배 이상의 높은 매출을 올리며, 자산규모와 연간 소득도 27% 높은 것으로 조사되었다.

이상에서 논의된 경제와 사회구조 변화로 야기되는 문제를 효과적으로 해결하기 위한 대안은 창의적 기업가정신이 활성화되도록 하는 것이다. 선도적 기업가정신을 동력으로 쿠팡, Amazon, Meta(Facebook) 등과 같은 창조기업과 기업가 양성이 최선의 전략이다. 쿠팡은 10만 개에 가까운 일자리를 창출하였고, Amazon과 Meta도 각각 120만 개와 6만 개의 일자리를 만들었다.

토의과제

최근 중앙정부나 지방자치단체에서 대학생 창업자 또는 일반 국민을 대상으로 창업자들에게 실패에 대한 책임을 묻지 않고 창업자금을 지원하는 등 다양한 제도를 운영하고 있다. 이에 소요되는 재원은 세금이라고 볼 수 있다. 이러한 창업지원 정책이 공정한 것인지에 대해 토론해 보자.

2. 창업과 기업가정신에 대한 오해

일반대중이나 창업 교육을 수강하는 학생들에게 창업이나 기업가정신에 대해 질문하면 대부분의 대답은 현재 직장을 다니고 있거나 취업할 것이기 때문에 자기와는 무관하다거나 능력이 부족해 창업에 관심이 없다는 등의 대답을 듣게 된다. 이 장에서는 창업과 기업가정신에 대한 몇 가지 편견과 그에 대한 객관적 사실에 대해 살펴본다.

첫째, 기업가는 타고나는 것이다. 결론적으로 말하면 기업가는 타고나는 것이 아니라 만들어질 수 있다. 하버드대학교의 로이드 쉐프키(Lloyd Schefsky)교수도 "기업가로서 가져야 할 기업가적 특성(entrepreneurial characteristics)과 태도(attitude)를 갖기 위해 부단히 노력한다면 누구나 기업가가 될 수 있다"라고 강조하였다. 미국 경제전문지 포춘(Fortune)이 선정한 미국 내 500대 기업 가운데 41%는 이민자나 이민자 자녀가 설립한 기업이다. 이들 중에 만약 구글 창업자 '세르게이 브린'이 러시아에 있었다면 구글을 창업할 수 있었을까? 아마존닷컴의 '제프 베조프'가 볼리비아에 있었다면 아마존닷컴이 세상에 나왔을까? '스티브 잡스'가 아버지의 나라 시리아에 있었다면 애플은 사과나무에나 있었을 것이다. 이런 점에서 위대한 창업의 전제조건은 타고난 창업가이기보다는 창업가를 성장시킨 사회적 환경, 정책적 지원 그리고 창업교육과 같은 후천적인 요인이 더 중요하다고 볼 수 있다. 미국 기업가들을 대상으로 한 연구에서도 응답자의 62%는 가족 중에 자신을 제외하고 다른 기업가는 없다고 응답했다[9].

둘째, 창업이나 기업가정신은 취업과 무관하다. 취업 준비생이 취업에 성공하기 위해서는 우선 기업에서 요구하는 인재상을 살펴볼 필요가 있다. 우리나라를 대표하는 100대 기업이 가장 중요하게 여기는 인재상으로 '도전의식'이라고 응답한 기업이 88개 사로 가장 많았고, 주인의식 78개 사, 전문성 77개 사, 창의성 73개 사, 도덕성 65개 사로 나타났다. 5가지 인재상은 기업가정신과 무관하지 않다. 창업자로서 갖추어야 할 역량이 기업의 인재선발 기준이 된다는 점은 취업을 준비하는 취업 준비생에게도 기업가정신이 중요하다는 것을 의미한다.

특히, 오늘날과 같이 기업 간 경쟁이 치열해지는 경영환경에서 성장·발전하기 위해 기업의 규모와 관계없이 조직 구성원에게 기업가적인 태도와 행동을 요구하고 있는데, 이를 사내 기업가정신(corporate entrepreneurship)이라고 한다. 사내 기업가정신은 기업 내에서 개인과 조직 차원의 혁신과 전략 변화, 새로운 벤처팀 활성화, 기업가적 문화조성 등을 통해 기업의 경쟁력과 성과를 향상 시키고자 하는 일련의 의지와 활동이다. 사내 기업가정신의 대표적인 사례로 네이버는 삼성SDS 사내벤처로 출발했고, 인터파크는 LG유플러스, SK엔카는 SK(주) 사내벤처 기업이다. 이렇듯 구직자가 기업가정신으로 무장되어 있다면 취업의 기회는 훨씬 많아질 것이다.

셋째, 창업 교육이나 기업가정신 강의를 수강하지 않고도 성공한 기업가는 많다. 우리가 알고 있는 기업가 중에 정주영, 스티브 잡스, 빌 게이츠 등은 창업 교육을 체계적으로 받지 않았고, 심지어 대학도 졸업 하지 못했지만 창업에 성공하였다. 하지만 창업 교육을 받지 않고 창업에 성공한 기업가들조차도 "기업경영이나 기술에 대한 교육을 받았더라면 창업 과정에서 경험했던 엄청난 시행착오를 줄일 수 있었다"라고 주장한다.

알버타와 그레이(Alberta and Gray)[10]는 기업가정신 교육의 효과를 조사하였다. 기업활동을 하는 기업가 중 약 80% 이상이 기업가정신 교육을 받은 경험이 있었다. 기업가정신 교육을 받은 졸업자의 27.2%는 졸업 후 자신의 비즈니스를 수행하는 데 반해 교육받지 않은 사람이 비즈니스를 하는 경우는 9%에 불과했다. 또한, 창업전공자의 수입은 71,573달러로 비 창업전공자의 56,543달러보다 더 많았고, 자산규모도 각각 280,000달러와 170,000로 62% 더 높았다. 창업 교육을 받는다고 성공을 보장하는 것은 아니지만 체계적 창업 교육이 창업 성공에 중요한 요소가 될 수 있다.

실패가 세계 최고의 제품으로! 3M 포스트 잇

넷째, 기업가는 도박사다. 기업가정신의 핵심 요소가 위험을 감수하고 새로운 사업에 도전하는 것이다. 하지만 불확실한 사업에 도전한다고 해서 도박을 하듯이 사업에 뛰어드는 것은 아니다. 기업가는 도박꾼과 같이 위험을 감수하고 무모하게 도전하지는 않는다. 기업가는 무모한 위험이 아닌 계산된 위험을 감수한다. 위험과 계산된 위험의 차이는 철저한 사전 조사 수행 여부이다. 위험을 최소화하는 의사결정을 내리는 데 필요한 연구 및 조사를 수행한다. 설령 실패를 하더라도 이런 시행착오를 통해 새로운 경험과 노하우를 축적해 나갈 수 있다.

기본적으로 기업가는 불확실성을 떠맡는 역할을 하며(uncertainty- bearing), 가능한 불확실성을 줄여 이익을 창출하려고 노력하는 사람이다. 고위험·고수익(high risk high return)이란 말처럼 높은 위험은 성공 시 많은 이익을 가져올 수 있다. 미국 노스이스턴대 부설 테크놀로지 기업대학원이 미국 기업가 200명을 대상으로 한 조사에서 응답자의 88%가 자신이 위험 감수형(risk taker)이라고 응답했다[11]).

다섯째, 창업을 하면 창업자 자신이 끝까지 책임지고 경영을 해야 한다. 결론적으로 창업을 한다고 해서 끝까지 자신이 기업을 경영할 필요는 없다. 대부분의 신생기업은 참신한 아이디어와 뛰어난 기술력으로 창업에 뛰어든다. 창업 아이템의 성장잠재력은 크지만, 자금과 판매전략 등 많은 부분에서 위험과 한계에 직면하는 경우가 대부분이다. 대기업이 이들 유망한 스타트업(신생창업기업)을 인수해 출구(出口)를 마련해 주는데, 이를 인수합병(M&A)이라고 한다. 창업자 입장에서 인수합병은 스타트업 출구전략(exit strategy)이 되고, 창업기업과 투자자 입장에서는 투자금을 회수 받을 수 있다. 이스라엘을 창업 국가라고 하는 이유도 창업자들이 이런 출구전략을 적극적으로 활용해 자신의 참신한 아이디어를 판매하고, 회수된 자금으로 다시 창업에 도전하는 선순환적 창업생태계가 활성화 되어 있기 때문이다.

창업이 활성화 되어 있는 유럽·미국·이스라엘 등 창업 선진국은 인수합병을 통한 투자비 회수 비율이 80~90%에 달한다. 2001년 이후 구글이 인수한 회사는 130여 개가 넘는다. 블룸버그 통신에 의하면 구글이 2013년 이후 2년간 인수합병에 지출한 금액만 170억 달러(약 18조 원)로 같은 기간 애플, 마이크로소프트, 페이스북, 아마존, 야후가 기업 인수에 지출한 금액을 합한 130억 달러보다 무려 40억 달러가 더 많다. 국내 사례로 독일계 딜리버리 히어로가 국내 1위 배달 전문 애플리케이션 앱 '배달의민족'의 '우아한형제들'을 약 7조 6,000억원에 인수하였고, 영국 CVC캐피탈은 숙박 O2O 스타트업 '여기 어때'를 약 4,000억 원에, 수아랩은 약 2,300억 원에 미국 코그넥스에 인수되었다.

3.　한국의 창업과 기업가정신 현황

한국의 기업가정신과 창업에 대한 진단을 토대로 미래의 발전 방향을 모색하기 위해서는 현재의 상황을 정확하게 진단하는 것이 필요하다. 이 장에서는 한국의 기업가정신과 창업에 대한 인식, 창업생태계 특성과 성과, 미래 과제에 대해 살펴본다.

3.1. 기업가정신과 창업에 대한 인식

우리나라는 기업가와 창업에 대한 부정적 인식이 높은 편이었지만 창업 교육 확대와 적극적인 창업지원 정책으로 부정적 사회 인식이 개선되고 있는 것으로 나타나고 있다. 글로벌 기업가정신연구(GEM : Global Entrepreneurship Monitor)의 조사결과에 따르면 성공 창업가에 대한 인식은 2016년 60.2점(세계 46위)에서 2019년 86.0점(세계 7위)으로 나타났고, 실패에 대한 두려움으로 창업을 망설이는 비율은 같은 기간 31.5%(세계 22위)에서 7.1%(세계 1위)로 개선되었다.

사회 전반적으로 창업에 관한 관심도 증가하고 있다. 창업 관련 키워드가 등장하는 언론기사는 1991년 801개에서 2019년 101,937개로 100배가 넘게 증가해 2000년 벤처 붐 당시의 51,000개 보다도 2배 이상이나 높아 창업·벤처가 국민적 관심 분야로 자리매김하고 있다[12].

창업기업에 대한 사회적 기대와 역할도 변화하고 있다. 1991년~1997년은 제조부품 공급사, 1998년~2008년은 경제구조조정 및 벤처혁신의 주체, 2009년~2015년은 온라인·모바일 시대 새로운 서비스 제공자, 2016~2020년은 4차 산업혁명 주역 청년 일자리 원천의 역할을 기대하는 것으로 나타났다.

[그림 1-3] 창업에 대한 사회적 인식변화[13]

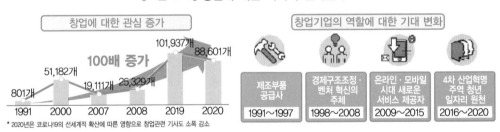

정부의 창업지원 정책도 활발한 것으로 나타나고 있다. 정부는 창업을 위한 부담금 면제 및 혜택 확대, 엔젤투자 공제, 기술창업(준비) 비자 제도 지원, 환경에 맞는 창업 프로그램 지원, 창업기업제품 공공기관 우선구매 제도 신규 도입, 정책금융기관 연대보증 전면 폐지 등의 정책 개선을 통해 창업생태계 활성화를 위해 노력하고 있다. 창업 관련 예산도 1998년 82억 원에서 2020년 8,492억 원으로 확대되었다. 이를 반영하듯 정부의 역할과 기여도에 대한 스타트업의 평가도 긍정적으로 나타나고 있다. 2016년 44.0점(100점 만점)이었던 것이 2020년 66.5점으로 개선되었다.

[그림 1-4] 창업 활성화를 위한 정부의 역할[14]

3.2. 창업생태계 특징

우리나라 창업의 양적 지표라고 할 수 있는 기업 신생률이 정체 상태에 있다. 기업 신생률은 국내 산업의 역동성과 창업의 활력 정도를 나타내는 수치이다. 국내 전체산업 신생률은 2009년 15.1%로 낮아진 이후 2019년 15.3%로 10년간 하락과 상승을 이어가며 정체하고 있다. 기업소멸률은 2014년 14.0%이었던 것이 2018년 11.1%로 점차 낮아지고 있다.

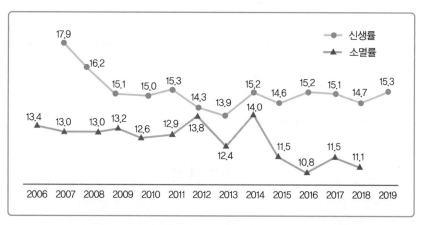

[그림 1-5] 기업 신생 및 소멸률 추이[15]

기업 신생률 정체는 한국 청년들의 창업에 대한 도전정신 부족과 실패에 대한 두려움도 큰 영향을 주고 있다. 한국 청년들의 창업 선호 비율은 6.1%로 중국 40.8%에 비해 낮게 조사되었다. 창업업종에도 한국은 생계형에 가까운 요식업 비중이 높지만 중국은 IT산업에 관심이 높은 것으로 나타났다. 글로벌 창업 시도 비율도 한국은 32.4%인데 비해 중국 84.60%로 2.6배 이상 높다. 한국 청년의 글로벌마인드셋을 강화 할 필요성이 대두되고 있다.

[표 1-1] 한·중·일 창업 선호도16)

	한국	중국	일본
창업선호비율	6.1%	40.8%	3.8%
창업관심이유	취업	자율근무	자율근무
희망업종	요식업	IT산업	문화·예술·스포츠
글로벌 창업의향	32.4%	84.6%	16.7%

창업의 질적 지표라고 할 수 있는 신생기업의 생존율의 경우, 2018년 기준 국내 전체 신생기업의 1년 생존율은 63.7%, 5년 생존율은 31.2%이다. 같은 기간 법인기업의 1년 생존율은 72.1%, 5년 생존율은 39.9%로 전체 신생기업의 생존율 보다 높게 나타났다.

국내 창업시장은 생계형 창업에서 혁신적 기회추구형 창업으로 변화하고 있다. 과거에는 일본, 싱가폴 등 같은 혁신주도 경제권에 속하는 국가들에 비해 한국은 생계형 창업 비중이 높았다17). 그러나 최근 국내 창업시장은 기회 추구형 창업의 비중이 증가하고 있다. 2018년 글로벌기업가정신연구협회의 조사에 따르면 한국의 기회형 창업지수 순위는 4위로 일본과 중국에 비해 높게 나타났다.

창업생태계의 또 다른 특징 중의 하나는 창업 분야의 변화이다. 2017년 이후 4차 산업혁명 관련 인공지능, 빅데이터, 가상융합현실(VR/AR), 사물인터넷(IoT)이 주목받고 있으며, 공유경제 활성화와 비대면 전환 가속화에 따라 서비스와 상품을 중개하는 서비스플랫폼 분야도 창업생태계에서 차지하는 비중이 증가하고 있다.

[표 1-2] 창업형태의 변화18)

생계형 창업지수 순위			기회형 창업지수 순위		
순위	국가	지수(%)	순위	국가	지수(%)
1	이집트	47.6	1	파나마	70.4
17	중국	27.8	2	네덜란드	69.3
27	한국	21.0	4	한국	67.1
29	일본	20.2	10	미국	56.4
32	독일	16.7	38	일본	39.1
47	미국	8.1	47	중국	25.5

* 기회형 창업지수가 높을수록, 생계형 창업지수가 낮을수록 기업가정신에 긍정적임

3.3. 창업 관련 성과

창업에 대한 체계적인 지원이 이루어지면서 창업기업의 성과, 경쟁력, 글로벌화가 이루어지고 있다. 정부의 창업지원을 받은 기업의 매출은 2009년 2.96억 원에서 2019년 6.07억 원으로 10년간 2배 이상 증가했으며, 고용은 2009년 3.9명이었던 것이 2019년 7.1명으로 1.8배 증가하였다.

[그림 1-6] 정부의 창업지원 성과[19]

최근 20년간 국내 법인창업 및 벤처투자도 2배 이상 증가했다. 법인창업은 6.1만 개에서 12.3만 개로, 벤처 투자액은 2.0조 원에서 4.3조 원으로 성장했다[20]. 전체 창업기업 148.5만 개 중 기술 기반 창업은 22.9만 개이다[21].

[그림 1-7] 창업생태계 규모 변화[22]

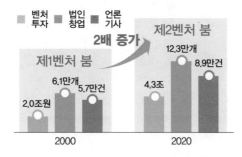

글로벌 경쟁력 성과는 유니콘 기업과 투자유치, 미국증시 상장, 대형 인수합병으로 나타난다. 비상장 기업 중 기업가치가 1조 원이 넘는 유니콘 기업이 2021년 기준 18개로 역대 최대를 기록했다. 쿠팡이 2021년 뉴욕증시에 상장되었다. 쿠팡의 뉴욕증시 상장은 중국의 알리바바 이후 최대 규모의 외국기업 뉴욕증시 상장으로 화제가 되었다. 마켓컬리나 야놀자도 대규모 투자유치는 물론 해외 투자자들로부터 관심의 대상이 되고 있다. 글로벌 데이팅서비스 기업이 2조 원에 인수한 하이퍼커넥트, 독일 딜리버리히어로에 7조6,000억 원에 매각된 배달의 민족, 2,300억 원에 미국 나스닥 상장사(코그넥스)에 매각된 AI 기술기업 수아랩 등은 우리나라 벤처기업의 글로벌 경쟁력을 보여주는 하나의 사례이다.

3.4. 한국의 창업 활성화를 위한 제언

우리나라의 창업생태계가 활성화 되고 있지만 아직도 해결해야 할 과제는 있다. 첫째, 연구성과의 사업화 및 창업화가 필요하다. 한국의 R&D 투자 규모는 78조 8천억 원으로 세계 5위, 국내 총생산(GDP) 대비한 연구개발 투자액은 4.55%로 1위를 나타냈다[23]. 2019년 한국의 SCI(과학기술 논문 인용색인)급 논문은 세계 12위(69,618편)로 과학기술 관련 성과는 세계적인 수준이지만 연구성과의 사업화 및 창업 활용 성과는 상대적으로 미흡한 수준이다. 국가과학 기술연구회에서 발표한 2015년 정부 출연 연구기관의 연구개발 생산성은 4.7%로, 미국 산업연구중심기관 10.0%, 독일 프라운호퍼 7.7%에 비해 낮다.

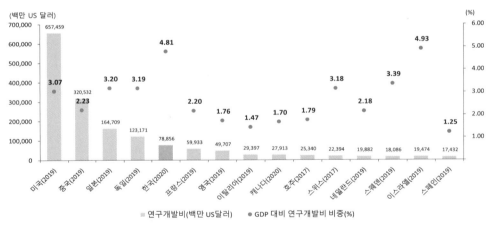

[그림 1-8] 주요국 총연구개발비 및 GDP 대비 연구개발비 비중 비교[24]

둘째, 우리나라의 R&D 지원이 애초 사업목표 성과 달성 중심으로 이루어지고 있어 포스트잇이나 미녹시딜과 같은 수많은 도전과 실패의 결과로 우연히 나타나는 발명품이 거의 없는 것이다. 이는 '실패하지 않는 연구'에만 초점을 맞추고 있기 때문이다. 2020년 국가 R&D 과제 성공률이 97%라는 것이 이를 반증한다[25].

셋째, 국민소득 3만 달러를 목표로 달려가고 있는 우리나라에 필요한 것은 무엇일까? 막스플랑크연구소가 하나의 답을 제시하고 있다. 연구소는 국민소득 2만 달러까지 성장은 생산요소의 투입으로 가능하나 그 이상 성장하기 위해서는 기업가정신 확산 및 창업이 중요하다고 지적하

였다. 실제로 창업 비중과 1
인당 GDP간 관계(37개국)
를 분석한 자료를 보면 U자
형 관계를 보이는데 그 꼭짓
점에 있는 국가 대부분이 2
만 달러라는 것이다. 또 다
른 증거로 미국 1인당 국민
소득은 1988년 2만 달러를
달성했고, 9년 후인 1997년

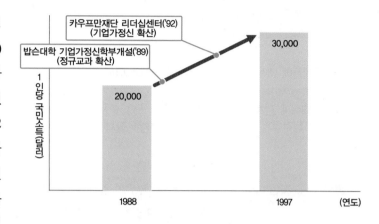

3만 달러를 달성하였다. 이 기간에 밥슨대학은 기업가정신 학부를 개설하였고, 이후 기업가정
신과 창업 관련 정규교과목이 급속도로 확산되었다. 대표적인 기업가정신 기관인 카우프만재
단이 리더십센터를 설립하면서 기업가정신 확산이 가속화되었다. 그 결과 미국은 1,600개 이상
의 학교에서 기업가정신 관련 강의가 이루어지고 있고, 200여 개가 넘는 기업가정신 연구센터
가 운영되고 있다.

넷째, 우리나라는 삼성과 현대자동차와 같은 대기업 위주로만 발전할 수 없다는 인식과 함께
기업가정신을 오로지 창업이라는 테두리에서만 바라보는 협소한 시각에서 벗어나 도전과 창조
의 시대정신으로 기업가정신을 바라볼 필요가 있다. 한때 핀란드 국내총생산(GDP)의 25%를 담
당했던 노키아가 쓰러질 때 핀란드가 수렁에 빠질 것이라는 예측이 지배적이었지만, 핀란드는 다시
부활하고 있다. 이를 두고 워싱턴포스트지는 '노키아의 몰락이 핀란드의 이익이 되다(Nokia's
losses become Finland's gains)'라는 기사를 게재했다.

다섯째, 창업 활성화의 정책 방향을 새로운 창업기업을 만들어 내는 것에 더하여 혁신성장을
만들어 내는 이른바 스케일업(scale-up) 중심의 정책 패러다임이 필요하다[26]. 고성장기업을 만
들어 내는 스케일업 창업기업이 필요한 이유는 새로운 일자리 창출 효과가 크기 때문이다. 미국
의 경우 5%의 고성장기업이 신규 일자리의 2/3를, 영국은 6%의 고성장기업이 신규 일자리의
54%를, 한국도 9.8%의 고성장기업이 신규 일자리의 33.4%를 만들어 내고 있기 때문이다[27].

핵심주제 확인학습

아래의 주제들에 대해 자신의 견해를 정리하고, 다른 팀원들과 토론해 보시오.

자기 잠재력에 관하여 다시 생각하기	기업가 특성에 관한 설문에 응답한 후, 결과를 토대로 자신이 기업가로 성공하기에 충분한 잠재력이 있는지 생각해 보시오.
본문 내용 확인하기	맞으면 T, 틀리면 F 하시오. ( ) 기업가는 부유한 집안 출신이 많다. ( ) 절제는 성공적 기업가가 갖추어야 할 중요한 특성 중의 하나이다.
본문 내용 파악하기	아래 질문에 대해 간략하게 대답하시오. 01_ 여러분은 자신이 매사에 긍정적 태도를 지니고 있다고 생각하십니까? 그 이유는 무엇입니까? 02_ 여러분은 지금까지 살아오면서 포기하고 싶었지만 끝까지 견뎌냈던 경우와 포기했던 경우를 생각해보고 인내의 중요성을 설명하시오.
의견 발표하기	팀별로 다음 주제를 토론해 보시오. 01_ 학창 시절 어려운 환경에서 학업을 계속하는 것이 성공하는 데 도움이 되는가? 아니면 성공에 방해가 되는가? 자신의 견해를 발표해 보시오.
조사하기	01_ 소규모 사업에 관한 신문 기사나 잡지 기사를 찾아보시오. 02_ 이웃에 있는 기업가(서점, 식당, 피자가게, 액세서리, 당구장 등의 사장님)를 아래 질문을 포함하여 인터뷰하고, 그 결과를 보고서로 작성하시오. • 언제 사업을 시작하셨습니까? • 왜 기업가가 되기로 결심하셨습니까? • 어떤 자원을 이용하여, 어떻게 부가가치를 만들어 이윤을 창출하십니까? • '내 것이다' 생각되는 사업 기회가 주변에 있습니까? • 자신의 사업체를 경영하는 데 따르는 가장 큰 애로 사항은 무엇입니까? • 자신의 사업체가 갖는 가장 큰 장점은 무엇이라고 생각하십니까?

기업가정신의 정의

- 기업가정신을 정의하고, 핵심요소를 설명할 수 있다.
- 기업가적 과정이 무엇인지 설명할 수 있다.

1. 기업가정신의 의의

전 세계적으로 기업가정신에 관심이 집중되고 있는 것은 그만큼 개인이나 국가 차원에서 파급효과가 크기 때문이다. 기업가정신은 선진국과 후진국 할 것 없이 국가정책의 중심에 있다. 글로벌 기업가정신 모니터(GEM : Global Entrepreneurship Monitor)에 따르면, 기업가적 활동비율(창업한 지 3년 미만인 기업에 종사하는 사람 비율)은 페루 27.2%, 브라질 17.5%, 중국 14.4%, 아르헨티나 14.2%이며, 선진국으로 분류되는 영국 8.6%, 미국 7.6%, 프랑스 5.8%로 나타났다. 좋은 일자리가 많지 않은 저소득 국가에서는 스스로 일자리를 만들어 내는 수단으로 창업에 적극적으로 참여하고 있다. 반면 우리나라를 비롯한 선진국에서는 경제성장의 한계를 돌파하기 위한 정책 과제로 기업가정신에 사활을 걸고 있다. 기업가정신에 관한 관심의 증가는 창업 활동에 대한 지원정책과 창업 교육 등으로 나타나고 있다. 예로 아마존에 창업과 기업 정신에 관한 도서만 5,000종 이상이 검색되고 있다. 개인적 차원에서 기업가정신에 관심을 가져야 하는 이유는 개인의 경제와 사회생활에 큰 영향을 미치기 때문이다. 개인이 기업가적 역량을 발휘하여 스스로 삶이 정체되지 않고 항상 재창조되고 세상을 새롭게 혁신하는데 공헌할 수 있기 때문이다.

앞으로 다루게 될 기업가정신은 다양한 개념과 정의가 존재한다. 이는 기업가정신을 바라보는 시각이 다르기 때문이다. 기본적으로 기업가정신은 그 실천적 주체가 되는 기업가, 그리고 대상이 되는 기업과 연계되어 있다. 기업가정신은 '기업가(起業家)' 또는 '창업가(創業家)'와 떼어서 생각할 수 없다. 기업(起業)이란 기업가의 능력을 갖춘 개인이나 단체가 사업아이디어를 가지고 사업목표를 세우고, 적절한 시기에 자본, 인원, 설비 등 경영자원을 확보하여 제품을 생산하거나 용역을 제공하는 기업조직을 새로이 설립하는 행위를 의미한다. 좁은 의미의 기업(起業)은 제품이나 용역 등을 생산하거나 판매하는 사업을 하기 위해 지금까지 존재하지 않았던 새로운 기업조직을 설립하는 것이고, 넓은 의미의 기업(起業)은 기존의 기업이 지금까지와는 다른 새로운 사업을 시작하는 것도 포함한다.

[그림 2-1] 기업가정신과 관련된 요소들

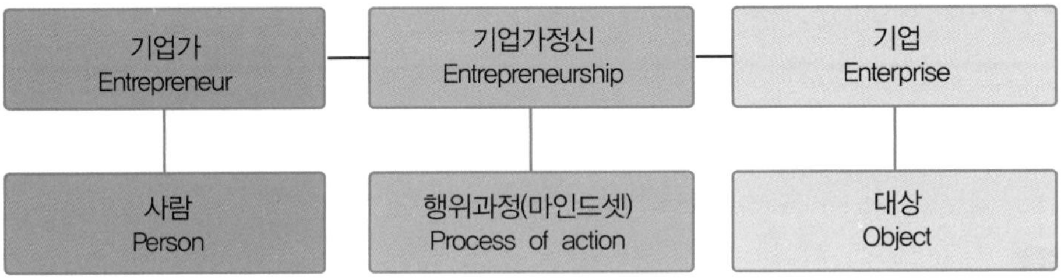

기업가 Entrepreneur	기업가정신 Entrepreneurship	기업 Enterprise
사람 Person	행위과정(마인드셋) Process of action	대상 Object

우리나라에서 혼용해서 사용하고 있는 기업가(企業家 : Businessman)와 기업가(起業家: Entrepreneur)는 조금 다른 개념이다. 기업가(企業家)는 이윤 창출을 목표로 사업을 영위하는 사람, 즉 경영자를 의미한다. 이에 비해 기업가(起業家)는 사업 기회를 실현하기 위해 새로운 사업을 추진하는 사람을 의미한다. 따라서 두 개의 용어를 구분하지 않고 사용하지만 개념은 구분해 둘 필요가 있다.

참고자료

　기업가(Entrepreneur)는 "~사이"라는 의미의 불어 entre와 "가지다, 취하다"라는 preneur에서 기원했다. 이는 판매자와 구매자 사이에서 위험을 감수하는 사람 또는 새로운 임무를 떠맡는 사람을 묘사하기 위해 사용되었다. 국내에서는 Entrepreneurship을 기업가정신(企業家精神)으로 번역하고 있는데 이러한 번역은 두 가지 측면에서 의미의 혼란을 초래할 수 있다. 첫째, 기업가(企業家)는 사업 활동을 수행하는 사람을 지칭하는 비즈니스맨(Businessman)을 의미하기 때문에 창업이나 신사업개발 등을 통해 새로운 기회를 적극적으로 추구하면서 혁신을 통해 무엇인가 새로운 것을 만들어가는 사람이라는 의미를 지닌 Entrepreneur와는 차이가 있다. 따라서 의미상으로는 Entrepreneur를 기업가(起業家) 또는 창업가(創業家)와 결합하여 기업가정신(起業家精神)이나 창업가정신(創業家精神)이라고 하는 것이 더 적절하다. 둘째, Entrepreneurship의 정의에는 정신(精神), 즉 사고방식 못지않게 행동(실천)을 중시한다. 따라서 '精神'이라는 번역은 적합하지 않다.

참고자료

　미국의 잉크매거진 편집장인 조지 젠드론이 피터 드러커에게 "기업가정신 발휘에 있어서 세계 최고 국가는 미국이 아닙니까?"하고 물었다. 드러커는 "그렇지 않다. 그 점에 있어서 세계 제일은 의문의 여지 없이 한국이다"(피터 드러커, 『Next Society』).

　"한국의 수출은 1964년 1억 달러에서 2011년 5천억 달러를 넘었다. 이런 경제 기적을 창출한 것이 바로 한국 기업인들의 기업가정신이다. 인류 역사상 이런 경제 기적을 창출할 수 있는 기업가정신은 과거는 물론 앞으로도 없을 것이다."라고 말했다(송병락, 2013).

2. 기업가정신의 핵심요소

2.1. 기업가정신의 정의

기업가정신 연구자인 제프리 티몬스(Jeffry Timmons)는 '기업가정신은 아무것도 아닌 것에서 가치 있는 것을 이루어 내는 인간의 창조적인 행동.'이라고 말했다. 또한 '기업가정신을 갖춘 사람은 현재의 보유 자원이나 자원의 부족에 연연하지 않고 기회를 추구하며, 비전 추구를 위해 사람들을 이끌어갈 열정과 헌신, 계산된 위험을 감수하는 의지를 보인다.'라고 설명한다. 기업 가정신 연구자인 로버트 론스타드(Robert C. Ronstadt)는 '기업가정신은 스스로 사업을 일으키고, 이를 자기 인생에서 가장 즐거운 일로 여기는 것'이라고 하였으며, 칼 베스퍼(K. Vesper)는 '다른 사람이 발견하지 못한 기회를 찾아내는 사람, 사회의 상식이나 권위에 사로잡히지 않고 새로운 사업을 추진할 수 있는 사람, 행복을 추구하는 사람이야말로 기업가정신을 가진 것이다.'라고 주장하였다.

[표 2-1] 기업가정신의 정의

연구자	정의	비고
슘페터 (Schumpeter)	그 본질상 생산적 요소의 새로운 조합을 발견하고 촉진하는 행동 또는 과정. 창조적 파괴(creative destruction). 신제품, 새로운 서비스, 새로운 원재료 공급원, 새로운 생산 방법, 신시장, 새로운 조직 형태 등 기업조직 또는 기업가가 새로운 조합을 수행하는 과정	경제적 관점
맥클레랜드 (McClelland)	개인의 적절한 위험 도전 성향	심리적 관점
스티븐슨 등 (Stevenson et al.)	현재 보유하고 있는 자원 여건과 관계없이 새로운 (사업) 기회를 추구하는 것	경영관점
슐러(Schuler)	사내 기업가들의 혁신적·위험 감수적 활동	사내 기업가정신

기업가정신을 광범위하게 정의한 사람은 피터 드러커로, 그는 기업가정신을 기업 현상에 한정하지 않고 사회의 모든 분야에 적용되는 개념으로 확대하였다. 드러커는 기업가정신을 대기업뿐 아니라 중소기업, 사회적 기업, 공공기관 등 사회의 모든 구성원이 발휘할 수 있는 자기 혁신이라고 주장하였으며, 기업가정신과 혁신이 아주 밀접한 관계가 있는 것으로 간주하였다. 과거에는 기업가 창업을 통해 기업을 일궈 성공을 이뤘으나, 점차 기업의 규모가 커짐에 따라 창업보다는 기존 기업의 효율적 관리가 더 중요해지면서 경영 관리에서도 혁신을 실천하는 것이 중요하다고 강조했다. 슘페터도 광의의 의미에서 기업가정신을 정의하였다. 어려운 여건과 과정에서 모험 정신을 가지고 새롭게 도전하는 일련의 활동으로 기업가정신을 정의 하면서, 이는 모든 분야에 해당한다고 주장하였다. 기업가정신은 새로운 비즈니스 창업만을 의미하는 것이 아니라. 창의와 혁신, 변화, 개선 등을 모두 포함하는 개념이다. 기업가정신은 기존 조직에도 적

용할 수 있으며, 일반직원도 최고경영자와 마찬가지로 지속적인 혁신과정을 통해 새로운 것에 도전하는 기업가정신을 발휘할 수 있다. 이민화 교수는 기업가정신은 기회를 포착하여 도전, 자원의 한계를 창조적으로 극복하는 정신과 행위로 정의하였으며, 배종태·차민석은 현재 이용 가능한 자원이나 능력에 구애받지 않고 기회를 포착하고 추구하는(Stevenson, 1983) 사고방식(thinking) 및 행동양식(acting)이라고 정의하였다.

이상의 내용을 종합하면, 기업가정신의 정의에는 기회를 실현하기 위해 새로운 사업을 추진하는 **기업가**(起業家 : Entrepreneur), 새로운 기업을 만드는 **창업자**(創業者 : Founder), 그리고 지속 가능한 기업으로의 성장을 위해 가치(이윤) 창출을 목표로 사업을 영위하는 **기업가**(企業家 : Businessman)의 의미가 모두 포함되는 총체적 개념이다. 이런 기업가가 활용 가능한 자원의 한계에도 불구하고 새로운 가치를 만들 수 있는 기회에 집착하고, 리더십을 바탕으로 총체적으로 사업 진행의 균형을 잡아가는 **새로운 사고**(thinking)**방식**과 **행동**(acting)**방식**이 기업가정신이다.

기업가정신 발현과 진흥에 다양한 이해관계자가 존재하고 이들의 기업가정신에 대한 정의도 다를 수 있다. 대표적인 이해당사자가 창업자, 정부, 창업학 연구 및 교육자, 심리학자이다. 이들은 기업가정신을 어떻게 보고 있을까? 객관적 측면에서 기업가정신에 대한 시각 차이가 있는지를 분석하기 위해 기업가정신 연구 빅데이터[28]를 분석한 결과, 이해관계자들의 기업가정신에 대한 의미가 각기 다르다는 것이 확인되었다[29].

첫째, 창업자(entrepreneur)들은 기업가정신을 발휘해 새롭고 유용한 아이디어를 사업화하기 위해 투자를 유치하고, 파트너들과 협력적 네트워크를 구축하고, 멘토링 및 액셀레이션을 받는 등 부단한 노력을 경주하면서 자체적으로 생존할 수 있는 생태계를 만드는 데 중점을 둔다. 새로운 비즈니스를 성장시키면서 기업가 자신이 설정한 목표가 달성되면 이를 성공으로 간주한다.

둘째, 정부는 기업가정신 활성화 정책 수립과 투자지원을 통해 창업자가 만들어 내는 일자리에 관심이 높다. 창업자와 창업기업의 장기적인 성장은 부차적인 문제로 간주한다.

셋째, 창업에 관심이 있는 경영학자 또는 창업학자들은 창업자들이 창업 관련 활동을 하면서 겪게 되는 일에 관심이 있다. 기업가정신을 기업가가 사업 기회를 찾고, 혁신하고, 기술적 진보를 하고, 전략을 세워서 성과를 내는 실체로 본다. 그 과정에 대학이 기업가정신 진흥을 위하여 산학협력과 창업 교육이 필요하다고 주장한다.

넷째, 심리학자는 창업자의 인지적, 정서적, 행동적, 동기적 요소를 통해 성공 가능성 예측에 초점이 맞추어져 있다. 이들은 기업가정신이 개인의 어떤 측면과 관련된 개념인가 또는 어떤 사람이 창업해야 성공할 수 있는가에 관심이 있다.

기업가정신 연구 문헌에 대한 빅데이터 분석 결과는 이해관계자의 관점에 따라 다르다는 것이다. 기업가정신에 대한 이해가 어느 한쪽에 편중되기보다 더 다양한 관점을 수용하는 작업이 필요하다. 이를 통해 기업가정신의 활성화와 창업 활동을 효과적으로 지원하고 조정하는 데 활용하면 된다. 예를 들어 정부가 바라보는 관점에 맞추어 역량 있는 사람을 고용하고, 스마트하게 투자를 유치하고, 산학협력을 통해 창업전략과 마케팅 전략, 그리고 혁신에 대한 조언을 지속해서 받는 것이 필요하다. 또한, 심리학자에게 창업자 자신에 대한 창업 관련 역량을 진단받고, 역량을 증진할 수 있는 훈련을 받는다면 이보다 좋을 순 없을 것이다.

Time for a break!

앞으로 20년 후에 당신은 저지른 일 보다 저지르지 않은 일에 더 후회할 것이다. 그러니 밧줄을 풀고 안전한 항구를 벗어나 항해를 떠나라. 돛에 무역풍을 가득 담고 탐험하며 꿈꾸고 발견하라!

-마크 트웨인-

2.2. 기업가정신의 핵심 구성요소

기업가정신에 대한 개념은 다차원적이고 복합적이기 때문에 어떠한 관점이냐에 따라 정의가 달라질 수밖에 없다. 국가 간 기업가정신의 수준을 비교하기 위한 조사나 지수로 GEDI(The Global Entrepreneurship and Development Institute)가 발표하는 '글로벌 기업가정신 지수(GEI : Global Index)', 경제협력개발기구(OECD : Organization for Economic Cooperation and Development)가 발표하는 '한눈에 보는 기업가정신(Entrepreneurship at a Glance)' 등이 있다.

참고자료

4차 산업혁명 시대에는 어떤 리더십이 필요할까?[30]

매켄지(2016)는 4차 산업 시대에 리더가 갖춰야 할 자질로 민첩성, 변혁성, 연결성, 증폭성, 보편성을 선정하였다.

민첩성(agile) : 과거 기업이 리더의 경험에 따라 방향을 결정하고 그에 따라 성장했다면, 미래에는 조직 전체가 외부의 변화에서 기회를 포착하는 기민성이 필요할 것이다. 유연한 의사결정 체계를 통해 시장변화에 발 빠르게 대응해야 할 것이다.

변혁성(game changing) : 과거 조직 운영의 효율성이 중요한 요소였다면, 4차산업 시대에는 새로운 게임의 규칙을 세우고 창조적 파괴에 나설 수 있는 과감함이 성장을 주도할 것이다.

연결성(connected) : 폐쇄적이거나 제한적인 네트워킹보다는 조직 전체의 광범위한 네트워킹이 4차 산업 시대에는 꼭 필요한 역량이다. 외부 파트너뿐만 아니라 필요에 따라 경쟁자와도 협력하고 교류할 수 있는 외부지향성을 갖춰야 할 것이다.

증폭성(multiplying) : 과거 소수 리더가 권위를 바탕으로 조직을 지휘했다면 앞으로는 구성원 전체의 능력을 극대화하기 위한 지원·조율·협상에 초점을 맞춰 조직체계가 변화해야 할 것이다.

보편성(globally effective) : 세대, 지역, 문화적 차이를 극복하고 영향력을 발휘해야 할 것이다.

[그림 2–2] 매켄지가 뽑은 4차 산업 시대 5대 리더십[31]

추격형 성장기 리더상		미래 리더상
경험에 근거한 방향제시, 강력한 추진력	민첩성 (agile)	변화에서 기회 포착, 빠른 의사결정
효율성 극대화를 통한 성장	변혁성 (game changing)	혁신적 접근으로 새로운 판을 짬
제한적 네트워킹	연결성 (conneted)	광범위한 네트워킹
권위를 바탕으로 지휘	증폭성 (multiplying)	구성원 능력 극대화
나의 스타일 고수	보편성 (globally effective)	세대와 지역을 아우르는 영향력

기업가정신에 대한 다양한 구성요소와 특성을 기반으로 통합적 관점에서 본질을 이해할 필요가 있다. 기업가정신은 개인적 특성을 반영한 개척자(pioneer), 독특하고도 창의적 사고방식을 반영한 통찰력(perspective), 기업가정신의 실천적 행동과 연계된 실행(practice), 기업가적 혁신의 결과물인 성과(performance)로 설명될 수 있다. 기업가정신의 본질적인 특징은 4-P 프레임워크으로 요약할 수 있다.

첫째, 기업가는 개척자이다. 기업가는 혁신과 창조를 추구하는 진정한 투사와 같다. 많은 사람이 같은 기회를 보지만 기업가만이 자기 손으로 창업아이디어를 구체화하기 위해 손에 흙을 묻히고, 불굴의 투지로 성공을 일구어낸다. 성공한 기업가는 기회를 창출하고, 포착하는 데 능숙하다. 이런 개인적 특성은 열정과 집념으로 귀결된다. 열정은 기회 탐색환경에서 기업가를 차별화시키는 요인이다. 기업가는 자신이 하는 일에 열정적이다. 기업가의 개척자적 열정은 다양한 형태로 나타난다. 짐 코크(Jim Koch)는 브루마이스터(Brewmeister)를 유지하기 위해 매켄지의 10억 연봉을 포기하고 보스턴 맥주(Boston beers)의 대표 브랜드인 Sam Adams를 성공시켰다. 모어랩스(More Labs) 대표 이시선은 피자나 햄버거로 해장하는 미국 시장에 한국의 숙취 음료를 출시하기 위해 테슬라를 그만두고 창업하여 모닝 리커버리(morning recovery)를 미국 시장에 출시하였다. 이후 모닝 리커버리는 약 400만 병 이상 팔리며 250억 원의 매출을 올리며 미국 내 숙취 해소 음료 1위를 차지했다[32].

기업가의 또 다른 개척자적 속성인 집념은 기업가정신의 필수요소이자 핵심이다. 성공한 기업가는 포기를 모르는 사람(non-quitters)이자 야심가(go-getters)이다. 기업가는 자신의 꿈을 믿고 실패의 충격을 감내하며 스트레스를 흡수할 수 있는 역량을 가지고 있다. 아마존이 오랫동안 적자에서 벗어나지 못하자 많은 사람은 수익을 내지 못하는 것을 빗대어 Amazon.com을 Amazon.org(비영리조직)라고 조롱했다. 하지만 자신의 사업에 대한 신념을 끝까지 추구한 베조스는 아마존을 세계 최고의 기업으로 성장시켰다. 진정한 기업가는 익숙하지 못한 문제에 직면할수록 긍정적 사고와 놀라운 회복력을 발휘한다.

둘째, 통찰력(perspective)은 일관성 있게 세계를 바라보는 독특한 사고방식이다. 창의성과 혁신을 통해 기존 방식과는 다르게 현상을 바라봄으로써 효율성과 효과성을 높이는 데 초점을 맞추고, 자원과 기회에 대해 일반 대중과는 다른 가치를 부여하는 사고방식이다[33]. 정주영 회장이 중동 건설시장 진출을 하려 할 때 더운 날씨와 물이 부족해 건설업이 어렵다는 전문가의 의견에 "중동은 세상에서 제일 건설 공사하기에 좋은 곳입니다"라는 정반대의 의견을 제시했다. 중동은 비가 오지 않아 1년 내내 공사를 할 수 있고, 자갈 모래가 현장에 있어 골재 조달이 쉽고, 더운 낮에 자고 밤에 일하면 된다는 사고는 정주영의 사업에 대한 통찰력을 잘 보여주는 사례이다. 또 다른 사례로 스티브 잡스는 인간에 대한 일반적 시각에 의문을 제기했다. 그는 서구사회에서 중시되는 이성적·합리적인 사고는 인간의 본연적인 특징이 아니고 오히려 직관과 경험이 더 중하다고 생각했다. 스티브 잡스의 이런 사고관이 매뉴얼이 필요 없는 제품, 직관적이고 경험적으로 사용 가능한 아이팟, 아이패드, 아이폰을 가능하게 했다.

기업가정신은 현상 유지보다는 창의적으로 기존의 틀에 얽매이지 않는 방식을 추구한다. 마켓컬리 김슬아 대표는 맞벌이 부부로 살면서 시간 절약을 위해 인터넷을 통한 장보기 서비스를 이용했다. 그러나 집에 없는 낮시간에 주문한 제품이 배달되어 신선식품의 경우 제때 냉장고에 넣을 수 없어 불편했던 경험을 토대로 모든 사람이 집에 있는 시간에 배송할 수 있는 새벽 배송 서비스를 생각했고, 마켓컬리의 전신인 더파머스를 창업하게 되었다.

기업가적 사고방식은 목표와 전략으로 구현된다. 확고한 기업가정신을 갖춘 기업가는 마치 세상을 바꾸고, 변화를 일으키고 인류의 복지에 이바지하고자 하는 목적의식을 가지고 태어난 것처럼 보인다. 이런 목적의식은 진정한 기업가와 장사꾼을 구별하는 기준이 된다. 진정한 기업가는 현재의 시장점유율(market share)보다는 미래의 기회점유율(opportunity share)을 위해 경쟁하기를 좋아한다. 탁월한 기업가는 기업가적 전략을 체계화한다. 전략의 체계화란 자신만의 승리방정식을 개발하고, 이를 다양한 상황에 적용하여 성공을 일구어내는 것을 의미한다. 더 나아가 기업가는 혁신과정을 조직문화로 제도화하여 모든 구성원이 기업가적 실행에 동참하도록 만든다. 마이크로소프트(Microsoft)는 새로운 프로젝트팀을 구성할 때 30명이 넘지 않도록 한다. 이는 팀의 통제 가능한 규모, 구성원의 다양성, 개인 간 상호작용 강도를 최적화하기 위한 전략이다. 또한 3M은 근무시간의 15%를 창의성 계발에 사용할 수 있도록 허용하는 것이 대표적인 사례이다.

[그림 2-3] 기업가정신의 4-P 프레임워[34]

셋째, 실행은 말보다 더 큰 울림을 만든다. 기업가적 실천은 개인의 운명을 바꾸고, 경쟁의 장 (landscape)을 변화시키고, 세계 경제에 근본적인 변화를 불러일으킨다. 성공한 기업가는 자신의 사업을 더 완벽하게 만들기 위한 독특한 행동 패턴을 보인다. 실행의 핵심 요소는 설득 (persuasion)과 기회 추구(pursuit)이다. 기업가는 자신의 사업비전과 목표를 달성하기 위해 이해 관계자들에게 아이디어를 팔고, 지원군(supporters)을 모으고, 불신자(nonbelievers)를 설득하고, 필요한 자원을 동원하는데 혼신의 노력을 다한다. 이런 기업가정신 속성은 기업가의 리더십과 세일즈맨십 역량과 연계된다. 일반적으로 기업가가 단 한 번의 사업 기회로 성공하는 경우는 거의 없다. 창업 초기 마이크로소프트의 빌 게이츠도 온갖 종류의 프로그래밍 일을 마다하지 않았고, 이러한 끝없는 기회 추구를 통해 지금의 마이크로소프트를 만들어 냈다. 기업가는 지속적인 기회 추구를 통해 사람들이 잘 가지 않는 흥미로운 길을 선택하여 그 길을 간다. 예상치 못한 많은 시련들을 극복하고 나서 마침내 새로운 곳에 다다른다. 신대륙 탐험가들은 모두 기업가정신을 가진 사람들이다.

넷째, 기업가정신은 궁극적으로 결과 지향적이고 가치 창출과 같은 성과와 연계되어야 한다. 기업가는 사업을 통해 창출할 가치를 정의하고, 이해관계자를 확인하고, 이들에게 사업 성공으로 창출된 가치를 어떻게 보상할 것인지를 구체화해야 한다. 성과는 경제적 이익, 제품혁신, 새로운 벤처기업의 성장, 공공복리 증진, 개인 만족 등으로 측정할 수 있어야 한다. 기업가의 경제적 보상이나 자아실현도 성과에 포함될 수 있다. 기업가정신의 발현을 통해 기업가가 경제적 가치를 창출하는 것은 사회적 책임을 다하는 것이라고 할 수 있다. 또 하나 중요한 것은 기업가정신은 인간에 봉사하는 것이다. 인간을 위한 혁신이 이루어질 때 기업가정신의 진정한 성과가 달성된다. 기업가는 정치적으로나 경제적으로 사회적 약자를 위한 벤처창업을 추구하고, 이들이 충족하지 못하고 있는 욕구와 필요를 찾는 데 집중해야 한다.

기업가정신을 이해하는 데 있어 가장 주의해야 할 것 중의 하나는 다양한 역설적 상황(paradox)이 존재한다는 것이다. 역설적 상황이란 우리가 일반적으로 알고 있는 기업가적 활동이 예측 가능한 방향으로만 진행되지 않는다는 것을 의미한다. 이는 기업가정신의 수행과정이 대단히 동적이고 (dynamic), 유동적이며(fluid), 모호하고(ambiguous) 때로는 혼란스러운 특성을 보이고 있기 때문이다. 하나의 예로 전혀 잠재력이 없는 사업아이디어가 성공하는 역설적 상황을 종종 보게 된다. 대표적인 사례가 애플이다. 스티브 잡스와 스티브 워즈니악이 개인용 컴퓨터에 대한 아이디어를 휴렛팩커드(HP)에 제안했지만 별 관심을 보이지 않아 애플을 창업한 경우이다. 휴렛팩커드(HP)는 개인용 컴퓨터의 사업 잠재력을 제대로 보지 못한 것이다.

Time for a break!

기업가의 과도한 자신감(overconfidence)의 함정

기업가의 '과도한 자신감과 장밋빛 전망' 함정을 어떻게 피할 수 있을까?
이에 대한 해결책이 있다면 무엇일까?[35)]

Time for a break!

가지 않은 길(The Road not Taken)

노란 숲속에 두 갈래 길이 있었습니다.
나는 두 길을 다 가지 못하는 것을 안타깝게 생각하면서,
오랫동안 서서 한 길이 굽어 꺾여 내려간 데까지,
멀리 바라다보다 나그네 몸으로 두 길을 다 가볼 수 없어
아쉬운 마음으로 그곳에 서서
한 길이 덤불 속으로 감돌아간 끝까지
한참을 그렇게 바라보았습니다.

그리고 똑같이 아름다운 다른 길을 택했습니다.
그 길에는 풀이 더 있고 사람이 걸은 자취가 적어,
아마 더 걸어야 할 길이라고 나는 생각했었던 게지요.
그 길을 걸으므로, 그 길도 거의 같아질 것이지만.

그날 아침 두 길에는
낙엽을 밟은 자취는 없었습니다.
아, 나는 다음 날을 위하여 한 길은 남겨 두었습니다.
길은 길에 연하여 끝없으므로
내가 다시 돌아올 것을 의심하면서…

먼먼 훗날 어디에선가
나는 한숨 쉬며 이야기를 할 것입니다.
숲속에 두 갈래 길이 있었다고,
나는 사람이 적게 다닌 길을 택했다고,
그리고 그것 때문에 모든 것이 달라졌다고

Two roads diverged in a yellow wood,
And sorry I could not travel both
And be one traveler, long I stood
And looked down one as far as I could

To where it bent in the undergrowth;
Then took the other, as just as fair,
And having perhaps the better claim,

Because it was grassy and wanted wear;
Though as for that the passing there
Had worn them really about the same,

And both that morning equally lay
In leaves no step had trodden black.
Oh, I kept the first for another day!
Yet knowing how way leads on to way,
I doubted if I should ever come back.

I shall be telling this with a sigh
Somewhere ages and ages hence:
Two roads diverged in a wood, and I?
I took the one less traveled by,
And that has made all the difference.

로버트 프로스트(Robert Frost)

3. 기업가적 과정

3.1. 기업가적 과정

기업가가 창업에 도전하는 데에는 특별한 계기가 있기 마련이다. 창업자가 직업을 구하지 못하거나 다니던 회사가 망하거나 인수합병으로 인한 정리해고로 어쩔 수 없이 창업하는 경우도 있고, 처음부터 창업의 길을 걷기도 한다. 멜라니 스티븐스(Melanie Stevens)는 변변치 않은 직장을 전전긍긍하다 직접 캠버스백을 만들어 판매하는 사업을 시작하였고, 제약회사에 다니던 하워드 로즈(Howard Ross)는 회사가 여러 차례 인수합병되는 과정에서 정리해고를 당해 이를 계기로 워리버리 제약(Waverly Pharmaceutical)을 창업했다[36].

창업의 길은 일반적인 직장생활과는 다르다. 예로 창업자가 자신이 근무하고 있는 안정된 직장을 그만두고 창업에 도전한다면 어느 정도의 매출을 달성해야 할까? 만약 창업에 도전해서 5천만 원 정도의 연봉에 건강보험, 국민연금, 고용보험, 산재보험 등의 복지혜택을 원한다면, 일반 소매 창업을 기준으로 연간 최소 3억5천만원의 매출을 올려야 한다. 이는 소매업(음식업)이라는 점을 고려하여 일주일에 6일, 하루 10시간 운영한다고 가정할 때 월평균 3천만 원, 일 평균 120만 원, 시간당 125,000원 매출을 실현해야 한다는 계산이 나온다. 더 나아가 자신의 사업에 대한 무한 책임과 퇴근 시간이 없는 긴 노동시간도 감수해야 할지도 모른다. 미국 통계에 의하면 500대 기업의 CEO 중 22.5%가 사업을 하는 과정에 이혼하였다고 한다. 미혼인 CEO 중 59.2%는 사업이 성장하는 과정에 결혼하였고, 이혼한 CEO 중 18.3%는 재혼을 하기도 하였다[37].

창업을 한다는 것은 사업기회를 포착하고 이를 실현하기 위해 기업을 일으키는 것이다. 기업가가 창업팀을 조직하여 사업을 성공으로 이끌기까지 일련의 활동과정을 기업가적 과정이라고 한다. 기업가적 과정은 기회를 인지하고, 기회를 추구할 수 있는 조직을 구성하는데 필요한 모든 기능, 활동, 행동을 포함한다[38]. 기업가가 혁신적 사업기회를 얻고 창업 활동을 전개하는 과정에 개인적, 사회적, 조직적, 환경적 요소들이 영향을 미친다. 캐럴 무어(Carol Moore)는 기업가적 과정을 혁신, 계기, 실행, 성장단계로 구분하였다. 기업가가 의도했던 우연한 기회이던 기회 인식을 통해 창업을 실행하여 기업을 성장시키는 과정에 창업자의 개인적 요소가 영향을 미친다. 창업 초기에는 교육, 경험, 가치관, 성취감, 불확실성에 대한 인내력을 비롯해 직업에 대한 불만과 실적 여부 등의 개인적 특성이 영향을 미치고, 실행과 성장단계에서는 기업가로서의 개인적 특성인 리더, 관리자, 책임감, 비전 등이 중요한 영향요인이 된다. 사회적 요인으로는 가족, 부모, 인맥, 창업팀, 조언가 등이 창업 과정에 영향을 미친다. 환경적 요인으로는 창업을 지원하는

정부 정책, 경제 상황, 자원, 경쟁자, 소비자 등이 포함된다. 마지막으로 창업팀, 전략, 조직구조
와 문화 등은 주요한 조직적 요인으로 성장단계에서 영향을 미친다.

[그림 2-4] 기업가적 활동 과정 모델[39)

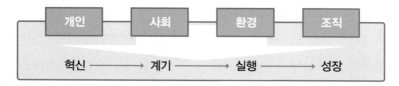

기업가정신을 발휘하여 창업기업을 성장·발전시켜 나가기 위한 세 가지 핵심 요소는 기회
(opportunity), 자원(resources), 창업팀(team)이다. 기업가적 과정을 농사에 비유하면 창업팀은
농부에, 기회는 씨앗에, 자원은 비옥한 땅과 비료가 될 수 있다. 물론 환경적(사회적) 여건으로
날씨 등도 포함될 수 있다. 기업가적 과정은 통제 가능한 이들 요소를 통해 위험을 분석하고, 창
업의 성공 가능성을 향상하기 위해 어떤 변화가 필요한지를 결정하고, 이들 요소의 총체적 균형
과 적합점을 찾아가는 과정이라 할 수 있다.

[그림 2-5] 기업가적 과정[40)

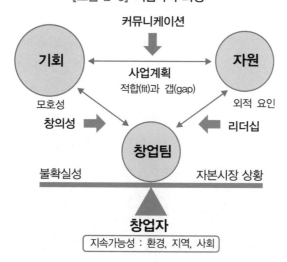

기회 : 기회는 기업가적 과정의 핵심요소이다. 아이디어가 반드시 경쟁력 있는 사업 기회가 되
는 것은 아니다. 사업의 세 가지 기본요소를 하나의 전략적 계획으로 정리한 것이 사업계획이다.
전문벤처투자가들이 투자 여부나 성공 가능한 창업기업을 평가할 때 사업계획서를 참고한다.

물론 이들의 선택이 틀릴 때도 있지만 통계적으로 벤처투자자들의 선택을 받은 신생기업의 80%는 5년 생존율을 보인다. 아무리 잘 작성된 사업계획도 투자유치에 성공하는 것은 아니다. 투자받기 위해 투자자에게 제출된 창업아이디어(사업계획서) 100개 중 실제로 투자를 받는 데 성공하는 것은 4개 정도에 불과하다[41]. 독창적인 아이디어에 더해 시장잠재력(시장의 수요, 시장 규모, 마진율 등)이 클수록 사업기회의 잠재력은 향상된다. 기업가가 시장조사, 소비자 동향 분석, 경쟁자의 제품과 서비스 분석 등을 통해 경쟁력 있는 사업기회를 식별해 낼수록 사업에 필요한 자원(투자유치 등) 확보에 유리한 고지를 점하게 된다. 가끔 기업가의 성공을 운(luck)으로 돌리는 사람이 있다. 하지만 대부분은 사실이 아니다. 류현진이나 박세리와 같은 뛰어난 스포츠 선수, 에디슨과 같은 발명가, 강수진과 같은 세계적인 발레리나가 되는 것이 단순한 행운의 결과는 아닐 것이다. 기업가의 성공도 다른 직업들의 경우와 마찬가지로 준비와 기회 적합(fit)의 산물이다.

자원 : 창업 과정에 필요한 자원에는 자금 외에도 사람, 지원 네트워크, 공장·설비, 특허기술, 사업계획이 포함된다. 최소의 투입으로 최대의 산출을 거두기 위해서는 기업가정신에 의한 최소자원투입의 원칙이 필요하다. 한꺼번에 모든 자원을 미리 확보하기보다 다단계에 걸쳐 자원을 확보하는 것이 적절하다. 처음부터 필요한 모든 것을 갖추고 시작하는 것은 위험을 높인다. 따라서 필요한 시점에 필요한 만큼의 자원을 투입하여 낭비를 최소화해야 한다.

대부분 창업자들은 사업기회를 사업화하는 과정에서 자원 부족으로 상당한 어려움을 겪게 된다. 기업가는 새로움의 불리함(liability of newness)과 장애요인을 창의적으로 극복해 나가야 한다. 하지만 최근에는 창업자금과 지원 프로그램이 다양화·정교화되면서 사업기회와 창업팀만 잘 구성하면 자원문제는 창업의 큰 장애가 아닌 경우가 많다. 또한, 자원이 풍부한 경우보다 오히려 부족한 자원환경에서 우수한 사업성과를 내는 사례도 많다. 그 예로 금속 스키제품 개발자인 헤드는 최종제품에 성공하기까지 40번의 시제품 버전을 만들었다. 그는 부족한 자금 때문에 불필요한 활동을 최소화하고 짧은 기간에 제품개발에만 집중한 것이 성공비결이라고 주장하였다.

창업팀 : 경쟁력 있는 사업기회가 확인되면 기업가는 창업팀을 꾸리는 것이 필요하다. 창업팀의 규모와 형태는 사업기회의 잠재력에 의해 결정된다. 창업팀이 중요한 것은 개인보다는 팀으로 창업할 경우 성공 가능성이 크기 때문이다. 창업자의 개인적인 역량도 중요하지만 다양하고 풍부한 경험을 가진 팀을 구성하는 것이 사업 성공에 더 중요하기 때문이다. 유명한 투자자 록은 투자와 관련하여 "내가 지금까지 저지른 실수 대부분은 잘못된 아이디어(wrong idea)가 아니라 잘못된 사람(wrong people)을 선택한 것이다."라고 주장하였다.

　균형과 적합 : 기업가적 과정은 기회를 포착한 후에 이를 사업으로 이행하는 과정에서 부족한 자원의 갭(gap)을 메우고, 경영과 조직관리 등의 창업팀 생태계의 부족이나 결핍의 격차를 기업가적 행동으로 극복해 사업을 성공으로 이끄는 과정이다. 즉, 사업 기회-자원-기업가 또는 창업팀의 최적점(fit)을 찾아가는 과정이라고 할 수 있다. 바이어스(Byers)는 이를 이상점(Sweet Spot)이라고 하였다. 이상점은 매력적인 사업 기회에 맞는 기업가 또는 창업팀의 열정과 역량의 교차점을 의미한다. 창업에서 이상점은 투자의 신이라 불리는 워런 버핏의 투자 성공에 관한 사례를 통해 확인할 수 있다. 워런 버핏은 '어떻게 하면 돈을 많이 벌 수 있을까?'라는 질문에 대한 해답을 눈덩이에 비유하여 설명한 바 있다. 큰 눈덩이를 만들려면 두 가지가 필요하다. 하나는 눈이 잘 뭉쳐질 수 있는 적절한 습기, 다른 하나는 힘 안 들이고 눈을 굴릴 수 있을 만큼 충분히 긴 언덕이다. 습기가 없는 눈은 잘 뭉쳐지지 않는다. 여기서 습기가 있는 눈은 종잣돈(seed money)을 의미한다. 주식시장을 예로 들어 보자. 종잣돈을 만들려면 주가가 하락해 남들이 패닉에 빠져 있을 때 우량주 또는 가치주들을 그 후 아주 긴 언덕에서 눈덩이를 굴리듯이 오랫동안 투자하여 눈덩이를 불린다. 처음엔 눈이 바로 커지지도 않고 속도도 느리지만 조금 지나면 가속도도 생기고 크기도 기하급수적으로 커진다. 주식으로 비유하면 주식배당이 생기면 다시 재투자하기를 반복하여 눈덩이처럼 돈이 불어나는 것이다.

[그림 2-6] 이상점(Sweet Spot)[42]

창업에서도 이런 원칙이 적용될 수 있다. 창업 초기에는 눈덩이에 적당한 습기가 있어야 잘 뭉쳐지듯이 우수한 인력으로 창업팀을 구성해야 한다. 창업자는 우수한 인재를 끌어들일 수 있는 능력이 있어야 한다. 창업팀의 DNA가 창업 성공 DNA를 결정한다고 할 수 있다. 적절한 습기를 머금은 창업팀은 매력적인 사업 기회를 찾아 그것을 굴릴 만큼의 완만하고 긴 언덕, 즉 규모가 충분히 큰 글로벌 시장(가치주)에서 눈덩이를 굴릴 수 있어야 한다. 큰 눈덩이가 되기까지 창업가와 창업팀에게 길고 험한 열정과 헌신 그리고 역량과 기술이 요구된다. 페이스북, 앵그리 버드, 아마존, 카카오톡 등의 성공도 우수한 창업팀이 5년 이상 긴 언덕에서 인고의 시간을 보낸 결과이다[43].

핵심주제 확인학습

아래의 주제들에 대해 자신의 견해를 정리하고, 다른 팀원들과 토론해 보시오.

자신의 잠재력에 관하여 다시 생각하기	정부나 지방자치단체에서 창업자들에게 창업 실패에 대한 책임을 묻지 않고 창업자금을 지원하고 있다. 이에 대한 자신의 견해를 제시해 보시오.
본문 내용 확인하기	맞으면 T, 틀리면 F 하시오. ( ) 이상점(Sweet Spot)은 매력적인 사업 기회에 맞는 창업팀의 열정과 역량의 교차점이다. ( ) 창업에서 자원은 자금만을 의미한다.
본문 내용 파악하기	아래 질문에 대해 간략하게 대답하시오. 01_ 한국의 성공한 기업가를 존경하는 편인가 아니면 존경하지 않는 편인가? 그 이유는? 02_ 좋은 창업 기회가 있다면 창업에 도전하겠는가? 도전하지 않겠는가? 그 이유는?
의견 발표하기	팀별로 다음 주제를 토론해 보시오. 01_ 기업가정신의 4P에 관해 토론해 보시오.
정의해보기	01_ 자신만의 기업가정신을 정의해보고, 그 이유를 설명해 보시오. **기업가정신**은 ⬚ 이다 이유는?

제3장

기업가정신과 혁신

- 기업가에게 혁신과 창의성이 요구되는 이유를 설명할 수 있다.
- 혁신의 발전단계별 요구되는 기업가정신을 설명할 수 있다.

1. 기업가정신과 혁신의 중요성

기업가정신은 혁신 또는 창조적 파괴와 같은 의미로 사용될 만큼 밀접하게 관련되어 있다. 기업가정신은 이해관계자를 위한 새로운 가치 창출이 목표이며 이러한 목표를 실현하기 위해서는 혁신은 선행되어야 할 요소이다. 드러커는 기업가란 변화를 탐구하고 변화에 대응하며 변화를 기회로 이용하는 사람이라고 하였다[44]. 기업가가 변혁을 일으키고 새롭게 이질적인 가치를 창조하기 위해서는 혁신적 마인드가 중요하다. 혁신의 필요성은 크게 거시적 관점과 미시적 관점으로 분류할 수 있다.

기업가들은 사회·경제적으로 기존 질서와 다른 새로운 질서, 새로운 삶의 방식을 창조해 낸다. 혁신적 기업가정신의 발휘는 새롭게 변화된 가치를 가진 라이프 스타일을 창조하기도 한다. 대표적인 예로 페이스북, 트위터, 카카오톡 등의 창조적 도전들로 인해 SNS 문화가 확산하면서 지구촌 사람들 간 거리가 좁혀지고 커뮤니케이션 방식도 변화하였다.

오늘날 기업의 경영환경은 승자(winner)가 거의 모든 것을 독식하는 구조를 보인다. 크리스텐슨 교수의 파괴적 혁신에 관한 연구에 의하면 기업이 기존시장 아닌 새로운 시장에서 성장을 추구할 때 그 성장 가능성은 6배 높고, 잠재 수익은 20배나 큰 것으로 조사되었다. 2020년 3분 세계 스마트폰 시장점유율은 출하량 기준으로 삼성이 29.1%로 1위이고 애플은 11.9%에 불과하다. 하지만 이익 점유율은 애플이 60.6%로 삼성 32.5%의 약 2배 정도 된다. 삼성이 높은 시장점유율에도 불구하고 이익실적에서 애플에 크게 뒤지는 이유는 다양한 분석이 가능하지만 핵심은 애플의 혁신성에서 찾아야 한다.

[그림 3-1] 세계 스마트폰 시장점유율(2020년 3분기)[45]

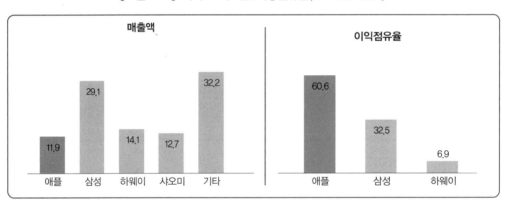

혁신이 필요한 또 다른 이유는 후발기업이 혁신적 선도기업을 따라잡는 것을 거의 불가능하게 만든다는 점이다. 조사에 의하면 현재 시장점유율 1위 기업이 내년에도 1위 할 확률은 96%이고, 2위 기업이 내년에도 2위 할 확률은 92%라고 한다. 이는 혁신자가 시장을 선점하면 후발 업자들이 같은 시장에서 우수한 성과를 달성하기는 거의 불가능하다는 것을 의미한다. 컨설팅 회사인 Arthur D. Little이 2012년 전 세계 650개 혁신 기업의 최고경영자 대상으로 한 조사에 의하면 상위 25% 혁신적 성과 기업은 평균 성과 기업보다 새로운 제품 및 서비스에서 평균 13% 더 많은 이익을 실현하고, 손익분기점에 이르는 기간도 30% 더 짧은 것으로 나타났다.

참고자료

경쟁하지 말고 독점하라[46)]

　　인터넷 결제 서비스 기업 페이팔(Paypal)을 창업해 온라인 상거래 기틀을 마련한 피터 틸(Peter Thiel)이 한 말이다. 그는 자신의 경영철학을 담은 책 '제로 투 원(0 to 1)'에서 "경쟁은 피하면 피할수록 좋다. 경쟁을 피하고 시장을 독점하기 위해서는 남들과 다른 것을 하라"고 설파했다.

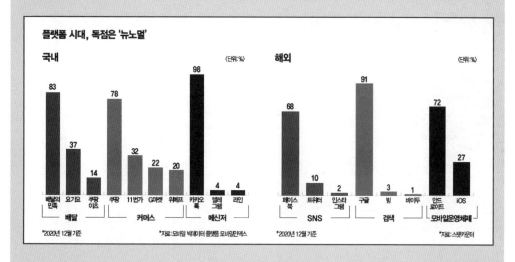

　　코로나19의 영향으로 비대면이라는 메가급 트렌드에 1등 기업이 반사이익을 누리고 있다. 구글이 검색 90% 이상 장악했고, 페이스북(Meta)은 SNS 70%, 넷플릭스는 동영상 서비스(OTT) 60%를 차지했다. 아마존도 미국 온라인 유통 50%를 독식하고 있다. 과거 일부 산업에서 목격됐던 '20 대 80 현상(20%가 전체 부의 80%를 차지 함)'이 다시 나타난 것이다. 이른바 승자독식(winner takes all)의 경제이다. 플랫폼 기업은 '규모의 경제'를 더욱 크게 누릴 수 있다. 덩치를 더 키운다고 딱히 비용이 크게 추가되지 않기 때문이다. 경제학으로 말하면 한계비용이 제로(0)에 가깝다.

　　기업의 몰락을 막기 위해서도 혁신과 창조적 파괴가 필요하다. 100년 기업 GM의 몰락, 사라진 기업 코닥, 노키아 등 그 어떤 우량기업도 자기 변혁을 소홀히 하면 순식간에 몰락한다. 과거의 성공 경험에 안주해 급변하는 환경에 적응하지 못하고 안일하게 대응하면 시장에서 사라진다. 기존의 성공적인 전략이 미래에도 효과적일 것이라는 타성적 기대를 과감히 버리는 혁신과 창의적 파괴가 필요하다.

노키아와 모토로라는 세계 선두를 달리는 휴대폰 생산업체였다. 애플이 혁신적 제품인 아이폰을 출시하며, 스마트폰의 등장을 알리던 그때 노키아와 모토로라는 스마트폰 시장에 대한 근시안적 대응으로 인해 휴대폰 시장이 스마트폰으로 변화하던 2000년대 중후반을 기점으로 점유율을 회복하지 못하고 시장에서 도태되었다. 이전 휴대폰 시장에서 선두를 달리던 노키아와 모토로라의 자리는 제품혁신을 위해 노력한 애플과 삼성이 대신하고 있다.

"해리포터와 불사조 기사단" 조앤 롤링의 기록 일부47)

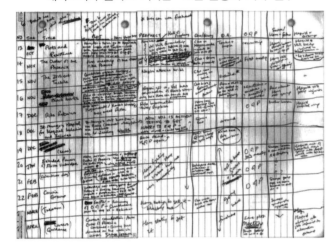

혁신과 창의성은 타고나는 것으로 생각하는 경우가 많다. 하지만 세상에 널리 알려진 혁신적 상품이나 아이디어는 한 기업가의 천부적인 개인 역량에 의해 만들어진 것이 아니다. 성공한 제품 대부분은 그들의 엄청난 노력과 열정의 산물임을 쉽게 확인할 수 있다. 전 세계적으로 4억 만 부 이상이 판매되고, 300조 원의 경제적 가치를 창출한 것으로 알려진 '해리포터'의 작가는 조앤 롤링(Joanne Rowling)이다. 많은 사람은 해리포터의 성공이 작가의 타고난 재능의 산물이라고 생각한다. 하지만 조앤 롤링의 창작 노트는 천부적 자질이 아니라 노력의 산물임을 보여주고 있다. 한 장면을 묘사하기 위해 엄청난 습작과 수정작업이 반복되었음을 확인할 수 있다. 식객과 타짜로 잘 알려진 만화가 허영만의 작품도 마찬가지이다. 식객 만화를 위해 전국의 맛집을 탐방하면서 음식 재료, 요리하는 사람의 캐릭터 등의 조사를 통해 탄생하였다.

혁신은 실패로부터의 학습으로 이루어진다. 혁신이 활성화되기 위해서는 실패에 대한 인식과 태도가 중요하다. 혁신이 신중하게 계획되고, 철저히 설계되고, 사려 깊게 수행했는데도 실패했다면, 그 실패는 때로는 근본적인 변화를 대변하는 것이고, 그것은 기회가 될 수 있음을 시사한다. 예상치 못했던 실패에 직면했을 때 단순히 분석만 해서는 안 된다. 실패는 언제나 혁신 기회를 제공하는 징후라고 간주하여야 하며, 또한 그런 방식으로 진지하게 다루어져야 한다.

기업가도 실패에 대한 긍정적 마인드가 필요하다. 에디슨은 전구를 개발하면서 자신이 원하는 빛을 발하는 소재를 찾는데 시간 대부분을 소비했다. 에디슨이 전구를 발명하자, 기자들이 에디슨에게 물었다. "전구가 발명되기 전까지 1200번이 넘게 실패했다는데 사실입니까?" 에디슨은 빙그레 웃으며 대답했다. "실패한 것이 아닙니다. 전구가 켜지지 않는 방법을 1,200여 가지나 알아낸 것이지요." 실패가 성공의 중요한 자산이 된다는 마인드가 필요한 것이다.

혁신을 위해서는 일상적인 기능으로부터 뇌의 휴식이 필요하다. 구글에는 일명 '20% 룰(rule)'이라고도 불리는 '20% 시간(20 percent time)'이 있다. 이 룰에 따라 구글의 엔지니어들은 근무시간의 20%를 현재 맡은 일과 상관없는 일이나 하고 싶은 일을 할 수 있다. 업무와 상관없는 일을 하면서 새로운 아이디어를 얻는 것이다. 구글 검색창의 자동 완성(Google Suggest)기능, 구글 나우(Google Now), 구글 뉴스(Google News), 구글 지도(Google Map)의 이동정보를 포함한 많은 새로운 아이디어들의 절반이 이를 통해 개발되었다[48].

2. 혁신과 기업가정신

2.1. 혁신과 기업가정신

기업가적 성공을 위해 요구되는 핵심 능력 중의 하나는 차별화된 무언가를 개발하고 시장에 제공하는 것이다[49]. 급속한 기술혁신과 기업 간 경쟁이 치열해짐에 따라 창의성과 혁신이 기업가정신의 핵심으로 자리 잡고 있다. 특히, 4차 산업혁명 시대의 도래와 더불어 창의성이 새로운 아이디어와 기술력의 제공자로서 산업구조의 경쟁력 제고와 혁신을 유발한다고 할 수 있다. 창의성, 혁신 및 기업가정신 사이에는 밀접한 관계가 있다. 창의성은 새로운 아이디어를 개발하고, 문제와 기회를 바라보는 새로운 방식을 발견하는 능력이다. 혁신은 인간의 삶을 향상 시키거나 풍요롭게 하기 위하여 사회 문제와 기회에 새롭고 창의적인 해결책(solution)을 적용하는 능력이다. 따라서 창의성은 혁신생성을 위한 필요조건이라고 할 수 있다. 기업가정신은 시장의 필요와 기회에 창의성과 혁신을 적용하여 가치를 창출하는 능력이다. 즉 기업가정신은 창의성과 혁신에 대해 잘 훈련되고 체계적인 프로세스의 결과라고 할 수 있다[50].

[그림 3-2] 창의성–혁신–기업가정신 관계

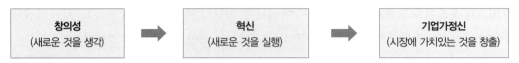

혁신에 대한 영감은 다양한 원천에서 나올 수 있다. [표 3-1]은 세계적 선도기업의 산업을 새롭게 재편할 정도의 파괴적 혁신 사례이다[51].

[표 3-1] 파괴적 혁신의 사례

기업	파괴적 기술
아마존	· 속도 기반 배송 · 드론에서 전략적 물류센터까지 다양한 배송 프로세스 · 고객이 구매를 마치기도 전에 고객 주문을 처리하여 제품이 이미 배송되도록 하는 파괴적인 기술
우버와 리프트 (Uber and Lyft)	· 승차 공유 대 택시 운전 · 앱(Apps), 무선 송신기, Amp 색상으로 구분된 알람 커뮤니케이션시스템이 택시 시스템을 무력화 시킴
비트코인	· 특정 국가 또는 화폐 표준과 연결되지 않은 디지털 통화 · 시장의 힘에 기반한 가치
도요타 E-Palette	· 고객이 서비스 받으러 오지 않고 고객에게 찾아가는 서비스를 제공하는 원격 제어 무인전기 셔틀

생각해보기

아마존 고(Amazon Go)[52]

아마존은 소비자들에게 새로운 경험에 도전하도록 한다. 계산대 없는 매장 '아마존 고 (Amazon Go)'도 그 중에 하나이다. 매장에서 집어 든 상품을 줄을 서서 계산할 필요 없이 그 대로 가지고 나가는 시스템으로 '새로운 구매 경험'을 제공해주는 이 혁신 점포는 수많은 카메라와 눈치 등 초기투자 비용이 높아 엄청난 비용이 든다.

하지만 놀라운 소비 경험은 기존의 오프라인 매장에서는 겪어보지 못한 것이다. 그러나 곧 소비자는 아마존이 제시한 미래에 점점 익숙해질 것이고, 결국엔 당연하게 여길 것이다. 소비자는 아마존 없이는 일상에 큰 불편을 겪게 된다. 소비자에게 필요한 존재가 되는 것, 지금 당장은 손해여도 오프라인 매장 확대를 고집하는 아마존의 큰 그림이다.

피터 드러커는 혁신의 정의를 자원의 생산성을 높이는 활동을 통해 소비자들이 기존에 느껴온 가치와 만족에 변화를 일으키는 활동이라 정의하고 혁신의 기회를 찾는 방법을 제시하였다.

첫째, 누구도 생각하지 못한 사건에서 사업의 기회를 찾는 것이다. 기회는 예상하지 못한 상황에서 찾아오기 때문에 탐색 활동을 조직적으로 진행하고, 가능성에 대해 확실한 조치를 취해야한다는 것이다. 3M의 포스트잇은 대표적인 사례이다.

둘째, 기업이 예상했던 소비자들의 이상적(ideal) 소비 행동과 현실(real) 간의 불일치에서 기회를 찾는 것이다. 소비자는 항상 기업가가 생각하는 것과 같은 방향으로 행동하지 않는다. 당연한 것으로 생각했던 것에 의문을 던지는 것이 필요하다. 베이킹소다는 원래 제빵용 파우더로 개발되었다. 하지만 기업의 처음 의도와 달리 주부들은 세척과 냉장고 탈취제로 사용하였다. 암앤해머 베이킹소다는 주방과 욕실을 청소할 때 사용하는 제품이다. 이제 베이킹소다는 제빵용 보다는 청소용 세제라는 이미지가 더 강하다.

셋째, 프로세스상의 불필요한 것을 대체하거나 결함이 있는 부분을 새로운 지식을 활용해 개선하는 것도 좋은 방법이다. 애플의 아이튠즈는 기존 음반시장의 프로세스를 근본적으로 변화시켰다.

넷째, 산업구조와 시장구조의 변화이다. 산업구조의 변화와 관련된 대표적인 징후가 특정 산업이 빠르게 성장하는 것이다. 분명 별개의 것으로 보이던 기술들이 통합되는 현상(자동차+무선통신, 사물인터넷, 인공지능)이나 한 산업 내에서 사업하는 방식이 빠르게 바뀌고 있다면 그 산업은 구조 변화가 일어나고 있다는 신호이다.

다섯째, 인구구조의 변화도 많은 사업 기회를 제공한다. 인구구조의 변화는 새로운 시장과 산업을 탄생시키기 때문이다. 한국은 노인인구와 1인 가구의 증가로 다양한 사업 기회를 제공하고 있다.

여섯째, 인식의 변화와 지각상의 변화도 사업 기회를 발굴하는데 중요하다. 지각상의 변화는 상품의 본질은 변하지 않고 의미만 변하는 것이다. 노인이 자신을 '늙은이'로 생각하던 것을 '팔팔한 청춘'으로 인식이 변화되면 그에 따른 행동도 변화한다. 이러한 인식의 변화는 소비행태의 변화로 이어지고 그에 부응하는 새로운 제품 또한 등장하게 된다. 마지막은 새로운 지식에 기초하여 혁신적 기회를 찾는 것이다. 지식에 의한 혁신은 기업가정신을 발휘하는 방법으로 최고라 할 수 있다. 지식에 의한 혁신은 지속 기간도 길고 효과도 오래간다. 듀폰은 나일론을 통해 스타킹이나 자동차 타이어 등 새로운 용도에 적용함으로써 그 파급효과를 최대화하였다.

기업가란 혁신가로서 새로운 제품, 새로운 생산방법, 새로운 마케팅 전략을 고안하여 이윤 창출의 기회를 만들어 내는 사람이라 할 수 있다. 기업가가 활용할 수 있는 창조적 혁신 방향으로 새로운 상품의 개발, 새로운 생산방식의 도입, 새로운 시장의 개척, 원료와 반제품의 새로운 공급원의 정복, 독점적 지위의 형성이나 새로운 산업조직의 구축 등을 들 수 있다. 이와 관련된 사례는 [그림 3-3]과 같다.

[그림 3–3] 창조적 혁신 방법[53]

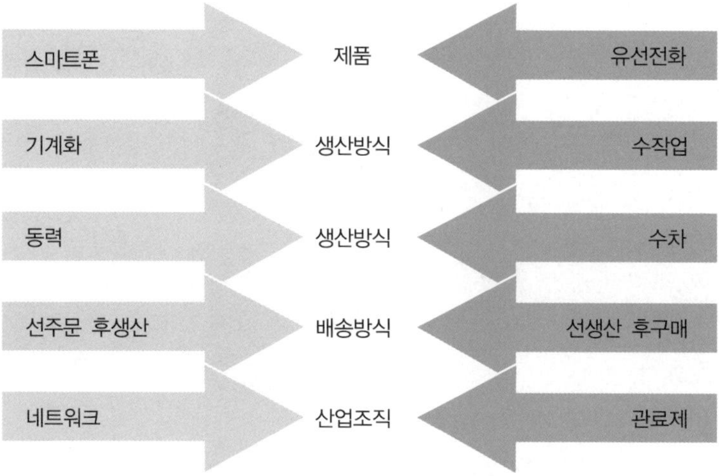

스마트폰 →	제품	← 유선전화
기계화 →	생산방식	← 수작업
동력 →	생산방식	← 수차
선주문 후생산 →	배송방식	← 선생산 후구매
네트워크 →	산업조직	← 관료제

2.2. 애플의 창조적 혁신사례[54]

창조적 혁신의 가장 큰 특징은 새로운 소비재, 새로운 생산방법 또는 새로운 운송 방법, 새로운 시장, 산업조직의 새로운 형태의 등장이 단순히 일정한 선상에서의 성장이 아니라 질적인 변화를 초래하며 기존 질서를 파괴한다는 것이다. 애플은 아이튠즈를 통해 음악시장에 새로운 유통구조를 창조했다. 아이튠즈를 통해 음원을 다운받거나 스트리밍하면서 소비자들이 음악을 소비하고 향유하는 방식이 변화하였다. 앱스토어는 스마트폰 앱의 개발 플랫폼의 운영방식을 혁신하였다. 개발자에게 시장을 오픈하고 수익을 배분하는 방식을 취함으로써 누구나 좋은 아이디어가 있다면 참여할 수 있도록 개방하여 참여도를 높였다. 이는 콘텐츠의 품질이 향상되면서 질 좋은 콘텐츠를 소비하는 소비자들의 만족도를 높이는 선순환구조 패러다임을 구축하였다.

애플 아이튠즈를 발표하면서 당시 문제가 되던 불법 다운로드의 폐해를 해소할 수 있을 것이라 기대했고, 예상대로 음악을 정당하게 소비하는 삶의 기준을 세우는 데 공헌했다. 하지만 기존의 음반으로 대표되던 음악 산업의 패러다임을 완전히 바꿔버리면서 음원시장의 유일한 강자로 음원 사업에서 엄청난 이익을 거두고 있어 혹자들은 이러한 애플의 독점을 비난하고 있다. 하지만 그럼에도 불구하고 현재 아이튠즈를 통한 수익은 애플의 전체 수입의 상당 부분을 차지하고 있다. 아이폰도 앱스토어와의 시너지 효과를 일으키며 단숨에 피처폰 시장은 사양길을 걸었다. 앱스토어의 성공이 아이폰의 매출에 영향을 미치고 아이폰의 매출이 늘어날수록 앱스토어는 활성화되면서 애플은 스마트폰 시장에서 압도적인 1위의 자리를 차지했다[55].

[그림 3-4] 애플의 창조적 혁신 사례[56]

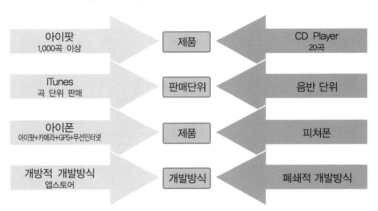

'로켓배송' 쿠팡… 당일 배송? 15분 만에 퀵 서비스[57]

쿠팡은 배송 혁신으로 뉴커머스를 선도해 왔다. 2014년 이커머스 업계에서 최초로 로켓배송(익일배송)을 도입해 배송 경쟁의 신호탄을 쐈다. 신종 코로나로 온라인 소비가 급속히 늘면서 배송의 중요성이 어느 때보다 높아졌고 2020년 매출액은 13조 9,235억 원으로 2019년 7조 1,503억 원보다 2배 가까이 증가하였다.

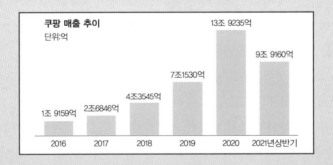

쿠팡의 로켓배송(익일배송)은 쿠팡의 고객 중심 철학을 잘 보여준다. 판매자에게 플랫폼만 제공해주는 오픈마켓 대신 쿠팡이 직접 물건을 구매해 물류창고에 보관하는 직매입 모델을 도입해 배송 기간을 단축했다. 쿠팡의 빠른 배송은 유료회원제인 로켓와우, 신선식품을 다음날 새벽 배송해 주는 로켓프레시 등으로 다양화됐다. 다양한 신사업으로 외형 성장을 거듭한 쿠팡은 올 2분기 사상 처음으로 매출 5조 원을 넘겼다. 쿠팡은 편리한 배송 서비스로 온라인 쇼핑에 서툴렀던 50, 60대, 일명 베이비붐 세대까지 끌어들였다. 와이즈앱에 따르면 지난해 50대 이상 쿠팡 앱 사용자 수는 1,518만 명으로 2019년(1,067만 명)보다 42%가량 늘었다. 쿠팡은 로켓배송의 성공 이후에도 안주하지 않고 쿠페이, 로켓와우, 로켓 프레시, 쿠팡이츠, 쿠팡 플레이, 쿠팡 이츠마트 등 다양한 서비스에 진출하고 있다.

3.　혁신유형과 기업가정신

　기업의 혁신유형은 기존기술 역량의 정도와 시장과 고객의 관계에 따라 구조적 혁신 (architectural innovation), 틈새시장 창출(niche creation), 통상적 혁신(regular innovation), 혁명 적 혁신(revolutionary innovation)의 4가지 유형으로 구분된다[58]. 각 영역에 속해 있는 기업들이 처해 있는 환경과 변화의 특성이 서로 다르므로 혁신의 유형에 적합한 기업가정신, 조직과 경영 노하우가 수행되었을 때 혁신에 성공할 수 있다.

[그림 3–5] 혁신 맵[59]

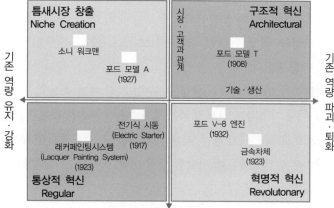

3.1. 구조적 혁신 (Architectural Innovation)

구조적 혁신은 새로운 기술·생산역량을 도입하거나 새로운 결합을 통해 기존의 기술·생산시스템을 혁신하여 새로운 시장·고객을 창출하는 것이다. 새로운 산업을 창조하는 것은 물론 제품, 생산, 기술, 마케팅에 있어 근본적인 구조 자체를 새롭게 구축한다는 의미에서 구조적 혁신이라고 한다.

　미국 자동차산업에서 포드가 기존의 숙련공에 의한 주문형 생산방식을 컨베이어벨트 시스템으로 바꾼 것이 대표적인 사례이다. 새로운 생산방식은 T 모델을 통해 자동차의 대량생산·대량소비시스템이 탄생한 것이다. 생산방식의 변화뿐만 아니라 대량 생산시스템으로 자동차 가격이 저렴해지면서 과거 주요 고객인 상류층 외에도 새로운 고객(시장)을 창출한 것이다.

　구조적 혁신영역에서 기업가에게 요구되는 역량은 구조적 혁신 기회를 탐색할 수 있는 통찰력과 함께 기회를 신속하게 사업화하는 도전정신이다. 또한, 부족한 자원을 능동적으로 조달할 수 있는 역량과 함께 구조적 혁신을 장려하는 보상체계를 적극적으로 활용할 수 있어야 한다.

3.2. 통상적 혁신(Regular Innovation)

　통상적 혁신은 기존기술·생산역량을 더욱 정교화하고 강화함으로써 기존시장·고객과의 관계를 유지·강화하는 혁신이다. 통상적 혁신은 가시적으로 확연하게 혁신의 성과가 드러나지는 않지만 축적된 결과물인 품질향상, 성능개선 그리고 원가절감에 의한 가격 인하 등의 혜택이 고객에게 이전되는 특징이 있다.

　통상적 혁신의 예로 국내 휴대폰 시장의 발전과정을 들 수 있다. 휴대폰이 대중화되면서 기업들은 초창기 통화품질 향상을 통해 경쟁우위를 확보하려 하였다. 경쟁업체 간 통화품질에 차이가 없어지자 기능의 다양화, 색상, 디자인 등의 순서로 통상적인 혁신이 이루어지는 과정에서 가격도 초창기에 비해 저렴해졌다.

　통상적 혁신이 원활하게 이루어지기 위해서는 우선 기업 내에 통상적 혁신의 조직문화가 정착되어야 한다. 이를 위해 기업가는 전사적 품질개선 운동, 대학 간 공동연구, 지속적 기술개발, 아웃소싱 등을 적극적으로 지원해야 한다. 특히 기업가는 규모의 경제를 실현하면서도 고객 기대에 부응하는 품질수준을 유지하는데 필요한 생산·판매체계를 구축해야 한다.

3.3. 틈새시장 창출(Niche Creation)

　틈새시장 창출을 통한 혁신은 기존의 기술·생산역량을 이용하여 새로운 시장을 창조하는 것이다. 생산이나 기술 체계는 기존의 디자인을 유지하거나 강화하는 데 초점이 맞추어져 있다.

　포드의 모델 T는 표준화된 생산방식으로 저렴한 가격에 공급함으로써 자동차의 대중화에 이

바지하였다. 하지만 소비자의 기대와 기호는 변하기 마련이고 새로운 욕구를 가진 소비자 집단이 생기게 된다. 저렴한 자동차보다는 새로운 디자인과 우수한 성능 그리고 안락함을 갖춘 자동차를 찾는 소비자가 나타난 것이다. 이런 이유로 시간이 지난 후 모델 T의 매출은 격감하고 결국 포드는 1927년 모델 A를 출시했다. 소형 오토바이를 타기 쉽게 디자인을 수정하고, 색상을 다양하게 디자인 함으로써 주부 쇼핑용 오토바이로 시장을 확대한 일본의 사례도 있다.

틈새시장 창출이 효과적으로 이루어지기 위해서는 기본적으로 시장·소비자의 요구분석이 선행되어야 한다. 또한 기존기술·생산시스템을 활용하면서도 새로운 제품을 만들어 낼 수 있는 능력 및 혁신 활동도 병행하면서 마케팅팀과 연구개발팀을 통합적으로 조직화하고 관리해 가는 능력이 기업가에게 요구된다.

3.4. 혁명적 혁신(Revolutionary Innovation)

혁명적 혁신은 기존기술·생산역량을 전면적으로 파괴하거나 진부화시키는 새로운 기술을 통해 기존시장·소비자와의 관계를 강화하는 특징을 가지고 있다.

미국 자동차 소비자들이 디자인, 성능, 편안함을 추구하는 경향에 부응하여 포드가 성능이 우수한 V-8엔진을 모델 18에 장착한 것이나 자동차 차체를 우드 차체(wooden body)에서 금속차체(closed steel body)로 대체하는 기술 등이 혁명적 혁신에 속한다. 차체 몸체가 금속으로 바뀐다는 것은 기존 우드 차체에서 중요했던 목공 기술 대신 철판 조형 기술(sheet metal forming technology)이나 금속 절단 기술 등이 중요해지므로, 기존의 생산시스템에 근본적인 변화를 가져오게 되었다.

혁명적 혁신은 기존 고객의 요구에 적극적으로 부응하기 때문에 기존의 산업을 활성화하는 효과가 있다. 혁명적 혁신영역에 있는 기업가의 대부분은 전문기술 분야 출신인 경우가 많아 기술개발에만 집중하고 경영 능력을 소홀히 하는 경향이 있다. 기업가가 경영 능력을 갖추지 못하는 경우 전문경영자와 협력하는 방안도 검토할 필요가 있다.

토의과제

1. 혁명적 혁신은 때에 따라 구조적 혁신과 통상적 혁신에 영향을 미친다. 진공관의 대체재로 개발된 트랜지스터를 적용해 설명하시오.
2. 음악 산업(카세트 테이프에서 오늘날의 음원서비스까지)의 발전과정을 혁신의 패턴을 적용하여 설명 하시오.

핵심주제 확인학습

아래의 주제들에 대해 자신의 견해를 정리하고, 다른 팀원들과 토론해 보시오.

자신의 잠재력에 관하여 다시 생각하기	여러분은 실패를 어떻게 정의하고 있는지 설명 하시오.
본문 내용 확인하기	맞으면 T, 틀리면 F 하시오. ( ) 혁신은 기업가의 타고난 재능이다. ( ) 통상적 혁신은 기존의 기술·생산체계를 한층 세련·강화함과 동시에 기존의 시장·고객과의 연결을 유지·강화하여 가는 혁신이다.
본문 내용 파악하기	아래 질문에 대해 간략하게 대답하시오. 01_ 혁명적 혁신이 성공하기 위해서는 어떤 특성의 기업가정신이 발휘되어야 하는가? 02_ 몽상가와 혁명가의 차이점을 예를 들어 설명해 보자.
의견 발표하기	팀별로 다음 주제를 토론해 보시오. 01_ 두 가지의 길 선택 1 : 기업이 성장하면서 기업은 위험을 줄여 가는 전략적 선택을 하는 경향이 있다. 이럴 경우 위험(실패 위험)이 적은 선택은 수익도 역시 적어진다. 따라서 기업의 수익은 점차 평균 수익(normal return)으로 접근하고 결국 기업이 성장하는 데 필요한 초과 수익을 얻지 못하면서 성장이 정체될 것이다. 선택 2 : 지속해서 평균 이상의 초과수익을 추구하는 전략을 선택하면 그에 따른 위험도 증가한다. 성장의 기반이 되는 초과수익은 기업의 성장을 지속하게 할 것이다.
조사하기	01_ 아래 내용의 의미를 분석해 보시오.

구분	성공확률(A)	수익(B)	기대성과 (A X B)
사업 기회 1	0.25	100	25
사업 기회 2	0.10	400	40
사업 기회 3	0.05	1,000	50

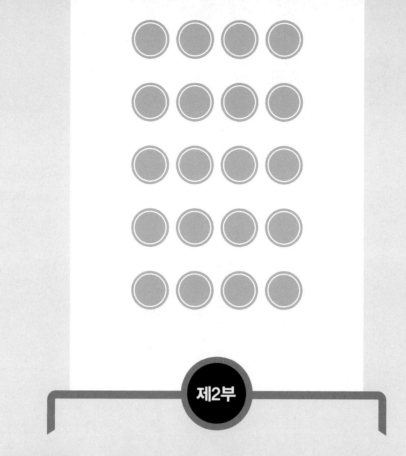

제2부

성공한 기업가는 무엇이 다른가 ?

기업가정신과 창업

창업과 기업가

- 창업과 기업가의 정의에 관해 설명할 수 있다.
- 기업의 존재 이유와 생존전략을 설명할 수 있다.
- 성공한 기업가는 어떤 공통적 특성을 보이고 있는지를 설명할 수 있다.

1. 창업의 정의

1.1. 창업의 정의

창업이란 '영리를 목적으로 개인이나 조직을 새로 만드는 일' 또는 '창업자나 조직이 자신의 책임하에 사업 아이디어를 갖고 자원을 결합하여 사업 활동을 시작하는 일'이라고 정의할 수 있다. 창업의 정의는 목적, 형태, 접근방법에 따라 다를 수 있어서 일반적이고 보편적 정의를 내리기 어렵다. 창업은 형태에 따라 일반창업, 벤처창업, 기술창업으로 구분할 수 있으며, 관점에 따라 일반적 정의, 학문적 정의, 실무적 정의로 나눌 수 있다[60]. 일반적 의미에서 창업은 완전히 새롭게 기업을 만드는 것뿐만 아니라 기존에 존재하는 사업체를 인수하는 것 또한 창업의 범주에 포함된다. 제품이나 서비스의 유형과 자금의 많고 적음에 관계없이 새롭게 사업을 시작하면 창업으로 볼 수 있다. 학문적 관점에서 돌링거(Dollinger)는 위험과 불확실성 하에서 성장과 이윤을 추구하는 혁신적 경제적 조직체를 만드는 것으로 창업을 정의하였고, 론스타트(Ronstadt)는 부(wealth)를 창조하는 동적인 과정으로 부는 재산, 시간 그리고 자신의 미래를 담보로 위험을 감수하는 사람에 의해 창조되는 것으로 정의하였다[61]. 창업의 정의를 종합해 보면, 개인이나 조직이 자원과 노력을 투입하여 새로운 가치(value)를 창출하는 과정으로 기업가적 과정에 수반되는 위험에 대한 보상으로 금전적, 개인적 성취, 사회공헌을 목적으로 기업을 설립하는 것이라 할 수 있다.

[표 4-1] 창업의 정의

분류	내용
일반적 정의	기업의 형태나 사업장의 위치와 관계없이 기존의 사업을 상속, 증여, 합병 또는 영업양수 등으로 승계하지 않고 새로운 사업구조와 아이디어를 근간으로 사업을 개시하는 것 또는 사업의 기초를 세우는 것
학문적 정의	이윤 창출을 위해 계획된 기업의 성과 지향적 목표를 달성하기 위해 인적·물적 자원(사람, 기계설비, 원자재, 자본 등)을 적절히 결합하여 제품 및 서비스를 공급·생산·판매하거나 그에 따른 부수적인 활동을 수행하는 것
실무적 정의	개인 또는 집단이 자금 규모와 업종에 상관없이 자신의 계획과 목표 아래 자본과 인력을 투입(기업합병을 통한 사업체 인수, 신규사업 등)하여 새로이 사업을 개시하는 것

법률적 관점의 창업은 구체적이고 엄격하게 정의되는 경향이 있다. 우리나라 중소기업창업지원법에는 중소기업을 새로 설립하는 것을 창업으로 정의하고 있다. 법률적 관점에서 정의가 필요한 이유는 두 가지로 요약된다. 첫 번째는 창업을 활성화하기 위한 정부 지원정책을 효과적으로 실행하기 위해서다. 정부는 창업자에게 창업자금, 입지, 조세 감면 등을 지원하고 있다. 두 번째 목적은 창업에 따른 지원을 악용하는 사례를 미리 방지하기 위한 것이다. 개인이나 조직 입장에서 새로이 창업하는 경우라도 사업승계, 기업의 형태 변경, 폐업 후 사업재개의 경우에는 창업으로 인정되지 않고 창업지원 혜택도 없다.

사업승계는 타인으로부터 사업을 승계하여 승계 전의 사업과 동일한 종류의 사업을 계속하는 경우를 의미한다. 사업승계의 예로 상속이나 증여로 사업체를 취득하여 동종사업을 계속하는 경우, 폐업한 타인의 공장을 인수하여 동일한 사업을 계속하는 경우, 사업의 일부 또는 전부의 양도 또는 양수에 의해 사업을 개시하는 경우 등이 이에 해당된다. 그러나 사업승계 후에 다른 업종의 사업을 영위하는 경우는 사업승계의 예외로 인정된다.

기업형태 변경은 개인사업자를 법인으로 전환하거나 법인의 조직변경 등 기업형태를 변경하여 변경 전의 사업과 같은 종류의 사업을 계속하는 경우처럼 형식상의 창업절차만 있고 실질적으로 중소기업의 창설 효과가 없는 것은 창업으로 보지 않는다. 기업형태의 변경에 해당되는 사례로 개인사업자가 법인으로 전환한 경우, 합병·합자·유한·주식회사 상호 간에 법인 형태를 변경하여 동종의 사업을 계속하는 경우, 기업을 합병하여 동종의 사업을 영위하는 경우(창업기업이 아닌 A 기업과 B 기업이 합병하여 C 기업을 설립하는 경우) 등이다. 기업형태 변경의 예외로 인정되는 것은 조직변경 전후의 업종이 다른 경우는 변경 전의 사업을 폐지하고 변경 후의 사업을 창업한 경우이다.

폐업 후 사업재개는 폐업 후 사업을 개시하여 폐업 전의 사업과 동종의 사업을 계속하는 것을 의미한다. 폐업 후 사업재개 사례로는 사업의 일시적인 휴업·정지 후에 다시 사업을 재개하거나 공장을 이전하기 위해 기존장소의 사업을 폐업하고 새로운 장소에서 사업을 재개하는 경우 등이 이에 속한다. 그러나 폐업을 한 후에 사업을 재개하더라도 폐업 전의 사업과는 다른 업종의 사업을 새로이 개시하는 경우는 창업으로 인정한다.

1.2. 창업의 구성요소

창업의 가장 핵심적인 요소는 인적 요소를 대표하는 창업자 또는 창업팀, 창업아이디어, 자본이다. 이들 3가지 핵심 요소는 성공적인 창업의 기본요건이 된다. 이들 중 어느 것에 결함이나 약점이 있는 경우 창업에 성공하기 어렵다.

창업자 또는 창업팀 : 창업의 주체인 창업자는 창업을 주도적으로 계획하고 추진하며, 창업에 수반되는 모든 재정적 부담과 위험을 책임지는 사람이다.

창업아이디어 : 창업을 통해 무엇을 할 것인가에 대한 사업내용을 말하는 것으로 기업의 존재이유와 목적을 대변하게 된다. 창업아이디어는 충분한 시장수요를 가져야 하는데 시장수요는 제품의 효용가치가 제품의 가격보다 크다고 인식될 때 자연적으로 생겨난다. 창업아이디어는 창업자의 상상력과 창조성, 그리고 창업에 동참하는 참여자들이 분석한 정보를 기반으로 한 조언 등 인적 요인에 의해 결정된다고 할 수 있다.

자본 : 창업 요소 중 자본은 창업아이디어를 구체적으로 상품화하는 데 필요한 자금, 기술, 기계와 설비, 재료나 부품, 건물 등을 말한다. 고객의 문제해결이나 의미 있는 가치를 제공할 수 있는 솔루션이 상품화되기 위해서는 적합한 기술과 자본 요소들이 투입되어야 한다. 생산에 필요한 자재나 부품, 기계 및 생산설비, 그리고 공장 등은 결국 자본의 투자로 취득할 수 있기 때문이다. 기술개발이나 창업팀 구성원의 양과 질도 자본에 의해 영향을 받는다. 자본은 자기자본과 타인자본으로 나눌 수 있는데, 창업의 초기 단계에는 타인으로부터 자본을 조달받는 데 한계가 있

으므로 타인자본보다 자기자본에 대한 의존도가 높다. 자금조달 원천으로서 타인자본을 이용할 때 가장 중요한 요소는 창업자와 기업의 신용도인데, 창업 초기 단계에는 신용도가 축적되어 있지 않기 때문에 이를 기초로 하여 자본을 유치하는 것은 어려울 수 있다.

창업자는 창업을 수행하는 과정에서 이들 3대 요소에 유연한 사고와 대처 능력이 필요하다. 예를 들어 초기 창업아이디어도 창업과정에서 지속적인 테스트를 통해 독창적 아이디어로 발전한다. 대표적인 사례가 페이스북입니다. 하버드 대학 2학년생이었던 마크 주커버그는 기숙생들을 대상으로 두 학생의 사진을 나란히 나열해 놓고 누가 더 잘 생겼느냐를 투표할 수 있게 한 페이스매쉬(Facemash)라는 서비스가 엄청난 가치를 지닌 페이스북으로 발전했다. 창업팀 구성에도 아이템 변화나 창업여건에 따라 구성원이 변할 수 있다. 또한, 창업은 충분한 자금만 있으면 된다고 생각하는 경우가 많다. 하지만 자금은 사업단계에서 성장을 촉진하는 불씨 역할을 해주는 것이지 그 자체가 성공 열쇠는 아니다.

2. 기업의 존재 이유와 생존전략

2.1. 기업의 존재 이유

'기업의 목적은 무엇인가?'에 대한 질문에 대부분의 대답은 '이윤 창출'이다. 기업에 대한 사전적 정의도 기업은 영리를 목적으로 재화나 용역을 생산하고 판매하는 조직체라고 정의하고 있다[62]. 기업의 소유자(주주)나 경영자 입장에서는 맞는 답이 될 수 있다. 하지만 기업이 생존하고 성장하는 데는 주주, 종업원, 경영자, 소비자, 물류회사, 정부, 경쟁자, 지역사회 등 수많은 이해관계자와 연결되어 있다. 이해관계자들은 각자의 관점에 따라 기업을 다르게 보고 있다. 이는 이해관계자에 따라 기업의 목적이 달라질 수 있음을 의미한다.

창업자의 관점에서 살펴보자. 기업가에게 기업은 사업 기회를 수행하는 실체이고, 수익 창출의 수단이다. 위험이 있지만 기업경영을 잘하면 높은 성취감과 함께 수익을 창출할 수 있는 기회가 된다. 다른 한편으로 소비자나 지역사회 등 기업 외부에 있는 이해관계자들은 기업의 목적을 어떻게 정의할까? 우리가 살아가는 사회는 다양한 요소들로 구성된 하나의 시스템이고, 기업도 시스템의 한 구성요소이다. 사회시스템의 구성요소로서 기업은 사회가 필요로 하는 역할을 하는 것이다. 예를 들어 항공사의 사회적 역할은 저렴한 가격으로 안전하게 고객들에게 공간이동

서비스를 제공하는 것이다.

기업의 목적을 정의할 때 기업가의 측면에서 보아야 하는가? 아니면 사회적 측면에서 보아야 하는가? 소비자의 관점에서 보면 기업의 목적이 이윤이라는 것은 이해하기 어렵다. 기업의 이익 창출은 기업가와 주주의 위험에 대한 보상이면서 지속적 성장에 필요한 자원이기 때문에 중요하다. 하지만 기업이 이익 추구에만 집중하면 내부 이해관계자인 종업원의 임금이나 복리후생이 희생될 수 있고, 소비자에게 유익하지 않은 상품을 제공하거나 지역사회 공해문제에 소홀할 수 있다. 특히, 기업이 제공하는 상품이 고객의 기대수준에 미치지 못하면 장기적으로 이익 창출은 어렵게 되고, 기업의 사회적 필요성도 사라지게 된다.

따라서, 기업의 목적은 기업 외부에 있어야 한다. 기업은 외부 이해관계자와의 관계 속에 존재하기 때문에 기업의 목적은 사회 이해관계자 관점에서 정의되는 것이 타당하다. 피터 드러커는 기업의 목적을 고객창조라고 하였다. 이는 기업가가 창업할 때 가졌던 가장 기본적인 질문인 '우리의 고객은 누구이고, 고객에게 어떤 가치를 제공해야 하는가?'와 관련되어 있다.

고객 창출이 중요하다고 해서 이윤이 중요하지 않다는 의미는 절대 아니다. 기업의 이윤은 아무리 강조해도 지나치지 않을 만큼 중요하다. 이익추구가 중요한 이유는 기업의 목적이기 때문이 아니라 기업 운영을 위한 필요조건이기 때문이다. 우리가 살아가는데 공기는 없어서는 안 될 필수요소이다. 그렇다고 삶의 목적이 숨을 쉬는 것이라고 하지 않는 것과 같은 이치이다. 기업은 운영에 필요한 자금을 확보하기 위한 이익 목표를 세우고 그 목표를 반드시 달성해야 한다. 만일 이익 목표 달성에 실패하고 자금을 확보하지 못하면 기업은 실패하게 된다. 그것은 기업으로써 사회적 역할을 저버리는 무책임한 행동이다. 한편으로 비영리조직이라고 예외는 아니다. 비영리조직도 자신의 고유한 사명이 있고, 그 사명을 다하기 위해서는 자금이 필요하다는 측면에서 영리기업과 다르지 않다.

결론적으로 기업의 목적이 고객 창출이라고 해서 기업가의 경영 방식에 엄청난 변화를 요구하는 것은 아니다. 기업의 목적이 이윤 창출이라는 주장과 관계없이 기업가는 이미 고객창출을 전략적 목표로 삼고 있기 때문이다. 기업 목적에 대한 올바른 인식은 기업이 사회에 꼭 필요한 존재임을 인정받고, 사회로부터 존경의 대상이 되는 밑거름이 될 것이다.

2.2. 창업기업의 생존전략[63)]

개인이나 기업이 창업만 하면 모두 성장·발전할 수 있는 것은 아니다. 기업은 소비자 또는 고객에게 제품이나 서비스를 제공해주고 반대급부를 받아 생존하는 조직이다. 피터 드러커가 기업의 목표는 고객 창출이라고 주장한 것과 같은 맥락이다. 기업은 고객에게 가치 있는 상품을 제공하는 것이 목적이고, 존재하는 이유이다. 기업이 존재가치를 실현하기 위해서는 생존조건이 충족되어야 한다. 이를 설명해 주는 것이 윤석철 교수가 제안한 '기업 생존 부등식'이다. 창업기업의 생존 부등식은 다음과 같이 정의할 수 있다.

> 창업기업의 생존 부등식 : 상품 가치 > 상품 가격 > 상품 원가

'가치'란 소비자가 어떤 제품이나 서비스에 부여하는 값어치를 말한다. 예를 들어 소비자에게 "스타벅스 커피 한잔을 구매하는 데 최대 얼마까지 지급할 의도가 있느냐?"고 물었을 때 4,500원이라고 응답한다면 그것이 바로 소비자가 생각하는 커피 한잔의 가치다. 상품에 부여하는 가치는 같은 상품이라도 소비자에 따라 다르다. 예를 들어 며칠 동안 아무것도 먹지 못한 사람에게 밥 한공기는 큰 가치를 가질 수 있지만 방금 배부르게 식사를 마친 사람에게는 아무런 가치를 제공하지 못한다.

[그림 4-1] 소비자이익과 기업이익

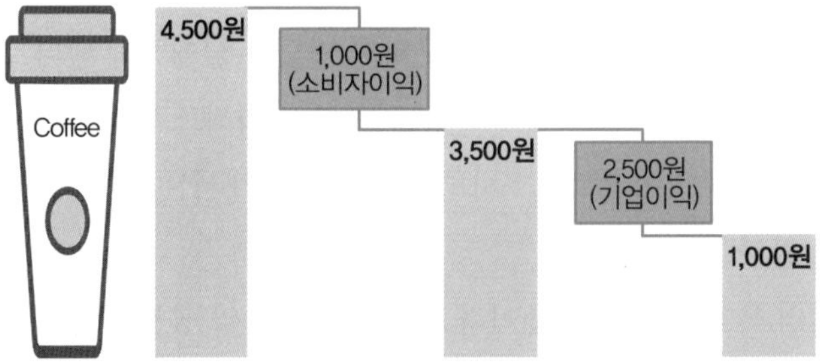

기업의 생존 부등식은 두 부분으로 나눌 수 있다. 첫번째는 '상품 가치>상품 가격'부분이다. 소비자가 상품에 부여하는 가치가 그 제품의 실제 가격보다 높아야 한다는 의미다. 스타벅스 커피 한 잔의 가격이 3,500원인데, 소비자가 커피에 부여하는 가치가 4,500원이라면 소비자들은 기꺼이 구매할 것이다. 만일 그 가치가 3,000원 정도밖에 안 된다면 소비자는 구매하지 않을 것이고, 기업은 생존하기 어려울 것이다. 두 번째 부분은 '상품 가격> 상품 원가'다. 기업이 상품을 생산하고 소비자가 구매하여 사용하기까지 재료비, 인건비, 배송비, 광고 홍보비 등 다양한 비용

이 발생한다. 이것이 상품의 원가이다. 기업은 상품 원가보다 높은 가격을 받아야 한다. 가격이 원가보다 높아야 이익이 발생하고, 실현된 이익으로 세금을 내고 투자자인 주주들에게 배당하고, 새로운 성장을 위한 연구개발 등에 재투자할 수 있다.

기업가가 창업기업을 경영하는 과정에서 명심해야 할 것은 상품 가치에서 가격을 뺀 부분이 기업의 경쟁력을 결정한다는 점이다. 예를 들어 스타벅스 커피 한 잔의 가격이 3,500원인데 소비자가 느끼는 가치가 4,500원이면, 소비자가 거래를 통해 얻게 되는 차익 1,000원은 소비자 이익이다. 소비자 이익이 크면 클수록 소비자 만족도는 커질 것이고 오랫동안 소비자의 사랑을 받을 것이고, 그렇지 못하면 경쟁력을 잃고 소멸할 것이다.

기업이 아무리 좋은 상품을 생산해 내더라도 소비자가 그 상품에 대해 긍정적 반응(가격을 능가하는 가치)을 보이지 않으면, 기업은 성공할 수 없다. 이는 생존 부등식 좌측의 부등호(상품 가치>상품 가격)를 얼마나 잘 유지하느냐에 의해 창업기업의 효과성(effectiveness)이 결정된다. 효과성은 기업이 소비자가 기꺼이 금전적 대가를 지급할 정도의 가치 있는 상품을 만들어 낼 수 있는가에 대한 문제라고 할 수 있다.

기업이 생존하기 위한 또 하나의 과제는 상품가격보다 원가를 낮출 수 있는가이다. 낮은 원가로 동일한 제품을 생산할 수 있다면 인적·물적 자원을 절약할 수 있다. 이를 효율성이라고 한다. 생존 부등식의 우변 부등호(상품 가격> 상품 원가)는 기업의 효율성(efficiency)을 결정한다. 생존 부등식의 좌단, 즉 소비자를 위해 상품의 가치를 높이는 능력을 기업의 창조성(creativity)이라고 하고, 생존 부등식의 우단, 즉 제품의 생산에 필요로 하는 원가를 절감하는 능력을 생산성(productivity)이라고 한다. 기업이 지속적인 성장하는 데 필요한 것은 궁극적으로 창조성과 생산성에 의해 결정된다고 할 수 있다.

이 두 개념 중에서 어느 것이 더 중요할까? 이에 대한 답은 시장 상황, 즉 소비자가 결정한다. 시장 상황이 소비자들의 미충족 수요가 많다면 즉, 상품생산이 수요를 따라가지 못하는 시장에서는 질 좋은 제품을 더 저렴하게 생산하는 기업이 성공할 가능성이 크다. 따라서 기업가는 창조성보다는 생산성을 더 중요시한다. 얼마나 저렴하게 생산하느냐가 중요하다. 무엇을 생산하느냐는 주요 관심사 아니다. 상품을 구매할 소비자가 줄을 서서 대기하고 있기 때문이다. 따라서, 기업가의 역할은 자본을 조달하여 설비를 확충하고, 인력을 확보하며, 생산공정의 표준화를 통해 능률과 품질을 향상하는 것이다.

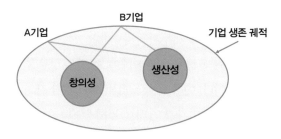

[그림 4-2] 창업기업 생존 궤적

기업의 생산성 향상 노력으로 상품의 생산능력이 급속하게 증가하면 소비자의 수요를 초과하는 과잉생산이 발생하고, 이로 인해 기업 간 경쟁도 치열해진다. 만들기만 하면 팔리던 시대가 가고, 이때부터는 기업가는 무엇을 만들어야 팔릴까에 관심을 기울인다. 소비자가 무엇을 필요로 하는가? 소비자의 기호는 어떻게 변해가고 있는가? 기업가는 이런 문제를 해결하기 위한 전략적 선택으로 생산성에서 창조성으로 눈을 돌리게 된다. 결국 창조성과 생산성의 상대적 중요성은 시장 상황에 의해 결정된다. 두 가지 개념은 기업의 생존을 유지해 주는 중요한 축이다. 기업은 창조성과 생산성이라는 두 초점으로 하는 타원궤도에서 일탈하면 기업은 생존을 유지하기 어려워진다.

2.3. 기업의 생존 성장 전략[64]

기업이 생존력을 높이는 수단은 감수성, 상상력, 탐색 실행이다. 비즈니스의 시작은 소비자에 대한 이해이다. 고객을 이해한다는 것은 그들의 필요, 아픔, 정서를 감지하는 것이다. 이것이 감수성이다. 소비자가 원하지 않는 것, 이미 충분히 가지고 있는 것, 좋아하지도 않는 것을 생산하여 소비자에게 제공하려고 한다면 자원의 낭비만 초래된다. 상품으로부터 고객이 가치를 느끼게 하려면 고객이 느끼는 필요, 아픔, 정서를 감지할 수 있어야 한다. 마취 없이 수술하는 환자를 상상해 보자. 수술 과정에서 고통받는 환자에 대한 감수성이 없었다면 마취제는 개발되지 않았을 수도 있다. 치과의원을 찾는 대부분 고객은 특유의 드릴 소리, 통증, 기다림 등으로 인해 치과에 가는 것을 좋아하지 않는다. 이런 고객의 감성적 두려움을 들어주기 위해 카페처럼 분위기를 만들고 치료과정에서 들리는 드릴 소리를 클래식 음악으로 대체하고, 기다림과 소독약 냄새는 커피머신의 커피 향으로 중화시키는 치과의원을 쉽게 찾아볼 수 있다.

소비자의 필요, 아픔, 정서를 제품 또는 서비스로 생각해 내는 것이 상상력이다. 둥근 수박은 운반과정에서 쉽게 굴러 잘 깨지고, 냉장고에 보관할 때도 공간을 많이 차지하는 문제를 해결하려는 한 농부의 상상력으로 정사각형 수박이 탄생했다[65]. 현대건설이 서산만 간척 사업 과정에서 마지막 물막이 공사가 급물살로 인해 진척이 없는 것을 보고 정주영 회장은 상상력을 발휘한다. 울산 앞바다에 폐유조선을 옮겨와 배에 물을 채워 가라앉혀 물길을 막은 이른바 정주영 공법이 탄생하였다. 상상력이 발휘되기 위해서는 많은 정보와 경험, 그리고 문제해결에 대한 열정이 있어야 가능하다. 폐유조선을 이용하는 상상력도 정주영 회장의 건설과 조선업에 대한 풍부한 경험과 지식의 산물이다.

탐색 실행은 감수성을 기반으로 탄생한 상상력이 실현될 수 있는지를 검증하는 것을 의미한다. 기술적으로나 경제적으로 실현 가능성이 있는지를 객관적으로 평가하는 것이 필요하다. 정육면체 수박의 예로 살펴보자, 플라스틱 상자에 수박을 넣어 키우고 수박이 자라면 상자에서 꺼내는 방법으로 기술적 실현 가능성 문제는 해결되었다. 하지만 경제적 타당성 측면에서 제대로 검증되지 않았기 때문에 실패로 끝났다. 정육면체 수박을 생산할 당시 둥근 수박이 2만 원 정도였지만 육면체 수박은 생산원가가 높아 8만 원에 판매되었다. 소비자가 4배나 비싼 수박을 구매해야 할 이유가 있을까? 정육면체 수박 가격이 소비자가 느끼는 가치보다 높지 않기 때문에 실패 한 것이다.

생각해보기

백남준이 돈 걱정하면 살았던 이유는 무엇인가?[66]

예술가가 돈을 벌려면 자기 작품을 비싼 가격에 구매해 주는 고객이 많아야 한다. 고객을 확보하려면 기업가는 감수성을 발휘하여 소비자가 좋아하는 가치를 인식하고 그 가치를 구현하는 상품이나 작품을 창출해야 한다. 백남준은 예술적 상상력 차원에서는 세계적 대가였지만 소비자가 작품으로부터 원하는 가치를 인식하는 감수성은 부족했다고 볼 수 있다.

3. 기업가와 기업가정신

3.1. 기업가의 의미

기업가는 기업가정신을 발휘하여 기업을 일으키고 경영하는 혁신자, 선구자, 모험자, 개척자이다. 기업가는 새로운 결합 또는 혁신을 촉진하는 개인이라는 점에서 혁신자이다. 슘페터는 기업가를 새로운 조합(new combination)의 수행을 통해 시장 내에서 변화를 실행하는 혁신가 (innovator)로 보았다. 혁신가는 창의성과 문제에 대한 도전정신으로 무장하고 있으므로 상상만 하는 몽상가와는 차이가 있다. 드러커(Drucker)는 기업가를 변화를 감지하고 변화에 대응하며 변화를 기회로 이용하는 자로 정의하였고, 베스퍼(Vesper)는 일반사람들이 발견하지 못하는 기회를 찾아내는 사람 또는 사회의 상식이나 권위에 사로잡히지 않고 새로운 사업을 추진할 수 있는 자로 정의하였다[67].

[그림 4-3] 혁신 매트릭스[68]

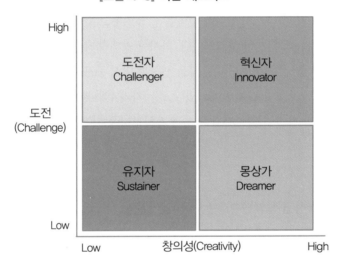

우리나라에서 혼용해서 사용하고 있는 기업가(企業家 : Businessman)와 기업가(起業家 : Entrepreneur)는 조금 다른 개념이다. 기업가(企業家)는 이윤 창출을 목표로 사업을 영위하는 사람, 즉 경영자를 의미한다. 이에 비해 기업가(起業家)는 사업 기회를 실현하기 위해 새로운 사업을 추진하는 사람을 의미한다. 따라서 두 개의 용어를 구분하지 않고 사용하지만 개념을 구분해 둘 필요가 있다.

기업가와 경영자도 여러 측면에서 개념적 차이가 존재한다. 기업가는 신규사업, 신제품 또는 서비스 개발을 시작하는 위험을 부담함으로써 상대적으로 높은 수익을 추구하는 사람이라고 할 수 있다. 반면 경영자는 경영기능을 수행하는 사람으로 상대적으로 안정적이고 정형화된 임무를 수행한다는 점에서 새롭게 기업을 일으킨 기업가 또는 창업가와 구분된다. 예를 들어 최고경영자(CEO : Chief Executive Officer)는 기업가(창업자)와 달리 선출직이다. 기업의 매출이나 운영평가 등에 의해 연임되거나 회사를 떠나야 할 수 있다.

기업가가 수행하는 기능으로는 혁신기능, 리더십, 위험부담을 들 수 있다. 이 중 가장 중요시되는 것은 혁신기능이다. 피터 드러커도 기업가의 기능은 생산적 자원관리와 이용, 생산성을 향상하는 것이고, 그 기능의 핵심은 시장개척을 위한 고객창조와 혁신이라고 하였다. 이에 비해 경영자는 수많은 이해자 집단들로부터 위임받아 기업의 존속과 성장을 위한 의사결정을 하부에 지시하는 기능을 담당한다.

[표 4–2] **기업가와 경영자의 차이점**[69]

구분	기업가	경영자
초점	기회에 초점을 맞춘 전략적 성향	현재 보유한 자원에 초점
의사결정	포착한 기회 중심의 신속한 의사결정을 하고 필요에 따라 임기응변적 자원 동원	정해진 절차에 따른 의사결정을 수행하고 구축된 예산 시스템에 따라 필요자원 확보
관리방식	비공식 네트워크를 적극적으로 활용하는 수평적 관리방식 선호	공식적인 위계 중심의 관리방식 선호
전략목표	성장과 혁신	안정성과 수익성
역할	전략 중시	관리 중시
보상시스템	가치창조 중심의 보상체계 선호	단기성과 중심적 보상체계 중시

기업가의 본질은 시대의 변천에 따라 다소 다르게 파악될 수 있다. 고전적·전통적으로 보면 기업가를 소유경영자, 자수성가형 기업가 등의 개념을 통해 기업가와 소유경영자를 동일시했다. 현대적 개념에서 기업가란 새로운 결합 또는 혁신을 촉진하는 사람으로 보고 있다. 즉, 기업가는 새로운 상품의 개발, 새로운 생산방식의 도입, 새로운 시장의 개척, 원료와 반제품의 새로운 공급원의 정복, 독점적 지위의 형성이나 새로운 산업조직의 수행 등 소위 말하는 기술혁신의 기회를 발견하고 그것을 실천하는 사람이다. 그리고 이 같은 기업가의 역할을 '창조적 파괴'라고 보고 창업자의 이윤을 이러한 것의 보수라고 하였다. 슘페터는 기업가를 혁신가(혁신을 촉진하는 사람)로 보고, 기업가정신이 투철한 기업가에 의한 기술혁신이 경제발전을 이끄는 원동력이라고 하였다[70]. 피터 드러커는 그의 저서 '이노베이션과 기업가정신'에서 기업가란 변화를 탐구하고 변화에 대응하며 또한 변화를 기회로 이용하는 자로 보았다[71]. 다시 말해 기업가는 변혁을 일으키고 새롭게 이질적인 가치를 창조해야 하는 자이고, 이러한 활동을 수행해 가는 과정에서 위험을 감수해야 한다는 것이다.

3.2. 성공하는 기업가의 특성

일반적으로 기업가 한 사람이 기술혁신 능력뿐만 아니라 경영지식을 다 가지기는 어렵기 때문에 이를 보완해 줄 수 있는 창업팀을 구성하는 경우가 많다[72]. 따라서 창업팀의 구성원들과 비전을 공유하고, 그들을 동기부여 시킴으로써 전략적으로 새로운 사업 지평을 열어가는 사람이라는 측면에서 리더의 개념이 포함된다. 또한, 새로운 것을 만들어 내었다는 의미에서 발명가와도 공통점이 있다. 그러나 에디슨은 발명가였고 창업자였지만 경영마인드를 가진 기업가는 아니었다. 에디슨은 자신이 세운 여러 기업을 잘못 경영함에 따라 모든 기업에서 손을 떼어야 했다[73].

이상을 종합해 보면 기업가는 발명가, 창업가, 관리자를 포함하는 개념이다. 우리가 진정 성공적인 기업가라고 부를 수 있는 사람은 경영 기술, 노하우 및 네트워크와 창의력 및 경영혁신 능력을 갖춘 창업자로서 도전과 열정으로 기업을 창업하고 지속적으로 혁신하여 성장시키는 사람일 것이다. 대표적 기업가로 정주영, 이병철, 구인회, 스티브 잡스 등이 있다.

[그림 4-4] 기업가의 유형

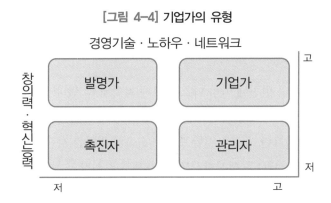

기업가가 갖추어야 할 역량으로 드러커는 동기, 결정력, 야망, 카리스마, 리더십, 비전을 공유하는 능력, 부족한 자원의 사용을 극대화하는 방법 등을, 티몬스는 몰입, 헌신, 기회에의 집착, 모호성·불확실성 수용, 창의성, 적응력, 남보다 앞서려는 동기, 리더십, 현실감과 긍정적 사고방식을 주장하였다. 기존 다양한 연구자의 주장을 정리해 보면 기업가가 갖추어야 역량에는 새로운 시장을 도전하는 개척 정신(pioneer), 미래와 시장에 대한 통찰력(perspective), 목표와 비전(performance), 실행 능력(practice)이 있다.

3.3. 명확한 비전과 목표

기업가는 장기적 관점에서 비즈니스 수행을 통해 실현하고자 하는 비전과 목표를 설정한다. 성공하는 기업가는 명확한 비전과 목표를 가지고 자신의 꿈과 야망을 실현하기 위해 사업을 감행한다. 일반적으로 비전과 목표는 장기간에 걸쳐 달성되기 때문에 이를 실현하기 위해서는 사전 준비와 구상이 필요하다. 기업가의 비전과 목표는 사업의 방향과 성과를 좌우하는 중요한 나침반이 된다.

예를 들어 의료서비스 사업을 준비하는 기업가가 '나의 사업은 아픈 사람의 병을 치료하는 것이다'라고 비전을 설정한 경우, 병원에 오는 사람(소비자)을 아픈 사람으로 간주하고 아픈 사람만을 대상으로 하는 치료시설을 확충하는데 집중하는 근시안적 사업 운영을 할 것이다. 반면 '나의 사업은 사람들의 건강을 지켜주는 사업이다'로 비전을 설정한 경우, 아픈 사람뿐만 아니라 건강의 욕구를 가진 모든 사람이 잠재고객이 될 것이다. 이는 병원에 아픈 사람을 위한 치료시설뿐만 아니라 건강을 지켜주기 위한 예방센터나 프로그램을 도입하는 등 보다 확장된 사업 기회로 이어질 수 있다.

3.4. 사업기회에 대한 집념

기업가는 새로이 등장하는 기회를 발견하고 시장에서 요구하는 역량을 구축함으로써 시장기회를 사업화로 연결한다. 기업가는 시장기회를 사업화하는 과정에서 상당한 어려움에 직면하게 된다. 기업가가 직면하는 어려움에는 제품개발, 조직구축, 상업화 등과 같은 공통된 문제들도 있지만, 개별 기업만이 직면하는 특수한 문제와 역경도 헤아릴 수 없이 많고 다양하다. 이들 문제를 잘 극복하면 생존과 기회 실현의 길로 들어서지만, 해결하지 못하거나 포기하면 기회를 실현할 수 없게 된다. 이를 위해 기업가는 시장 정보를 수집하고, 평가하고, 이를 이용하여 남들보다 빨리 기회를 포착하려 노력한다. 좋은 기회를 포착하기 위해서는 민첩성(alertness)이 있어야 하는데, 기회에 대한 민첩성(alertness to opportunity)은 기업가의 중요한 자질 중의 하나이다.

Time for a break!

기회와 사업에 대한 몰입이란?

마크 저커버그와 스티브 잡스의 공통점은? 답은 항상 같은 티셔츠만 입고 다닌다. '강연회 질문자가 마크 저커버그에게 물었다. "왜 매일 똑같은 셔츠만 입느냐고?" 마크 저커버그의 대답은 무엇이었을까요?

3.5. 도전과 개척 정신

성공적인 기업가는 부족한 자원(resource)과 어려운 환경(environment) 속에서도 포기하지 않고 불굴의 의지로 주어진 문제를 해결해 나가는 사람이며, 이러한 도전정신은 기업가로서 갖추어야 할 기본적인 태도이다. 도전과 개척 정신은 창업자들이 창업의 뜻을 이루기 위해 목표를 향하여 도전하고, 시련과 역경을 극복하며, 극한의 어려움을 무릅쓰고 개척하여 성공하는 사업정신을 말한다. 창업목표의 뜻을 이루기 위하여 무(無)에서 유(有)를 만들고, 미지의 황무지 같은 사업에 도전하여 정복하고, 성공하고자 부딪치는 정신을 말한다. 벤처기업은 물론 중견기업 이상의 많은 기업가가 새로운 사업 아이템으로 창업하고, 신시장을 개척하고 신원료를 확보하며, 국내외 새로운 사업에 도전하여 성공하였다.

3.6. 창의와 혁신 정신

기업가의 창의와 혁신 정신은 새로운 사업을 시작할 때뿐만 아니라 기업이 성장 과정에 있을 때도 필요한 핵심적 요소이다. 성장을 멈추지 않을 것 같던 노키아나 코닥과 같은 굴지의 글로벌 기업이 갑자기 사라지는가 하면 아마존과 페이스북 같은 기업이 혜성처럼 나타나고 있다. 톰 피터스가 '초우량 기업의 조건(In Search of Excellence)'이라는 책을 집필하기 위해 분석했던 완벽한 초우량 기업 60여 개 중 절반 이상이 책이 출간된 후 불과 10년 만에 몰락했다[74]. 포춘지 500대 기업 리스트의 30% 이상이 5년 안에 바뀌는가 하면 2000년 말 포춘지 500대 기업에 선정된 기업이 10년을 넘기지 못하고 30%가 리스트에서 사라졌다. 기업의 이런 흥망성쇠는 기업가의 창의성과 혁신이란 두 가지 핵심 열쇠에 의해 좌우된다.

기업의 성공은 단순히 기술 또는 설비투자를 많이 하거나 원가를 절감한다고 이루어지는 것이 아니라 창의적 발상과 혁신전략으로 다른 기업과 차별화에 성공할 때만이 가능하다. 기본적으로 기업의 경쟁력은 자본, 인적 자원 같은 탁월한 생산요소에서 나오는 것이 아니라 이들 요소를 어떻게 결합해 무엇을, 어떻게 생산할지 결정하는 과정에서 나온다. 특히 과거처럼 무엇이든 무조건 열심히 하면 좋은 결과가 나오는 게 아니라 미래를 예측하고 경쟁자들과는 차별화된 자신만이 할 수 있는 창의적이고 혁신적인 방법을 찾을 때만이 좋은 성과를 얻을 수 있다. 정주영, 이병철, 구인회, 스티브 잡스, 빌 게이츠와 같은 성공한 기업가들은 한결같이 성공비결로 창의와 혁신을 꼽고 있다.

3.7. 신념에 기초한 실행

신념은 자기가 확신한 무엇인가를 믿고 그것이 어떠한 상황에서도 말하는 바와 행동하는 바가 다름이 없는 것을 의미한다. 즉, 새로운 환경변화에 대한 빠른 적응력, 사업의 장벽과 장애를 불굴의 도전정신으로 방어하고, 악조건에서 싸울 수 있는 정신력을 신념이라고 말한다. 성공한 기업가는 자신이 결정한 사업에 대해 확신을 두고 끝까지 실천에 옮기는 마인드셋(mindset)을 가지고 있다. 대표적인 사례가 정주영의 '해보기나 했어(Candoism)'이다. 정주영의 이런 신념은 어떠한 어려운 상황에서도 해낼 수 있다는 개척 정신과 도전정신이 복합적으로 농축된 신념 체계라고 할 수 있다. 빌 게이츠는 자신의 분야에서 최고가 되고자 하는 일등주의 경영철학을 추구한 카리스마적 리더십의 소유자였다. 특히 선도자의 자리를 빼앗기면 패배한다는 강한 신념의 기업가였다.

'주차 딱지 떼였다가 인생 역전' 41세 300억 원 대박 주인공[75]

자신의 인생 첫 차를 견인 당했던 경험에서 착안하여, 사업을 시작해 대박이 난 사람이 있다. 바로 온라인 주차공유 플랫폼 '모두의 주차장'을 만든 모두컴퍼니 김동현(41) 대표이다. 차량공유 플랫폼 쏘카는 최근 '모두의 주차장'을 운영하는 모두컴퍼니 주식 100%를 인수한다고 발표했다. 인수금액은 최소 300억 원 수준으로 추정하고 있다. 김 대표가 주차공유 사업을 시작한 지 9년 만이다.

'모두의 주차장'은 공영·민영 주차장을 비롯해 백화점, 쇼핑몰, 음식점 등 목적지 근처에 빈 주차 공간이 있는지 미리 확인한 다음 할인된 가격에 이용할 수 있게 하는 서비스다. 지자체로부터 거주자 우선 주차 공간을 배정받은 사람이 해당 주차면을 사용하지 않을 때 유료로 이웃에게 공유하는 서비스도 제공한다. 송파구에서 처음 시작한 모두의 주차장은 현재 전국 약 60,000개의 주차장 정보와 18,000면의 공유주차장 및 1,800여 개의 제휴 주차장을 서비스하고 있다. 주차요금을 앱으로 미리 확인할 수도 있다.

3.8. 위험감수성

성공적인 기업가는 위험을 예측하고 통제한다. 위험감수성은 불확실한 결과가 예상됨에도 불구하고 과감히 도전하려는 의지이며, 적극적으로 기회를 모색하고 추구하고자 하는 의욕을 말한다. 성공적인 기업가는 불확실한 미래와 위험을 도전정신과 치밀한 준비를 통해 계산하고 통제하는 태도를 보인다.

기업가가 위험을 감수하고라도 새로운 사업에 도전해야 하는 이유는 안정된 사업보다 창출되는 가치가 훨씬 크기 때문이다. 예를 들어 안정된 10개 사업을 수행하여 사업마다 1억 원의 수익이 창출된다면 총가치는 10억 원이 된다. 이에 비해 위험부담이 높은 벤처 기술 사업 10개를 수행하여 5개는 실패로 끝나고, 2개 사업은 1억 원, 2개 사업은 3억 원 그리고 1개 사업은 대박이 나서 100억의 이익을 창출하였다면 총가치는 108억 원이 된다.

세상 모든 사람이 무모하다고 한 삼성의 반도체 사업[76]

　삼성이 반도체 사업과 처음 인연을 맺은 것은 1974년이다. 하지만 삼성그룹 내부에서는 반도체 사업에 회의적이었다. 그룹의 중추인 비서실에서도 사업성이 없다고 판단한 터였다. 경제기획원, 재무부, 상공부 등 경제 관련 부처들도 '투자 과잉에다 기술자가 없다'라며 말렸다. 더욱이 삼성전기·삼성전관 등 여타 전자 사업이 고전하고 있을 때여서 그룹 차원의 투자 여력도 없었다.

　그러나 반도체 사업은 점점 빛나는 성과를 이어갔지만, 적자에서는 좀처럼 벗어나지 못하고 있었다. 세계 10위 안에 우뚝 선 1987년에도 적자를 기록했다. 13년 연속 적자에, 적자 규모도 상당히 컸다. 이러다 보니 "삼성이 반도체에 매달리다 망하는 것 아니냐?"라는 소리도 심심찮게 들렸다. 그러나 이병철 회장은 조금도 흔들리지 않았다. 우여곡절 끝에 1988년 삼성의 반도체 사업은 첫 흑자를 냈다. 물론 흑자 규모는 그동안의 누적적자를 모두 만회하고도 남았다. 세상 모든 사람이 무모하다고 이야기한 삼성의 반도체 도전이 없었다면 오늘날의 글로벌기업 삼성이 존재할 수 있었을까?

3.9. 기업가의 리더십

　기업가는 기본적으로 대인관계, 정보전달 그리고 의사결정자 역할을 수행한다. 기업가는 조직 내에서는 구성원의 리더로서 그리고 대외적으로는 조직의 대표자로서의 역할을 수행하게 되는데 이를 대인관계 역할이라 한다. 조직의 대내외 정보를 탐색하고 보급하는 것을 기업가의 정보전달 역할이다. 기업가는 시장 선택, 갈등 해결, 자원배분 등 여러 대안 가운데 하나를 선택하는 의사결정을 해야 한다. 이것을 기업가의 의사결정 역할이라 한다. 기업가가 이런 세 가지 역할들을 성공적으로 수행하는데 필요한 역량이 커뮤니케이션과 리더십이다.

　짐 콜린스는 'Good to Great'를 통해 기업가의 리더십을 5단계로 제시하였다[77]. 1단계 능력이 뛰어난 개인, 2단계 팀에 기여하는 팀원, 3단계 역량 있는 관리자, 4단계 유능한 리더, 5단계 경영자. 이중 5단계는 가장 높은 수준의 리더십을 나타낸다.

[그림 4–5] 짐 콜린스의 5단계 리더십

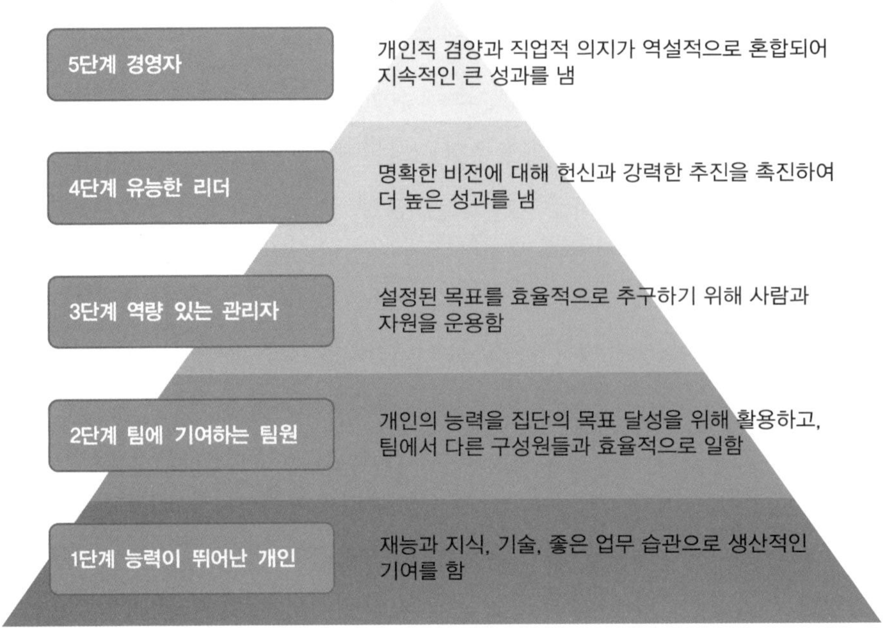

5단계 경영자	개인적 겸양과 직업적 의지가 역설적으로 혼합되어 지속적인 큰 성과를 냄
4단계 유능한 리더	명확한 비전에 대해 헌신과 강력한 추진을 촉진하여 더 높은 성과를 냄
3단계 역량 있는 관리자	설정된 목표를 효율적으로 추구하기 위해 사람과 자원을 운용함
2단계 팀에 기여하는 팀원	개인의 능력을 집단의 목표 달성을 위해 활용하고, 팀에서 다른 구성원들과 효율적으로 일함
1단계 능력이 뛰어난 개인	재능과 지식, 기술, 좋은 업무 습관으로 생산적인 기여를 함

　1단계는 개인의 능력, 지식, 기술을 잘 활용할 수 있도록 자기 조직화가 되어 있으며, 이를 통해 생산적 기여를 한다. 2단계는 집단의 목표 달성을 위해 자신의 역량을 발휘하며 다른 구성원들과 효율적으로 일한다. 3단계는 설정된 목표 달성을 위해 효율 및 효과적 방향으로 인재와 자원을 운용한다. 4단계는 외형적으로 5단계와 비슷한 수준의 열정과 노력을 보이지만, 5단계는 직업적인 의지와 극단적인 겸양을 겸비한 리더이며, 4단계는 에너지의 방향이 조직의 성공보다는 자신의 성취에 중심을 두고 있다.

　짐 콜린스의 연구 결과 5단계 리더십을 가진 사람 중 대부분은 리더십을 배우는 특별한 계기나 경험은 없었지만, 생각과 관점을 바꾸는 전환의 사건이 있었다고 한다. 전환의 사건을 통해 5단계 리더십을 갖추게 된 것이다. 리더십은 성격처럼 타고난 기질이 아닐 수 있는 것이다.

　5단계 리더십을 배우기 위해서는 어떻게 해야 할까? 5단계 리더십의 핵심은 마인드셋이다. 마인드셋은 마음의 태도 혹은 자세로 개인의 노력에 따라 얼마든지 변화할 수 있지만, 그 변화는 쉽지 않다. 일반적으로 마인드셋을 행동을 통해 변화시키려 하는데, 행동은 마인드셋의 결과이기 때문에 행동 변화가 쉽지는 않다. 마인드셋의 변화는 컵 안에 든 내용물을 바꾸는 것으로 설명할 수 있다. 예를 들어 주스가 담긴 컵에 커피를 따라 마시고 싶다면 먼저 주스를 버려야 한다. 기존 나의 마인드셋을 버리는 것이 새로운 마인드셋을 갖기 위해 선행되어야 할 조건이다.

기업가의 커뮤니케이션 스타일과 리더십을 진단하고 활용할 수 있는 또 다른 이론은 죠하리의 창(Johari's window)이다. 기업가가 팀 구성원과의 관계에서 불필요한 오해와 갈등을 줄이고, 상호 간의 신뢰와 우호적인 관계를 유지하기 위해서는 어떻게 해야 할까? 톰 행크스가 주연한 영화 중에 '라이언 일병 구하기(Saving Private Ryan)'가 있다. 라이언 일병을 구하기 위해 특공대가 파견되고, 그 와중에 특공대의 대장인 존 밀러 대위와 대원들 간에 포로 석방을 둘러싸고 갈등이 발생하게 된다. 그런데 냉혹한 전쟁 기계 같은 이미지의 밀러 대위가 뜻밖에도 사랑하는 아내에게 빨리 돌아가고 싶은 희망을 간직하고 있는 평범한 시골 교사 출신임을 대원들에게 고백하면서 갈등이 해소되기 시작한다.

죠하리의 창(Johari's window) 이론에 의하면 대인관계에서 각 개인의 자기 노출(self-disclosure)과 피드백(feedback) 특성을 기준으로 공공영역, 맹목영역, 사적영역, 미지영역으로 나누어진다.

[그림 4-6] 죠하리의 창

	자신이 알고 있는 부분	자신이 모르는 부분
다른 사람이 아는 부분	공공영역 (Public)	맹목영역 (Blind)
다른 사람이 모르는 부분	사적영역 (Private)	미지영역 (Unknown)

첫째, 공공영역(Public)은 나도 알고 있고 다른 사람에게도 알려져 있는 나에 관한 정보를 의미하며, 나의 외모, 껌 씹는 습관, 음악 취향 등이 있다.

둘째, 맹목영역(Blind)은 나는 모르지만 다른 사람은 알고 있는 나의 정보를 뜻한다. 사람은 긴장하면 다리 떨기나 사투리 등과 같이 독특한 행동습관, 말버릇, 성격과 같이 '남들은 알고 있지만 자신은 모르는 자신의 모습'이 있는데 이를 맹목의 영역이라고 할 수 있다.

셋째, 사적영역(Private)은 나는 알고 있지만 다른 사람에게는 알려지지 않은 정보를 의미한다. 달리 말하면, 나의 약점이나 비밀처럼 다른 사람에게 숨기는 부분을 뜻한다.

넷째, 미지영역(Unknown)은 나도 모르고 다른 사람도 알지 못하는 나의 부분을 의미하며, 미래의 직업이 그 예가 될 수 있다. 심층적이고 무의식적 정신세계처럼 우리자신에게 알려져 있지 않은 부분이 미지의 영역에 해당한다.

개인마다 '죠하리의 창'모양은 다르다. 기업가가 대인관계에서 나타내는 자기노출과 피드백의 정도에 따라 창을 구성하는 네 가지 영역의 넓이가 달라진다. 이렇게 다양하게 나타나는 창모 양은 어떤 영역이 가장 넓은가에 따라 크게 4가지 유형으로 구분될 수 있다.

[그림 4-7] 죠하리의 창과 리더십

	자신이 알고 있는 부분	자신이 모르는 부분
다른 사람이 아는 부분	민주형 리더십 (개방적 리더)	독재형 리더십 (독불장군)
다른 사람이 모르는 부분	신중형 리더십	고립형 리더십

첫째, 민주형 리더십으로 개방적 리더로 공공영역이 가장 넓은 사람이다. 개방형은 대체로 인간관계가 원만한 사람들이다. 이 영역의 기업가는 적절하게 자기표현을 잘 할 뿐만 아니라 다른 구성원의 말도 잘 경청할 줄 아는 리더로 민주적 리더십을 발휘할 가능성이 크다.

둘째, 독재형 리더십으로 맹목영역이 가장 넓은 자기주장형이다. 이들은 자신의 기분이나 의견을 잘 표현하며 나름대로 자신감을 지닌 솔직하고 시원시원한 사람일 수 있다. 그러나 이들은 다른 사람의 반응에 무관심하거나 둔감하여 때로는 독단적이며 독선적인 모습으로 비쳐질 수 있다. 이 영역의 기업가는 독재적 리더일 가능성이 크다.

셋째, 신중형 리더십으로 사적영역이 가장 넓은 사람이다. 이들은 다른 사람에 대해서 수용적이며 속이 깊고 신중한 사람들이다. 다른 사람의 이야기는 잘 경청하지만, 자신의 이야기는 잘 하지 않는 사람들이다. 이들 중에는 자신의 속마음을 잘 드러내지 않는 신중형 리더로 때로는 계산적이고 실리적인 경향이 있다. 이러한 신중형은 잘 적응하지만, 내면적으로 고독감을 느끼는 경우가 많으며 현대인에게 가장 많은 유형으로 알려져 있다. 신중형은 자기 개방을 통해 다른 사람과 좀 더 넓고 깊이 있는 교류가 필요하다.

넷째, 고립형 리더십으로 미지의 영역이 가장 넓은 유형이다. 이들은 인간관계에 소극적이며 혼자 있는 것을 좋아하는 사람들이다. 다른 사람과 접촉하는 것을 불편해하거나 무관심하여 고립된 생활을 하는 경우가 많다. 이런 유형 중에는 고집이 세고 주관이 지나치게 강한 사람도 있으나 대체로 심리적인 고민이 많으며 부적응적인 삶을 살아가는 사람들도 많다. 고립형은 인간관계에 좀 더 적극적이고 긍정적인 태도를 보일 필요가 있다. 고립형은 기업가의 리더로는 적절하지 않은 것으로 평가된다.

생각해보기

아래 자료를 읽고 토론 문제에 대해 팀 구성원과 토론 후 발표해 보자.

기업가의 가치는?

아래 자료에 의하면 미국 내 대기업의 최고경영자와 직원 간의 보수격차는 354배, 독일은 147배, 일본은 67배인 것으로 나타났다. 이에 비해 한국은 34배로 서구국가에 비해 상대적으로 최고경영자와 직원 간 보수격차가 적은 것으로 조사되었다.

[주요국 최고경영자와 직원 간 보수 차이][78]

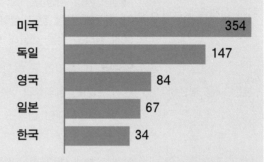

미국	354
독일	147
영국	84
일본	67
한국	34

토의 문제 1

서구국가들에 비해 일본이나 한국의 최고경영자와 직원 간 보수격차가 적은 이유는 무엇인가?

토의 문제 2

최고경영자와 직원 간 보수격차에 대한 개인적 의견을 제시하고, 최고경영자의 가치를 객관적으로 평가하는 방법을 제시해 보시오.

핵심주제 확인학습

아래의 주제들에 대해 자신의 견해를 정리하고, 다른 팀원들과 토론해 보시오.

자기 잠재력에 관하여 다시 생각하기	자신이 가장 사랑하는 한 사람(가족, 친구, 동료 등)을 정하고 그 사람이 최근에 가장 갖고 싶어 하는 것이 무엇인지를 알아내고 그 사람 모르게 원하는 것을 선물해 보자. 그리고 그들의 반응을 살펴보자
본문 내용 확인하기	맞으면 T, 틀리면 F 하시오. (　) 기업은 창의성과 생산성의 두 축에 의해 생존한다. (　) 기회에 대한 집착은 성공적 특성이 아니다.
발표해 보기	아래 주제에 대해 자신의 의견을 발표해 보시오. 01_ 장사꾼과 기업가의 차이점에 대해 자신의 의견을 발표해 보시오.
의견 발표하기	팀별로 다음 주제를 토론해 보시오. 01_ 한국의 성공한 기업가를 존경하는 편인가 아니면 존경하지 않는 편인가? 그렇게 생각하는 이유는? 02_ 기업의 목적은 왜 고객 창출인지에 대해 의견을 제시해 보시오.
추론하기	기회와 사업에 대한 몰입이란? 01_ 마크 저커버그와 스티브 잡스의 공통점은?[79] 02_ 강연회에서 한 질문자가 마크 저커버그에게 물었다. "왜 매일 똑같은 셔츠만 입느냐고?" 마크 저커버그는 무엇이라고 답하였을까?[80]

제5장

정주영의 기업가정신

- 정주영의 기업가적 과정과 활동을 설명할 수 있다.
- 정주영 기업가정신의 특성을 설명할 수 있다.
- 정주영의 기업가정신이 한국경제에 미친 영향을 설명할 수 있다.

1. 위대한 기업가 정주영

아산 정주영은 현대그룹을 창업한 우리나라의 대표적 자수성가형 기업가로서 불굴의 개척정신과 창의적인 사고, 진취적인 기상으로 도전과 창조의 반세기를 온갖 역경과 어려움을 극복하고 사업보국주의 사상과 신념주의 경영이념으로 경영활동을 해 온 탁월한 리더십의 소유자였다.

정주영 회장은 일제 치하의 1915년 11월 25일 강원 통천군 송전면 아산리에서 6남 2녀 중 장남으로 태어났다. 1930년 송전 공립보통학교를 졸업하고 세 번의 가출에 실패하지만 포기하지 않고, 네 번째 희망의 내일을 위해 가출을 단행했다. 그는 무일푼으로 시작하여 막노동, 쌀가게 종업원, 자동차 수리업, 토목건설업에 종사하면서 현대라는 세계적인 대기업을 이룩하였고, 그룹의 총수로서 공학, 경제학, 문학 등 10여 개의 명예박사 학위를 받는 등 파란만장한 반세기를 보낸 20세기 구루(guru)이다.

[그림 5-1] 정주영 명예회장 연보[81]

1915년	11월 25일 강원 통천군 송전면 아산리 출생(6남 2녀 중 장남)
1930년	3월 송전 공립보통학교 졸업
1938년	미곡상 경일상회 개업
1940년	자동차수리공장 아도서비스 (합자회사) 설립
1946년	현대자동차공업사 설립
1947년	현대토건사 설립
1950년	현대건설주식회사 설립
1957년	전후 최대 단일 공사인 한강 인도교 복구공사 수주
1965년	국내 최초 해외 건설공사인 태국 고속도로 건설공사 수주
1967년	현대자동차주식회사 설립
1968년	경부고속도로 착공
1972년	현대울산조선소 기공
1984년	서산 간척기 물막이 공사 (유조선 공법 시도)
1999년	현대아산주식회사 설립
2001년	별세

아산 정주영은 1947년 5월에 현대라는 상호로 사업을 시작하여 1950년대는 6.25 전쟁의 잿더미 속에서 전후복구공사를 하면서 국토재건의 일조하였으며 1960년대는 현대를 우리나라에서 제일가는 건설업체로 성장시켰다. 국내 최초로 해외건설시장을 개척하는 수출건설기업가이기도 하였다.

1970년대는 조선, 자동차, 철강, 기계분야에 진출하여 경공업 위주였던 우리나라 산업구조를 중공업 중심으로 전환시키는 한편, 중동진출을 통하여 한국경제의 고도성장에 기여하는 주도적 역할을 하였다. 1980년대는 전자, 석유화학, 항공산업 분야까지 진출하여 사업구조를 고도화 시켰고, 1990년대에는 각 사업 분야마다 신기술 개발과 제품의 고부가가치화에 주역하였다. 글로벌 경영을 강화하여 「기술의 현대, 세계의 현대」을 기치로 세계 초인류 기업을 향한 노력을 계속하였다. 나아가 북방경제협력과 금강산 관광사업의 진출은 남북경제 협력은 물론 냉전의 남북관계를 해소시키는 기틀을 제공하면서 세계의 관심을 받기도 하였다.

아산의 창업정신은 현대정신으로 자리잡고 있는데, 첫째는 미래지향적인 사고로 새롭고 신선함을 추구하는 창조적 예지, 둘째는 투철한 주인의식과 능동적으로 대응하는 적극주의, 셋째는 목표를 달성하기 위하여 온 힘을 기울이는 자세와 강인한 추진력 등으로 집약된다. 이러한 창업정신의 바탕 위에서 아산 정주영의 경영이념을 9가지로 요약할 수 있다. 근검절약, 도전과 개척, 캔두이즘(Candoism), 신용제일, 고객을 위한 가치 창조, 창의와 기술 중시, 인간존중, 현장경영과 스피드경영, 국익우선의 사업보국이다.

2. 정주영 기업가정신의 특성

경제발전에 이바지한다는 철학에 기초를 두고 도전과 열정의 리더십을 보여준 대표적 기업가가 정주영 회장이다. '시련은 있어도 실패는 없다'라는 말로 유명한 그는 불굴의 개척 정신, 창의적인 노력, 진취적인 기상으로 황무지나 다름없었던 한국에서 자동차와 조선업부터 시작하여 한국의 중화학공업이 세계적 수준으로 도약할 수 있는 기반을 조성하였다. 정주영 회장의 기업가적 특성을 정리하면 다음과 같다.

2.1. 도전과 불굴의 개척 정신

정주영은 시도조차 불가능해 보이는 조선, 철강, 화학, 자동차 등의 사업을 펼쳤고, 가장 먼저 해외시장을 개척한 한국경제의 선구자다. 실패를 두려워하지 않고 불굴의 도전을 지속했던 정주영의 개척 정신은 경제불황과 불확실성으로 고통 받는 오늘날의 젊은 청년에게 많은 시사점을 제공하고 있다.

정주영의 도전과 개척 정신에 관련된 사례 중 하나는 1965년 태국 파티니 나라티왓 고속도로 (98km) 건설공사 수주이다. 이 공사는 우리나라 건설업 사상 최초의 해외 진출이라는 점에서 현대는 물론 국가의 경사로 기록되었다. 하지만 현지 기후, 지질, 장비, 기술에 대한 철저한 조사 없이 시작된 522만 달러짜리 공사는 결국 300만 달러 적자를 내며 끝마쳤고, 해외 진출을 위해 300만 달러의 비싼 수업료를 지급해야 했다[82]. 태국 건설공사 수주는 큰 손해를 보았지만, 신용이라는 자산을 얻었을 뿐만 아니라 이후 해외 진출의 발판이 되었다.

정주영은 '기술의 현대, 세계의 현대'를 지향하며, 독자적인 기술개발과 응용을 통해 현대뿐만 아니라 한국이 세계 속의 기술경쟁력 보유 국가로 자리매김하는데 이바지했다. 사업수행 단계에서 손쉽게 외국 기술을 도입하기보다 자체 기술개발에 의한 경쟁력 기반을 강화하였다. 자동차 독자개발 과정에서도 당시 국내 기술 기반이나 시장 규모를 고려할 때 독자개발보다 조립생산이 사업성과 위험 측면에서는 유리하였다. 하지만 정주영은 자동차산업이 기계, 전자, 철강, 화학 등 전 산업에 미치는 연관효과와 기술 발전, 고용 창출 효과가 큰 산업이라는 점을 간파하고 독자개발에 착수한다. 현대의 자동차 독자개발은 현대의 기업가치 상승뿐만 아니라 한국 경제발전에 큰 공헌을 하였다.

정주영의 기업 철학은 개척과 도전정신 역사로 요약할 수 있다. 복흥상회의 운영을 시작으로 자동차수리업, 현대토건사 설립, 고령교 공사, 자동차 독자 모델 개발, 해외 건설시장 개척, 중공업 산업 구축, 반도체의 수출, 금강산 관광사업에 이르기까지 그의 도전과 개척 주의 경영이념은 실현되고 있었다. 특히, 많은 불확실성과 위험 요소가 있음에도 불구하고 다른 기업이 엄두도 못 내는 사업을 과감하게 추진하여 성공시킨 조선업, 최악의 상황에서도 경부고속도로를 최단기간에 건설하고, 석유파동으로 국가가 파산 위기에 처해 있을 때 주위의 반대와 비웃음을 무릅쓰고 중동 진출에 도전하여 새로운 돌파구를 마련하였다.

2.2. 신념과 실행 중심적 사고

정주영의 기업가정신에서 빼놓지 말아야 할 것이 실행중심의 경영철학이다. 정주영은 창업 초기부터 현장 중심의 경영을 몸소 실천하고 직원들에게도 다양한 실무경험과 노하우를 터득하도록 하였다. 강인한 실천력의 뿌리는 창조주의와 개척자적 실천력이라고 할 수 있다. 정주영의 "이봐, 해 봤어(Candoism)?"라는 말속에서 그의 실행중심의 경영사고를 엿볼 수 있다.

정주영은 '하면 된다'라는 자신감과 신념으로 환경변화에 적극적으로 대응하고, 이를 기업문화로 승화시킴으로써 혁신적 경영 리더로서의 모범을 보였다. 해외 건설 진출, 조선업, 독자 자동차 모델 개발, 대북사업 추진에 이르기까지 사업수행에 수반되는 위험에도 정면 대응하는 추진력을 보여주었다.

2.3. 창의성과 긍정적 마인드

정주영은 "시련은 있어도 실패는 없다"라고 강조하면서, 긍정적인 도전정신으로 수많은 사업상의 난관을 헤쳐 나갔다. 당시로선 힘들었던 자동차 사업을 시작하여 세계적 기업으로 육성할 수 있었던 것도 정주영의 긍정의 리더십이 있었기 때문이다. 1973년 현대조선소 설립 당시 영국 버클레이 은행의 차관 거절에 500원권 지폐의 거북선 그림으로 영국에 300년 앞선 1500년대에 철갑선을 만들었다는 독창적 논리와 설득력으로 차관 확보에 성공하였다. 또한 조선소 청사진 한 장만 가지고 26만 톤급의 대형선박을 수주한 일이나 조선소와 탱커를 동시에 착공하고 조선소가 완공되기도 전에 수주 선박의 진수식을 치러낸 성과 등은 창의력과 도전 및 신념의 결정체라고 할 수 있다.

이외에도 중동은 낮에는 더위서 일을 못 하고 물이 없어 공사 불가능하다는 평가와 달리 비가 오지 않아 공사가 가능하고, 현장의 자재 조달이 쉽고, 낮에 자고 밤에 일한다는 긍정적 사고로 중동 진출에 성공하였다. 잔디가 없는 계절에 UN군 전사자의 가족 방문에 앞서 잔디밭을 만들어 달라는 UN군 사령부의 요청에 따라 그는 잔디 대신 보리를 옮겨 심는 유연성을 발휘해 문제를 해결하는 독창적 기지를 보여주었다. 서해안 간척지의 최종 물막이 공사에서 조수간만의 차이가 커 모두가 전전긍긍할 때 그는 주변 환경에 대한 예민한 관심을 바탕으로 탐색 영역을 넓히는 민감성을 발휘해 폐유조선으로 바닷물을 막는 '정주영 공법'을 선보여 공기를 35개월 단축한 일화도 유명하다.

2.4. 사업에 대한 통찰력

정주영은 미래지향적 사업 통찰력을 가진 기업가였다. 한 마디로 정주영은 돈의 흐름을 감지하는데 탁월하였다. 그는 우리나라를 비롯한 전 세계가 어려운 경제난을 겪고 있을 때 오일쇼크로 막대한 오일달러가 중동 산유국으로 흘러가는 것을 간파하고 중동 진출을 결심한다. 정주영은 "돈이 넘쳐나는 곳, 전 세계를 곤경에 빠뜨리면서 신나게 기름 장사를 하는 곳은 중동밖에 없다. 돈을 잡으려면 돈이 많은 곳으로 가야 한다."라며 그때의 심경을 회고했다.

부가가치가 높다고 판단된 사업에는 도전정신으로 적극적으로 진출하는 전략을 지향하였다. 1940년대 말 현대건설 설립을 통해 건설업에 진출했고, 1960~70년대에는 자동차와 조선 사업에 국내 최초로 진출하여 성공함으로써 오늘날 한국 기간산업의 초석을 마련하였다. 특히, 정주영은 사업 성공으로 축적한 노하우와 물적 자원을 새로운 관련 사업에 교두보로 활용하였다. 현대건설은 건설 자재 및 장비 사업, 현대자동차와 현대중공업에서는 부품 소재 사업의 전·후방

다각화를 통하여 새로운 사업 기회 창출과 기존 사업의 고도화를 기하였다. 글로벌 기업으로서의 입지 확립을 위해 처음부터 과감하게 세계 시장을 겨냥한 공격적 경영으로 현대 브랜드를 전 세계에 각인시키는 데 성공하였다.

2.5. 신용과 책임 정신

정주영은 신용을 가장 중요한 사업자산으로 간주한 기업가 중의 한 사람이다. 신용 때문에 많은 시련을 겪지만, 결국 자신의 목숨처럼 여기며 지킨 신용으로 사업에 성공할 수 있었다. 신용에 관련된 대표적인 사례가 고령교 공사이다. 고령교 공사는 6·25전쟁 와중에 수주한 관급공사였다. 그 당시 건설공사로는 최대 규모였지만 큰 공사 경험이 없어 공사가 제대로 진척되지 않았다. 더욱이 공사가 끝나기도 전에 엄청난 인플레이션으로 자재와 노임이 동반 상승하면서 회사 재정이 바닥을 드러낸다. 정주영은 형제들의 집을 팔면서까지 건설자금을 마련하는 등의 우여곡절 끝에 공사를 마무리했다. 이런 신용으로 수주한 한강 인도교 복구공사는 현대건설이 성장하는 기반이 되었다. 그 후 사우디의 주베일 산업항 공사, 세계 최대 조선소를 세우는 등 각종 해외 건설시장 개척에 선도 역할을 하게 된다.

종합적 사회복지사업을 전개하여 대기업 집단에 대한 국민의 불신을 해소하고, 기업이윤의 사회 환원이라는 사회적 책임을 다해온 정주영은'우리 사회의 가장 불우한 사람들을 돕는다'라는 설립 취지에 따라 의료·사회복지 등을 적극적으로 지원하였다. 이를 통해 기업의 지속 성장이 가능함을 인식했던 것이다.

2.6. 근검절약 정신

정주영의 기업가적 삶 속에는 근검절약 정신이 깊이 자리 잡고 있다. 정주영은 근면 검소하게 절약하고 저축하며, 신념을 다 바쳐 기업을 이루었다고 소회를 밝히고 있다. 근검절약의 일화로는 복흥상회에서 쌀 배달꾼으로 직장생활을 시작한 청년 정주영은 전차비 5전을 절약하기 위해 걸어서 출근했다고 한다. 추운 겨울에도 장작값 10전을 아끼기 위해 저녁 한때만 불을 지폈으며, 굽을 갈아 가면서 구두 한 켤레를 10년 이상 신고 다녔던 그의 유물은 근검절약 정신이 타고난 것이 아니라 스스로의 의지임을 알 수 있다.

[표 5-1] 정주영의 기업가정신과 관련된 사례[83]

정주영의 기업가적 특성	주요 사례
도전과 불굴의 개척 정신	1965년 국내 최초 해외시장 개척사업인 태국 파타니 나라티왓 고속도로의 98km 건설공사를 수주함. 이 공사는 우리나라 건설업 사상 최초의 해외 진출이라는 점에서 현대는 물론 국가의 경사로 기록됨. ● 어록: "이봐, 해 보기나 했어?" 1976년, 미국 대사의 자동차 개발 반대 의견을 거부하고 할 수 있다는 자신감을 바탕으로 한국의 고유 모델인 '포니'를 생산해 해외시장에 선보였으며, 1986년에는 '포니 엑셀'로 미국 진출에도 성공함. ● 어록: "된다는 확신 90%에 되게 할 수 있다는 자신감 10%를 가지고 일해 왔어요."
신념과 실행 중심적 사고	1976년 사우디아라비아 주베일 산업항 건설 당시, 그는 모든 기자재를 울산의 현대조선소에서 제작해 태평양과 인도양을 거쳐 바지선으로 이동하는 모험적인 대양수송 작전을 성공적으로 전개해 완벽하게 공사를 마침. ● 어록: "현대그룹의 원동력은 진취적 기개와 불요불굴의 개척 정신이다." 인천에서의 막노동 시절, 밤마다 빈대와의 전쟁을 벌이던 도중 빈대도 살려고 노력하는데 사람이 노력해서 못 할 일은 없다고 깨닫고, 언제나 담담하게 인내하는 생활 태도를 평생토록 견지함. ● 어록: "담담(淡淡)한 마음을 가집시다. 담담한 마음은 당신을 굳세고 바르고 총명하게 만들 것입니다." 소양강댐 공사에서 암반이 취약해 콘크리트댐보다 사력댐으로 건설해야 한다는 그의 신념은 콘크리트댐 건설의 전문가인 일본 공영의 구보타 회장을 물리치고 사력댐으로 설계를 바꾸어 예산 30%를 절감함. ● 어록: "기업이란 자유경쟁 체제에서 경쟁을 통해 생명력을 가지고 성장합니다." 열정이 있어야 열심히 노력하고 마침내 목표를 이룰 수 있다는 인적 자원에 대한 그의 신념은 평소의 소신을 바탕으로 경력이나 학벌보다 일에 대한 자세나 열정을 가장 중요한 판단 근거로 삼음. ● 어록: "학벌이 일하는 것이 아니라 열정과 정신이 일합니다."
창의성과 긍정적 마인드	1953년 겨울, 잔디가 없는 계절에 UN군 전사자의 가족 방문에 앞서 잔디밭을 만들어 달라는 UN군 사령부의 요청에 따라 그는 잔디 대신 보리를 옮겨 심는 유연성을 발휘해 UN군 묘지를 잔디 공원처럼 조성해 과제를 해결함. ● 어록: "어렵다고 생각하면 한없이 어렵고, 쉽게 생각하면 또 한없이 쉬운 게 일이다." 1965년 태국 파타니 나라티왓 고속도로 공사 당시 모래 자갈이 젖어 아스콘이 제대로 만들어지지 않자, 그는 호기심을 갖고 철판 밑에 불을 지펴 자갈을 말리자는 참신한 아이디어를 제시함으로써 공기를 앞당겨 29개월 만에 완공함. ● 어록: "호기심은 앎에 대한 목마른 갈구이자 상상력의 또 다른 이름이다." 숱한 반대를 무릅쓰고 1968년 2월 착공된 경부고속도로 공사를 당시 국내의 기술 수준과 장비로는 3년 안에 완공하기 어려운 상태에서, 그는 800만 달러 규모의 중장비를 수입해 예정보다 짧은 2년 5개월 만에 완공함. ● 어록: "기업은 행동이요 실천입니다. 나는 탁상공론을 일삼는 자들을 가장 혐오합니다."

정주영의 기업가적 특성	주요 사례
창의성과 긍정적 마인드	1973년 현대조선소 설립 당시 영국 버클레이 은행의 차관 거절에 그는 확신에 차서 500원권 지폐의 거북선 그림으로 영국에 300년 앞선 1500년대에 철갑선을 만들었다는 기상천외한 논리로 설득, 소통함으로써 차관 확보에 성공함. ● 어록: "모든 일의 성패는 그 일을 하는 사람의 사고 자세에 달려 있어요." 1975년, 중동은 낮에 더워서 일을 못 하고 물이 없어 공사 불가능하다는 평가와 달리, 비가 오지 않아 공사가 가능하고, 현장의 자재 조달이 쉽고, 낮에 자고 밤에 일한다는 긍정적 사고로 중동 진출에 성공함. ● 어록: "인류발전은 긍정적인 사고를 가지고 가능하다고 생각하는 사람들의 주도하에 이루어졌다." 1984년 서해안 간척지의 최종 물막이 공사에서 조수간만의 차이가 커 모두가 전전긍긍 해서 할 때 그는 주변 환경에 대한 예민한 관심을 바탕으로 탐색 영역을 넓히는 민감성을 발휘해 폐유조선으로 바닷물을 막는 유조선 공법을 창안해 공기를 35개월 단축했음. ● 어록: "이봐, 채금자(책임자). 해 보기나 했어?"
사업의 통찰력	전 세계가 어려운 경제난을 겪고 있을 때 오일쇼크로 막대한 오일달러가 중동 산유국으로 흘러 것을 간파하고 중동 진출을 기회로 삼음. ● 어록: "돈이 넘쳐나는 곳은 전 세계를 곤경에 빠뜨리면서 신나게 기름 장사를 하고 있는 중동밖에 없다. 돈을 잡으려면 돈이 많은 곳으로 가야 한다." 1989년, 세계적 수준의 병원이 필요하다고 판단해 서울아산병원을 개원해 선진 의료기술을 도입하고, 하버드의대 등 해외에 체류 중이던 저명한 의사들을 영입해 우리나라 의료기술을 발전시키고 환자 중심의 진료 시스템을 정착시킴. ● 어록: "보다 새로운 사회를 위해 앞을 내다보고 도전해야 합니다."
신용과 책임 정신	1953년 4월, 정부에서 발주한 고령교 복구공사에서 장비 부실과 물가 인상으로 계약금의 두 배가 넘는 비용이 들어 엄청난 손해가 났지만, 끝까지 책임져야 한다는 생각으로 완공함으로써 결국 정부의 전폭적 신뢰를 얻음. ● 어록: "시련은 있어도 실패는 없어요. 책임감을 느끼고 낙관적으로 생각합시다."
근검절약 정신	젊은 시절 1시간 일찍 일어나 회사까지 걸어 다니며 아꼈던 차비, 도금이 벗겨진 오래된 싸구려 손목시계, 뒤축이 닳을 때까지 신었던 구두, 수십 년 된 17인치 골드스타 TV, 20년 이상 쓴 거실 소파는 그의 검소한 일상이었음. ● 어록: "나는 아직도 부유한 노동자일 뿐입니다. 늘 검소하게 생활하세요."

3. 정주영이 한국경제에 미친 영향

3.1. 한국경제에 미친 영향[84)]

정주영이 이끈 현대그룹의 성장은 한국 기업의 발전과 매출 증대에 기여하였다. 한국은행의 기업경영분석에서 전체기업의 매출은 1970년 1.0조 원에서 1995년 637.3조 원으로 증가하였다. 같은 기간 현대그룹의 전체 매출 규모는 251억 원에서 59.2조 원 성장하며 연평균 매출액 증가율 36.4%를 기록했다.

현대는 한국 수출 증대의 선봉장 역할을 수행하면서 수출 한국의 토대를 마련하였다. 1975년의 현대그룹 수출액은 2.3억 달러에 불과했으나, 1980년대 초 연간 수출 10억 달러를 상회한 이후 1995년에는 140.7억 달러를 기록하였다. 같은 기간 한국 전체 수출에서 차지하는 비중은 2.3%에서 11.3%까지 증가하였다.

[그림 5-2] 현대의 한국경제에 미친 영향

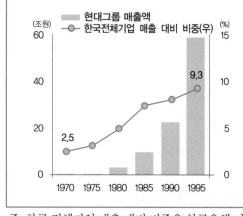

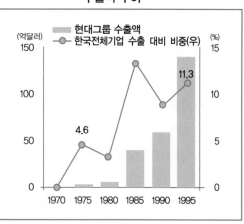

주: 한국 전체기업 매출 대비 비중은 한국은행 기업경영분석 기준

현대는 건설, 조선, 자동차, 반도체를 비롯한 한국의 주요 기간산업 생산에서 핵심 역할을 수행하였다. 1996년 건설 부문에서 발생한 매출액은 6.4조 원으로 한국 전체 건설 산업 매출액의 6.3%를 담당하였다. 한국 운송 기계 산업의 토대를 마련한 현대그룹은 1995년 한국 자동차 판매

의 48.2%(121.9만 대), 조선 건조량의 39.9%(226.0만 GT)를 담당하였고, 이후 첨단산업에 참여하면서 1995년 기준 반도체 생산액은 40.0억 달러로 당시 한국 반도체 3사 생산 총액의 25.0%를 차지하였다.

[표 5-2] 현대의 주요 업종별 매출 비중[87]

		매출총액	건설	자동차	조선	반도체	해운
한국		637.3조 원	100.7조 원	253.1만 대	566.3만GT	159.7억 달러	9.8조 원
	현대그룹	59.2조 원	6.4조 원	121.9만 대	226.0만GT	40.0억 달러	2.1조 원
	(비중)	(9.3%)	(6.3%)	(48.2%)	(39.9%)	(25.0%)	(21.8%)

주: (1) 건설 및 해운 매출액은 자료의 부재로 1996년을 기준으로 비교
　　(2) 한국 전체 매출액, 건설, 해운 매출액은 한국은행 기업경영분석 상 매출 기준

3.2. 세계 수출 시장개척

현대그룹은 1960년대의 건설, 1970년대의 자동차와 조선, 1980년대의 반도체 등 각 시기 한국 주력 수출 상품의 글로벌 시장 개척에 기여하였다. 1960년대 및 1970년대 한국 건설의 해외진출을 이끄는 한편, 해외 수주 활동을 지속하면서 1995년에는 한국 해외 수주의 22.4%를 담당하였다. 또한, 1970년대 이후의 자동차와 조선업의 수출은 한국 운송 기계 산업 수출 시발점이되었으며, 1995년의 자동차 수출은 47.3만 대(한국 전체 자동차 수출의 48.3%)로 한국 자동차산업의 글로벌화에 기여하였다.

같은 시기 조선 수출 규모는 225.3만 GT, 한국 총 조선 수출의 39.9%로 한국의 주력 수출 산업에서 핵심 역할을 수행하였다. 이밖에 한국 반도체, 해운 수출에서도 큰 비중을 차지하는 등 한국 첨단산업의 글로벌화에 기여하는 한편, 상품 수출의 기반을 수립하였다.

[표 5-3] 현대의 업종별 수출 비중[88]

		수출총액	건설	자동차	조선	반도체	해운
한국		1,250.6 억 달러	85.1억 달러	97.8만 대	565.3만GT	152.4억 달러	90.9억 달러
	현대그룹	140.7억 달러	19.0억 달러	47.3만 대	225.3만GT	22.9억 달러	26.5억 달러
	(비중)	(11.3%)	(22.4%)	(48.3%)	(39.9%)	(15.0%)	(29.2%)

주: 반도체나 해운 수출은 자료의 부재로 1996년을 기준으로 비교

3.3. 사회적 공헌

정주영의 한국경제에 대한 영향력은 탁월한 한 명의 기업가가 한 나라의 국가 경제 발전에 얼마나 큰 영향을 미칠 수 있는지를 보여주는 대표적인 사례이다. 1990년대 중반 한국경제에서 현대그룹이 차지하는 비중은 2000년대 핀란드 경제를 견인한 노키아와 비교할 수 있다. 노키아는 2004년 기준 핀란드 GDP의 4%, 수출의 21%를 담당하는 등 당시 선진국에서 단일 기업으로 국가 경제에서 가장 큰 비중 차지하는 기업이었다.

정주영이 창업한 현대그룹은 1990년대 납세를 통해 정부 재정에 많은 기여를 하였고, 협력업체를 비롯한 각 산업 기업체의 성장 기반이 되었다. 현대그룹의 법인세는 3,541억 원(1995년 기준)으로 이는 한국 기업 전체 납세액의 6.1% 차지한다. 또한, 1997년 기준으로 현대그룹의 계열사는 49개였으며, 각 계열사의 협력업체 수는 1,248개로 이는 한국의 개인사업체를 제외한 본사 기준 전체기업의 8.7% 수준이다.

수익 창출 및 고용 창출 측면에서 1995년 기준 그룹의 전체 매출(59.2조 원)은 당시 한국 전체 기업 매출의 9.3%에 해당하고, 같은 시기 15.8만 명의 일자리를 창출하였다. 이는 한국 내 회사 법인에 근무하는 전체 종사자의 3.0% 수준이다.

[표 5-4] 기업가 정주영의 한국경제에 대한 공헌(1995년 기준)[89]

법인세	기업체 수	매출액	고용 창출
3,541억 원	현대 계열: 49개 협력업체 : 1,248개	59.2조 원	15.8만 명
전체 법인세 대비 6.1%	전체 기업체 수 대비 (개인사업자 제외) 8.7%	전체 기업 매출 대비 9.3%	전체 기업법인 종사자 수 대비 3.0%

주: (1) 법인세 비중 한국은행 기업경영분석 기준 (2) 종업원: 한국 전체 회사법인 종사자 기준 (3) 기업체 수 비중 1997년(개인사업체 제외)

정주영은 울산에 자동차를 비롯한 사업화에 필요한 인력양성을 위해 울산공업학원이란 학교법인을 설립하고, 울산공과대학(현재 울산대학교)을 세워 고급 기술 인력을 양성하였고, 기능공을 확보하기 위해 사업 내 직업훈련원과 실업계 고등학교(현대공업고등학교 등) 설립 등을 통해 체계적 기능교육으로 숙련공을 양성하였다. 이러한 기능인력 양성과 활용으로 대부분 농어촌과 도시 중하층 출신이었던 이들이 한국 사회의 핵심적 중산층으로 계층이동 시키는 데 일조하였다. 예로 1977년부터 2013년까지 현대중공업 기능공의 월 평균임금(A)과 도시 근로자가구 월평균 경상소득(B)을 비교해보면 최소 1.3배에서 최대 1.8배 소득이 더 많은 것으로 나타났다[90].

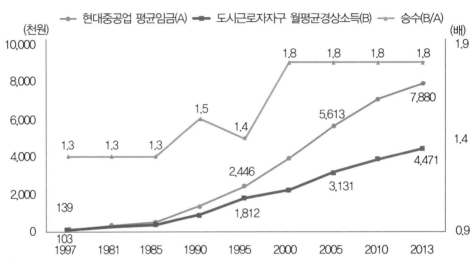

[그림 5-3] 현대중공업 월평균 임금과 도시 근로자가구 월평균 경상소득 비교[91]

울산이 공업도시로 발전하면서 급속하게 인구가 증가하자 사회 기반 시설의 불균형이 심화되었다. 특히, 교육수요를 뒷받침할 수 있는 학교가 부족하자 현대학원을 설립하여 현대중학교, 현대공업고등학교를 시작으로 총 5개의 중·고등학교를 개교하였다. 또한, 정주영 회장은 평생교육에 대한 개념조차 없었던 1969년에 한국지역사회교육협의회를 만들어 한국 평생교육의 기틀을 마련하였다.

정주영 회장은 현대자동차와 중공업이 있는 동구 지역에 직원의 건강을 위한 혜성병원을 건립하였고, 이는 울산대학병원으로 발전하였다. 풍요로운 생활을 지원하기 위하여 현대백화점을 비롯해 한마음회관과 현대예술관 등 6개의 예술·문화·체육시설을 건립하였다[92]. 또한, 동구 전화동과 서부동에 현대예술공원을 조성하여 울산광역시에 기부하였다.

정주영 회장은 지역발전을 위한 도시 인프라 확충에도 기여했다. 울산 도심과 동구 지역을 연결하는 관통로인 염포로의 교통체증을 해소하기 위해 아산로를 건설하였다. 아산로는 우리나라에서 도로명에 기업인의 이름 또는 호를 붙인 최초의 도로이다.

4. 정주영에 대한 국제사회 평가

현대 경영학의 태두이자 미래학자인 피터 드러커 교수는 정주영의 기업가정신을 다음과 같이 평가하였다. "정주영 회장은 많은 불확실성과 위험 요소, 난관으로 가려진 미래의 사업 기회를 날카로운 예지력으로 간파해 내고 이를 강력하게 밀고 나가는 리더십과 결행력을 가진 분이다. 내가 주장하고 가르쳐 온 기업가정신을 가장 잘 실천한 사람이 바로 정주영 회장이다".

미국 타임지는 '아시아의 영웅'으로 정주영 회장을 선정하였다. 타임지는 '한국을 세계 11위의 경제 대국으로 이끈 장본인, 신차를 만들고 조선소를 건설하고 경부고속도로를 만들어 할 수 있다(Just Do It Spirit)라는 정신으로 불가능에 도전했던 사람, 많은 사람이 틀렸다는 것을 입증한 인물'로 평가하였다. 또한 타임지가 선정한 65명의 아시아의 영웅 중에서 '유일한 기업인'이었다.

현대는 아산의 경영이념을 바탕으로 성장을 거듭하여 21세기 지구촌을 움직이는 127개의 파워집단 가운데 하나로 선정되었다. '월드미디어네트'가 아시아의 무수한 거대 제조업 중에서 유독 한국의 '현대'를 탈냉전시대에 세계를 움직이는 신진파워 중 하나로 선정한 이유는 '현대그룹은 한국경제 성공의 국가적 상징으로서 자동차, 선박, 반도체 등 30여 개 분야에서 세계 최대의 제조업 대국인 일본과 치열한 제품경쟁, 기술 경쟁을 벌이며 연간 500억 달러 이상의 놀라운 사업실적을 올리고 있기 때문'이라고 밝혔다.

정주영의 기업가정신과 리더십에 대한 연구도 활발하게 이루어지고 있다. 리차드 엠 스티어스(Richard Steers)의 영문 저서를 비롯해 국내대학에서도 도서가 출판되어 대학 교재로 이용되고 있다. 울산대학교는 정주영 리더십, 정주영과 기업가정신, 정주영 경영학 온라인 강좌를 만들어 일반인들에게도 공개하고 있고, 숭실대학교도 정식강좌로 '정주영 창업론'을 개설하였다. 정주영 관련 도서는 전문 도서를 비롯해 113종이 출판되어 있다. 이들 도서는 일반인은 물론 대학생과 어린이들에게까지 읽히고 있다. 국내외 정주영 기업가정신과 리더십 관련 학위논문과

학술논문은 673건 발표되었다. 아산리더십연구원은 체계적 학술연구는 물론 정주영의 업적과 기업가정신을 후세에 알리는 교육사업을 진행하고 있다.

자유기업원이 전국의 20개 대학 2,019명의 대학생을 대상으로 설문을 시행했다. 고인이 된 기업인 중 '다시 부활하기를 바라는 기업인'에 대해 조사한 결과 정주영 회장이 65%로 1위를 차지했으며, 삼성그룹 창업주 이병철 회장은 2위(25%)를 차지했다. 이코노미 인사이트(2010)가 대표적인 경제학 교수들과 국책·민간 연구기관장과 이코노미스트 70인을 대상으로 기업가정신을 가장 훌륭하게 구현한 기업인에 대해 조사 한 결과 정주영 회장이 압도적 1위를 차지하였다.

[그림 5-4] 기업가정신을 가장 훌륭하게 구현한 기업인[93]

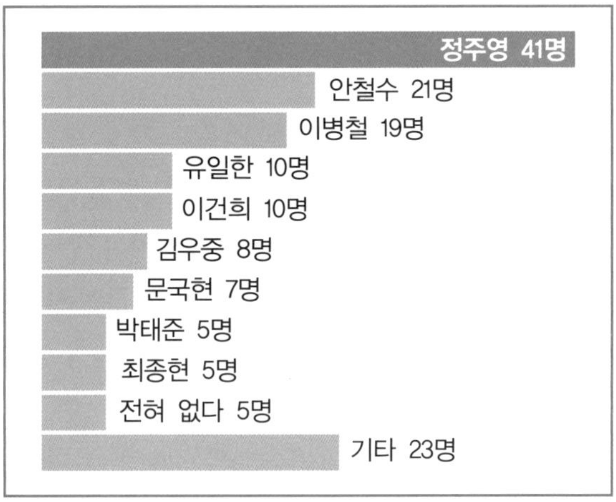

정주영 41명
안철수 21명
이병철 19명
유일한 10명
이건희 10명
김우중 8명
문국현 7명
박태준 5명
최종현 5명
전혀 없다 5명
기타 23명

핵심주제 확인학습

아래의 주제들에 대해 자신의 견해를 정리하고, 다른 팀원들과 토론해 보시오.

자신의 잠재력에 관하여 다시 생각하기	정주영의 기업가정신이 나에게 주는 교훈은 무엇인가?
본문 내용 확인하기	괄호 안에 알맞은 단어를 넣으시오. □ 1995년 기준으로 현대그룹은 〔 〕 일자리를 창출하였다. □ "이봐! 해보기나 했어?"로 대표되는 정주영의 실행중심 사고를 〔 〕이라고 한다.
본문 내용 파악하기	아래 질문에 대해 간략하게 대답하시오. 01_ 정주영은 기업가정신을 무엇이라고 정의하였는지 설명해 보시오. 02_ 정주영과 비교되는 다른 기업가 한 명을 제시하고 공통점과 차이점에 관해 설명해 보시오.
의견 발표하기	팀별로 다음 주제를 토론해 보시오. 01_ 정주영 회장의 어록들 하나를 제시하고, 그 의미에 관해 이야기해 보시오.
조사하기	01_ 인터넷(YouTube)에서 정주영의 기업가정신과 관련된 동영상을 1개 이상 탐색하여 시청한 후, 그 내용을 요약하여 발표하시오. • 사이트 주소: • 동영상 주제 : • 주요 내용 : • 자신의 생각 :

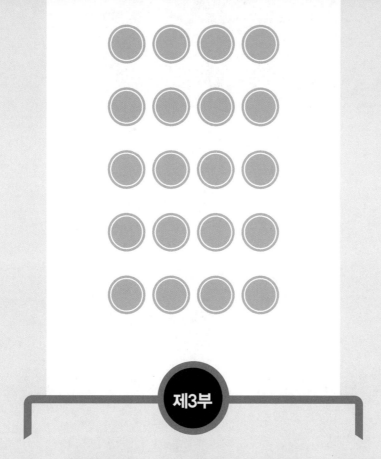

제3부

창업의 기회를 어떻게 찾을 것인가?

기업가정신과 창업

제6장

환경변화와 통찰력

학습목표
- 4차 산업혁명과 기업가정신이 창업에 미치는 영향을 설명할 수 있다.
- 환경변화에 대한 통찰력을 기반으로 사업 기회를 확인하는 방법을 설명할 수 있다.

1. 4차 산업혁명과 창업

1.1. 4차 산업혁명과 창업생태계

우리는 제4차 산업혁명과 포스트코로나 시대에 살고 있다. 4차 산업혁명은 기업혁신과 창업 생태계의 변화를 가속화하고 있다. 4차 산업혁명은 증기기관으로 대표되는 동력에 의한 1차 산업혁명, 자동화에 의한 대량생산이 가능했던 2차 산업혁명, 디지털로 인한 3차 산업혁명에 이어 3차 산업혁명의 디지털 기술을 기반으로 여러 분야의 기술이 융합되는 기술혁명을 의미한다. 클라우스 슈밥(Klaus Schwab)은 4차 산업혁명을 3차 산업혁명을 기반으로 디지털, 바이오, 물리학 사이의 경계를 허무는 융합기술혁명으로 정의하였다. 인공지능, 사물인터넷, 빅데이터, 모바일 등 첨단 정보통신 기술이 융합돼 경제·사회적 변화를 가져오는 것이 4차 산업혁명이다.

4차 산업혁명의 핵심 기술들은 정보를 자동으로 데이터화하고 분석하여 현실과 가상의 세계를 하나로 연결한 O2O(Online-To-Offline) 체계를 구축하였다. 자동으로 처리된 오프라인과 온라인상의 정보를 바탕으로 개인별 맞춤형 생산을 촉진한다는 점에서 정보를 수동적으로 온라인에 입력해야 했던 3차 산업혁명과 구별된다[94].

4차 산업혁명의 특징은 초연결성, 초지능화, 융합화로 요약할 수 있다. 초연결성(super connectivity)은 모바일에 기초하여 사람과 사람, 사람과 사물, 사물과 사물이 네트워크로 연결된 것을 의미하는 개념이다. 모든 사물이 마치 거미줄처럼 인간과 연결되는 초연결 사회는 사물인터넷(IoT : internet of things)을 기반으로 구현되며, SNS, 증강현실(AR) 같은 서비스로 연결된다. 초지능(super intelligence)은 다양한 분야에서 가장 뛰어나고 재능을 가진 인간의 지능을 뛰어넘는 총명한 지적 능력을 의미한다. 초지능은 인공지능(AI)과 함께 등장한 개념이지만 인간보다 계산능력이 뛰어난 정도의 능력이 아니라 과학기술의 창조성, 일반분야의 지식, 사회적 기술에도 인류의 두뇌를 뛰어넘는 똑똑한 기계의 지능이다. 옥스퍼드대학의 닉 보스트롬(Nick Bostrom)은 앞으로 100년 이내에 기계의 지능이 인간을 능가할 확률이 높다고 예측하였다. 초연결과 초지능에 기반한 지능형 웨어러블 디바이스는 사람의 신체 정보를 디지털 기기와 접목하여 스마트워치, 혈당조절 콘택트렌즈, 근력 보조 웨어러블 로봇을 구현할 수 있다. 이는 가상현실(VR)과 증강현실(AR), 물리적 세계와 디지털 세계를 연결하는 핵심 기술에 해당된다. 융합화는 초연결성과 초지능화에 기반하여 기술 간, 산업 간, 사물-인간 간의 경계가 사라지는 것을 의미한다.

참고자료

지능형 웨어러블 디바이스[95]

혈당조절 콘택트렌즈와 근력 보조 웨어러블 로봇

[표 6-1] 4차 산업혁명 시대의 주요 기술[96]

기술	내용
사물 (IoT: Internet of Things)	사물에 센서를 부착, 네트워크 등을 통한 실시간 데이터 통신 기술 예) IoT+인공지능(AI)+빅데이터+로봇 공학=스마트 공장
로봇 공학 (Robotics)	로봇 공학에 생물학적 구조를 적용, 적응성 및 유연성을 향상시키는 기술 예) 로봇 공학+생명과학=병원 자동화 로봇
3D 프린팅 (Additive manufactring)	3D 설계도나 모델링 데이터를 바탕으로, 원료를 쌓라 물체를 만드는 제조 기술 예) 3D 프린팅+바이오 기술=인공 장기
빅데이터 (Big Date)	대량의 데이터로부터 가치를 추출하고 결과를 분석하는 기술 예) 빅데이터+인공지능+의학 정보=개인 맞춤 의료
인공지능 (AI)	사고, 학습 등 인간의 지능 활동을 모방한 컴퓨터 기술 예) 인공지능+사물 인터넷+자동차=무인 자율 주행 자동차

1.2. 4차 산업혁명의 핵심 기술

디지털, 바이오, 물리학은 4차 산업혁명을 촉진 할 핵심 기술 영역이다. 증기기관이 철도라는 교통수단의 혁명을 가져왔듯 디지털, 바이오, 물리학의 발전은 가상 환경과 물리 환경을 통합한 가상 물리 시스템(Cyber-Physical System)을 구축하는 계기로 작용하고 있다. 이러한 4차 산업혁명에서 변화를 이끄는 주요 기술이 사물인터넷(IoT), 로봇공학, 3D프린팅, 빅데이터, 인공지능(AI) 등이다.

사물인터넷(IoT : Internet of Thing): 사물인터넷은 각종 사물이 센서와 통신기기를 통해 서로 연결되어 쌍방향으로 소통함으로써 개별 객체로는 제공하지 못했던 서비스를 제공하는 기술을 뜻한다. 실생활에 존재하는 오프라인상의 모든 정보를 온라인에 연결해 각종 문제에 대한 최적의 해법을 제공받고 시행함으로써 생산성을 최대한으로 향상시키는 것이다. 예를 들어, 병원 내의 모든 행동이나 사물을 인터넷에 연결한 뒤, 최적화를 한다면 빠른 정보처리로 인해 환자의 대기 시간을 감소시켜 병원의 생산성을 향상시킬 수 있다. 국내에서는 삼성전자와 LG전자가 클라우드와 연계해 AIoT 가전을 선보이고 있다. 두 회사는 에어컨, 냉장고, 로봇청소기, 세탁기 등에 AIoT 기능을 탑재해 기기 스스로 사용자의 행동 패턴을 분석하고 편의성을 제공한다. 인터넷으로 연결된 모든 사물과 사물, 사물과 인프라, 심지어는 사물과 인간이 소통할 수 있는 길이 열림으로써 이전에는 경험하지 못했던 서비스와 제품을 제공하고 제공받을 수 있는 시대가 열렸다.

로봇공학(Robot Engineering) : 빅데이터, 인공지능, 사물인터넷, 클라우드 컴퓨팅 등 4차 산업혁명의 주요 기술들이 로봇 기술과 융합하는 로봇공학과 함께 빠른 성장 가도를 달리고 있다. 로봇공학은 인간을 대체하는 '인간의 도구'를 연구하는 분야로써 사람을 도와주는 로봇(예: 청소 로봇, 노인 보조 로봇 등)에 의해 사회 전체의 생산성 향상을 기대할 수 있다. 일반적으로 로봇은 산업용 로봇과 서비스 로봇으로 구분할 수 있다. 산업용 로봇은 산업 현장에서 사용되는 자동화 로봇, 인간과 협력하는 코봇(co-bot), 인간의 안전과 작업 능력을 향상 시켜주는 웨어러블 로봇 등으로 진화하면서 적용 분야가 확대되고 있다. 서비스 로봇은 물류, 배송, 전문서비스 로봇으로 구분되는데, 전문 서비스 로봇은 의료, 서빙, 요리 등 다양한 인간의 활동 영역에서 활용된다. 코로나19를 겪으며 언택트 기술의 관심도와 중요도가 커지면서 로봇 기술 중에서도 기존의 로봇과 차별화되는 상황판단 기능과 자율 동작 기능이 추가돼 사람과 협력하는 차세대 로봇의 역할이 주목받고 있다.

3D프린팅(3D Printing) : 3D프린팅은 3차원 공간 안에 실제 사물을 만들어 내는 기술이다. 사물인터넷, 빅데이터 등을 통한 제조업의 디지털화는 3D프린팅 확산을 촉진하였고, 3D프린팅은 신속하고 다양한 수요변화에 대응한 스마트 팩토리의 핵심 구성요소로 자리잡고 있다. 3D프린팅이 제공하는 유연한 제조 환경은 소비자 개개인의 취향을 구체적으로 반영할 수 있는 맞춤형 제품 제작에 응용할 수 있다. 아디다스는 '퓨처크래프트 3D'라는 이름으로 3D프린팅을 활용한 개인맞춤형 운동화 제작 프로젝트를 시행하였다.

빅데이터 분석(Big Data Statistical Analysis) : 디지털 환경에서 발생하는 방대한 빅데이터를 처리하기 위해서는 기존 데이터베이스 관리 도구의 능력을 넘어서서 데이터에서 가치를 추출하고 결과를 분석하는 기술까지 필요로 한다. 대규모의 빅데이터를 저장·관리·분석할 수 있는 하드웨어 및 소프트웨어 기술, 데이터를 유통·활용하는 다양한 프로세스를 구축하는 것이 필수적이다. 빅데이터 플랫폼을 구성하는 하드웨어, 소프트웨어, 애플리케이션 간의 유기적 순환을 통해 다양한 부가가치를 창출할 수 있는 기술관련 아이템을 개발하는 것이 4차 산업혁명 시대 스타트업의 필수 역할이라 해도 과언이 아니다.

인공지능(AI : Artificial Intelligence) : 인공지능은 학습, 문제해결, 패턴 인식 등과 같이 인간의 지적 능력을 컴퓨터로 구현하는 과학기술이다. 상황을 인지하고 이성적·논리적으로 판단·행동하며, 감성적·창의적인 기능을 수행하는 능력까지 포함한다. 인공지능은 산업과 사회 전반에 걸친 광범위한 변화를 불러오는 혁신 기술로 국민의 삶의 질과 국가경쟁력 강화하는 핵심 동력이다. 과거 산업화 과정에서는 기계가 인간의 육체노동을 대체했다면, 이제는 인공지능(AI)이 인간의 지적 능력을 수행하는 수준까지 발전했다. 인공지능은 막대한 부가가치를 창출하는 산업인 동시에 일자리 변동, 창업생태계 조성 등과 같은 사회변화를 가져오는 핵심 요소로써, 고령화 사회의 국민 건강, 노인 돌봄, 범죄 대응, 맞춤형 서비스 등 다양한 사회 문제의 해결에 잠재력이 큰 기술이다.

참고자료

융합을 통해 최적화 되는 세상

　융합을 통해 궁극적으로 얻고자 하는 것은 실제 세상과 똑같은 가상세계 간의 상호작용으로 최적화되는 세상을 구축하는 것이다. 대표적인 형태가 O2O(Offline to Online, Online to Offline)이다. 우리가 사용하는 네비게이션을 예로 살펴보자. 사용자가 목적지를 검색하면 거리, 도착 예상 시간에 최적길, 최소시간 경로까지 추천해 준다. 이런 기술이 어떻게 가능할까?

우선 네비게이션을 작동하면 실제로 사용자가 있는 오프라인(현실 세계) 상의 내 위치가 온라인(가상세계→네비상 지도)상에 GPS로 변환되어 나타난다. 이를 기반으로 길 안내를 추천한다. 이는 현재 네비게이션을 사용하고 있는 다른 사람들의 동적 데이터, 즉 교통환경(도로의 혼잡정보)을 결합하여 최적길을 안내할 수 있다.

네비게이션 서비스에 포함된 융합과 기술을 정리하면 다음과 같다.

첫째, '오프라인지형 + 사용자 = 온라인지도 + GPS'를 통해 길 안내 추천한다.

둘째, 동적 데이터를 결합하여 최적경로 길 안내 서비스를 제공한다.

셋째, 데이터가 축적되면 빅데이터 기반의 미래 길 안내, 지능형 분산 길 안내, 맞춤형 예약 추천 서비스도 가능할 것이다.

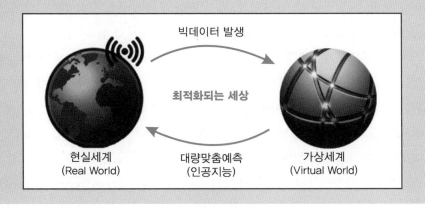

1.3. 4차 산업혁명과 비즈니스

4차 산업혁명이 창업과 비즈니스에 보내는 본질적 시사점은 융합이다. 제품과 서비스 융합, 사물과 정보 융합, 현실 공간과 가상공간의 결합, 오프라인과 온라인의 결합이 가능하다. 제품과 서비스 결합을 통해 제품 서비스 통합 시스템(PSS : Product-Service System)이 가능하다. 제품 서비스 통합 시스템은 기존의 제조기업 혹은 서비스기업이 '제품의 서비스화' 혹은 '서비스의 제품화'를 통해 제품과 서비스가 통합된 형태의 상품을 제공하는 것을 의미한다[97]. Apple 사의 iPod의 경우, MP3 플레이어와 더불어 iTunes라는 부가가치 서비스를 동시에 제공하여 높은 경쟁력을 확보하고 있다. 농기계 제작사인 John Deere는 전통적인 농기계에 위치기반의 비료 살포 시스템을 장착하고 농기계 작동 시 비료의 체계적인 공급을 가능하게 하는 서비스를 함께 제공하여, 농기계 판매 뿐 아니라 농기계의 수명주기 동안 지속적인 수익을 창출하고 있다. 가정용 세제를 판매하는 Casa Quick은 가정으로 직접 세제 보충 차량을 운행하는 서비스를 통해 세제 용기의 낭비를 줄이고 있다. AutoShare는 자동차 공유 서비스를 통해 5대 정도의 자동차 수요를 1대의 공용차량으로 대체함으로써 자원 사용 및 오염물질의 배출을 감소시키고 있다. 사무용 복합기 업체로 유명한 Xerox는 자사의 복사기·프린터 제품에 자기진단, 제어관리 소프트웨어를 부착, 제품의 지능화 및 서비스화를 동시에 추구하고 있다. 네트워크상의 기기를 원격 진단하여 사용자 PC 상에 용지보급, 토너 잔량, 필요한 작업데이터 등 기기의 상태 및 정보들을 실시간으로 알려준다[98].

오프라인과 온라인의 결합은 O2O(Offline to Online, Online to Offline) 서비스가 대표적이다. 온라인 세상과 오프라인 세상이 1:1로 대응하는 서비스이다. O2O 서비스는 배달서비스 앱을 비롯하여 유통, 배달, 운송, 부동산, SNS 업체, 택시, 맞춤 패션 서비스 등 다양한 분야에서 활용되고 있다. 국내 시장 규모도 2020년 기준 126조 원으로 급성장하고 있다[99].

사물인터넷은 사물과 정보가 융합된 것이다. 사물인터넷은 물리적 장치와 디지털 세계를 연결하는 개념이다. 우산이 소리를 내며 날씨를 알려 주고 비가 오면 우산을 가져가라고 알려주는 스마트 우산, 추운 겨울 앱을 통해 집에 가는 길에 보일러를 작동시키는 스마트 홈, 알람 시계가 사무실 위치와 경로, 교통 상황을 알고 있으며 도착 시간을 예측해서 여러분을 깨워주는 스마트 시티가 대표적인 활용사례이다[100].

현실 공간과 가상 공간의 결합은 사이버 물리 시스템(CPS : Cyber-Physical Systems)으로 구현된다. 사이버 물리 시스템은 우리가 살아가는 현실 세계의 물리적인 시스템과 가상세계의 융합을 추구하는 개념이자 시스템이다. 스크린 골프연습장도 사이버 물리 시스템의 예라고 할 수 있다. 제조 분야의 사이버 물리 시스템은 공장 내 설비와 기계에 센서(IoT)가 설치되어 데이터가 실시간으로 수집, 분석되어 공장 내 모든 상황을 일목요연하게 보여주고, 이를 분석해 목적된 바에 따라 스스로 제어하는 활용사례로 '스마트 팩토리'가 있다.

생각해보기

O2O 서비스는 왜 공짜일까?

소비자 입장에서 보면 다양한 O2O 서비스가 있다. SNS, 네비게이션, 배달 앱, 콜택시 앱, 패션, 부동산 등이 대표적이다. 이들 서비스를 공짜로 제공해주면서 남는 게 있을까? O2O 서비스를 많은 사람이 사용할 수 있도록 공짜로 제공하는 이유는 O2O 서비스를 무료로 제공하는 것이 돈을 받고 파는 것보다 훨씬 가치가 있기 때문이다. 네비게이션에 필요한 GPS, 지도, 인공지능 시스템, 교통신호 등 하나의 서비스를 만드는 비용보다 서비스를 제공함으로써 차후에 발생할 가치가 더 크다. 페이스북은 어떻게 수익을 창출하고 있는가? 맞춤 검색서비스를 제공하는 구글의 수익 원천은 무엇인지를 생각해보면 그 답을 찾을 수 있다. O2O 서비스에서 구축된 데이터베이스를 통해 다양한 부가가치 산업(요금이 있는 서비스)을 창출해내기 때문이다.

2. 환경변화와 사업 기회 통찰력

　기업가나 잠재적 창업자들은 우리 주위에서 일어나고 있는 작은 변화를 인식하고, 변화 속에서 소비자들이 새롭게 필요로 하거나 불편해하는 것을 발견하고 이를 사업으로 연결할 수 있는 예리한 통찰력을 필요로 한다. 성공하는 기업가에게서 공통으로 발견되는 중요한 자질 중의 하나는 항상 트렌드를 관찰, 예측하고, 이를 통해 사람들이 필요로 하는 니즈를 해결할 수 있는 대안을 발굴하는 것이다. [그림 6-1]은 환경적 변화에 의해 발생하는 다양한 트렌드 속에서 발견 가능한 사업 기회를 포착하고 이를 혁신적인 제품, 서비스, 비즈니스 모델 개발 아이디어로 연결되는 과정을 보여준다.

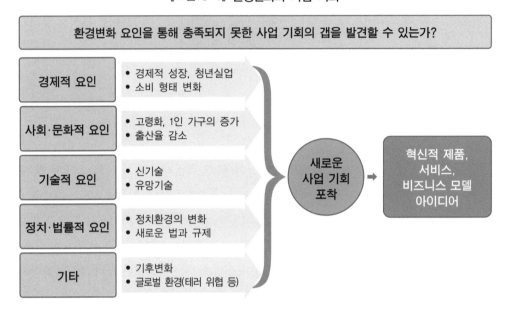

[그림 6-1] 환경변화와 사업 기회

2.1. 사회·경제적 환경변화

현재 한국 사회는 1인 가구의 증가와 함께 인구 고령화가 급속하게 진행되고 있다. 결혼 기피와 평균 수명 연장에 따라 1인 가구가 가족 형태의 절대다수를 차지하는 '싱글 코리아' 현상이 나타나고 있다. 통계청 자료에 의하면 부부와 자녀로 구성된 가구 비중이 2010년에는 37%로 가장 많지만 2020년에는 28.4%로 감소했다. 이에 비해 1인 가구는 2010년과 2020년 각각 23.9%에서 29.6%로 증가했으며, 2050년에는 1인 가구가 전체의 37%까지 증가할 것이라는 예측이 나오고 있다. 이러한 사회의 인구구조 변화는 새로운 사업 기회를 제공한다. 최근 '나 홀로' 라이프스타일을 즐기는 소비자를 위한 각종 서비스업이 크게 발전하는 추세이다.

참고자료

싱글 패밀리, 6년 뒤엔 대세[101]

2014년 대한민국에선 '가족 빅뱅'이 일어나고 있다. '부부+자녀'로 구성된 전통적 가족이 줄고 '1인 가구'가 주요 가족 형태로 자리 잡고 있다. 2010년 현재 부부+자녀 가구가 37%로 가장 많고, 1인 가구와 부부 가구가 각각 23.9%, 15.4%로 나타났다. 하지만 6년 후인 2020년엔 1인 가구가 전체의 29.6%를 차지해 가장 보편적인 가구 형태가 된다.

가족에 대한 인식에도 큰 변화가 나타나고 있다. "부부+자녀 가족이 정상적이란 규범에 동의하느냐"는 물음에 60대 이상 중 94%가 동의한 반면 20대는 52%만 동의했다. 또

(단위 : %)

	부부+자녀 가구	부부 가구	1인 가구
2010년	37.0	15.4	23.9
2020년	28.4	18.6	29.6
2035년	20.3	22.7	34.3

"독신자를 하나의 가족으로 볼 수 있느냐"는 물음에 전체 세대의 22%가 "그렇다."라고 답했다. 이는 2002년 한국가족교육연구소의 조사 결과 5.1%에 비해 4배 이상 늘어난 수치다.

창업자가 남자와 여자 중에서 한쪽만 표적시장으로 선택해야 한다면 어느 쪽을 선택해야 할까? 남성과 여성이 절반이고 사업 기회와 성공 가능성도 절반이라고 생각한다면 다음 내용을 검토해 보자.

첫째, 한국은행 조사에 따르면 한국 여성의 하루 평균 지출 금액은 5만6천 원으로 남성 지출액 4만3천 원보다 30% 이상 많은 것으로 조사되었다. 소비 지출액에 더해 제품이나 서비스에 대한 구전활용을 여성이 더 적극적으로 한다는 점을 고려한다면 사업의 성공 여부에 여성의 영향력이 훨씬 크다고 할 수 있다.

둘째, 과거에는 남성이 주로 구매하는 제품과 여성이 주로 구매하는 제품이나 서비스가 구분되는 경향이 있었다. 예를 들어, 부부 의사결정 시 자동차나 가정용 공구는 남성인 남편이 사고, 가구나 의류는 여성인 부인이 주로 구매한다는 것이다. 그런데 이제는 이런 성별 구매역할과 영역이 파괴되고 있다. 미국과 유럽에서는 여성이 모든 소비재의 70% 이상을 구매한다. 남성의 영역이었던 자동차, 전자제품 시장에서도 각각 80%, 60% 이상의 구매가 여성에 의해 결정된다[102]. 이처럼 비즈니스 분야에서 여성 소비자의 중요성이 고착화 되면서 많은 기업이 여성 소비자를 잡기 위한 다양한 노력이 이루어지고 있지만, 아직도 해결해야 할 과제는 남아 있

다. 여성 마케팅 전문 사이트 쉬코노미(she-conomy)에 의하면 여성 소비자들이 식품, 자동차, 금융 기업에 대해 '여성을 제대로 이해하지 못한다'라고 평가한 비율은 각각 59%, 74%, 84% 였다. 심지어 91%는 광고 제작자들마저 여성을 잘 모르는 것 같다고 평가했다[103].

참고자료

사업 기회는 고객을 이해하는 것에서부터…[104].

한 손에 핸드폰을 들고, 겨드랑이에 서류 뭉치를 끼고, 다른 한 손에 스타벅스 커피를 들고 바쁜 걸음걸이로 도시의 아침을 걷는다는 것은 어떤 의미일까? 회사에 출근하자마자 공짜로 제공되는 커피를 마실 수 있음에도 5분이 아쉬운 바쁜 아침에 테이크아웃 전문점에 들러 값비싼 커피를 사 들고 회사에 들어가는 이유는 뭘까?

그들의 소비심리와 행동 패턴 그리고 이를 불러 일으킨 내면의 욕구를 이해해야 진정한 사업 기회를 얻을 수 있다.

최근 가장 큰 사회변화 중의 하나는 고령화이다. 고령화 사회는 신체적·육체적·정신적 변화에 따른 헬스케어 제품, 소화나 치아 변화에 맞는 음식, 보험, 여행상품, 엔터테인먼트 등 거의 모든 분야에서 새로운 기회가 잠재해 있다. 베이비부머 세대들에 대한 높은 사업 잠재력에도 불구하고 아직 이들 실버소비자에 관한 연구는 부족한 실정이다. 실버소비자들은 분명 일반적인 젊은 세대 소비자와는 구매의사 결정과정이나 상품에 대한 정보처리에 차이가 있을 수 있다. 실버소비자의 제품에 광고모델로 표적고객인 실버소비자를 등장시키는 것이 적절한 전략인지 고민해 볼 필요가 있다. 세계적인 화장품 업체인 랑콤(Lancome)은 50세 이상의 여성을 목표로 하는 화장품 광고에 50세 이상의 여성을 절대 등장시키지 않는다. 장년 여성 고객을 끌어들 데에도 더욱 젊고 건강한 이미지를 강조하는 것이 더 효과적이라는 것을 알기 때문이다. 다국적 식품업체인 거버(Gerber)는 시장조사를 통해 치아와 위장기능이 약한 실버계층들이 자사의 유아용 식품을 구입하는 것을 발견하였다. 추가적인 마케팅 노력을 통해 많은 실버고객을 끌어 들일 수 있다고 판단한 거버는 실버계층을 위한 브랜드를 새롭게 개발하고 적극적으로 판촉 하였다. 하지만 새 브랜드는 예상과 달리 판매가 부진하였다. 확인 결과 실버계층들이 '실버를 위한 제품'이라는 상표가 붙은 식품 구매를 민망하게 여긴다는 것을 알았다. 실버계층의 소비자를 제대로 이해하지 않으면 일반적인 마케팅이 역효과를 유발 할 수 있다.

토의과제

노인과 장애인에게 필요한 정보는 무엇인가?

건강, 운동, 병원 진료, 새로운 복지 정책, 자녀·친구와 소통, 새로운 제품 정보 등이 필요할 것이다. 이런 정보를 어떻게 수집, 분석, 최적화, 예측하여 유용한 정보를 만들 것인가?

1. 가공된 정보를 어떻게 보여줄 것인지에 대해 토론 해보자.
2. 토론 과정을 통해 가능한 창업 기회를 제시해 보자.

2.2. 기술변화

우리는 혁신적 기술 발전으로 엄청난 지식과 정보에 노출되고 있다. 60초라는 시간 동안 전 세계적으로 2백만 개의 구글(Google) 검색이 이루어지고, 2억5백만 개의 이메일이 전송되며, 아마존에서는 10만2천 달러 거래가 이루어지고, 페이스북에서는 15만2천 개의 새로운 사진이 등록되며, 유튜브에는 340만 개 동영상이 업로드되는 세상이다[105].

우리는 이러한 기술변화 속에서 지속적인 모니터링을 통해 사업 기회를 찾아낼 수 있다. 시간이 지남에 따라 기술은 발전, 진화하고 기존 기술과 비교될 수 없는 획기적인 기술이 개발되기도 한다. 새로운 기술의 발전은 기존 제품과 서비스를 대체하기도 하고 전혀 새로운 제품과 서비스를 만들 수 있는 기회를 제공한다. 특히 벤처 기술창업은 기술의 변화에 따라 산업의 판도가 바뀌고, 기업의 생존이 달라지기 때문에 기술변화에 따른 기회와 위협을 잘 분석하여 사업아이디어를 찾아야 한다.

[그림 6-2] 기술수명주기와 사업기회[106]

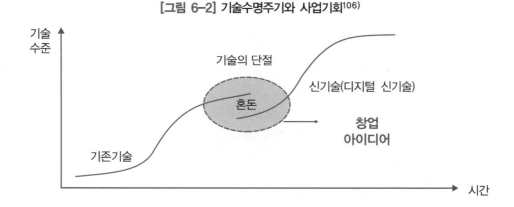

　기술의 발전으로 2020년까지 기존의 일자리 710만 개가 사라지고 200만 개의 새로운 일자리가 창출된다는 어두운 전망도 있지만 달라진 소비 습관에 기반을 둔 사업을 펼치는 벤처기업과 스타트업에게 새로운 기회를 제공할 것이다. 예로 수요와 공급을 연결하는 기술 기반의 플랫폼 발전으로 공유경제(Sharing Economic)가 가능해지면서 재화나 공간, 경험과 재능을 다수의 개인이 협업을 통해 다른 사람에게 빌려주고 나눠 쓰는 온라인 기반 개방형 비즈니스 모델이 성공적인 성과를 내고 있다[107]. 렌터카 회사 릴레이라이즈(RelayRides)는 일정기간 동안 자신의 자동차를 타인에게 빌려주거나 타인 소유의 자동차를 빌릴 수 있는 비즈니스 모델을 개발하였고, 우버(Uber)는 위치기반 서비스와 모바일 애플리케이션을 활용한 '택시' 서비스를 제공하고 있다. 이 두 회사의 공통점은 운송 서비스를 제공하는 기업이지만 자신의 차량을 단 한 대도 소유하지 않고 있다는 것이다.

참고자료

빅데이터와 비즈니스 기회[108]

　지도는 구글에서 제공하는 '로케이션 히스토리(location history)' 서비스를 이용하여 하루 동안의 시간대별 이동 거리와 위치가 나타난다. 스마트폰 이용자로부터 이와 같은 자료(빅데이터)를 수집할 수 있다. 이런 데이터를 활용한 비즈니스 아이디어를 제시해 보자.

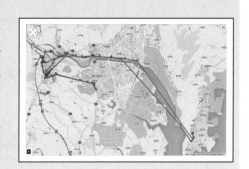

2.3. 정치변화와 사업 결정

　기업가는 사업 기회 탐색 시 정치적 요소도 고려해야 한다. 정치·법적 환경요인으로는 국가 간 무역장벽, 조세, 특허 관련 분쟁, 저작권, 안전, 환경문제 등이 있다. 예를 들어, 세법이나 정부 지원정책이 사업 기회를 결정하는데 중요한 정보가 될 수 있다. 우리 정부는 글로벌 환경 규제가 강화되면서 전기차 보급을 확대하기 위해 친환경 차 보조금 정책을 시행해 왔다. 실제로 정부 보조금이 없었을 때 테슬라의 판매 대수는 월 20대 내외였으나 보조금 지급이 시작되고 한 달 동안 3,194대로 급증하였다[109]. 이처럼 정부 지원이나 세법 변경은 구매자 행동이나 차량 수요에 영향을 미칠 수 있다. 또 다른 예는 가정용 태양광 주택지원 정부 보조금 50% 지원이나 자가 소비용 태양광 건물지원 사업이다.

최근 지구온난화 방지를 위해 석유, 석탄 등 각종 화석에너지에 함유된 탄소량에 기초하여 부과하는 세금으로 이산화탄소 배출량을 줄이기 위한 정책적 수단으로 탄소세 도입을 추진하고 있다. 탄소세는 1990년 핀란드를 시작으로 16개국 이상이 도입하여 시행 중이다. 탄소세 도입은 관련 산업과 소비행태에 많은 영향을 미친다. 예를 들어 자동차산업의 경우 이산화탄소 배출 규제의 대응 방안으로 기존 내연기관 자동차를 전기 및 수소차로 전환하거나 내연기관에 사용 가능한 연료를 석유에서 친환경 재생에너지 'e퓨얼' 개발을 모색하고 있다.

2.4. 기후변화와 소비생활

우리의 일상 생활에 큰 영향을 주는 요소는 기후이다. 지구온난화로 지난 100년간 기온이 0.75℃ 상승하였고, 우리나라도 같은 기간 동안 평균기온이 1.8℃ 상승하였다. 이로 인해 폭우, 가뭄 등 극한 기후로 재해가 발생하고 있는데[110], 기후변화의 가장 직접적인 영향을 받는 산업은 1차 산업인 농·어업이다. 가뭄으로 인한 물 부족, 어류와 농작물의 양식 및 재배환경 변화, 토양 침식과 유실, 해충과 전염병 등으로 직격탄이 예상된다. 평생 고등어잡이로 생계를 유지해온 어부가 바다 수온의 변화로 갑자기 꽃게를 잡아야 한다면 어업 도구를 새로 바꾸고 조업 기술을 새로 배워야 한다. 또한 어종의 변화는 유통체계에도 영향을 미친다. 자본과 기술이 축적된 경우는 문제없지만 가난한 어부에게는 엄청난 피해가 발생한다.

국가별 통합분석 연구 결과에 의하면 기후변화의 경제적 피해 비용은 GDP 기준으로 미국 약 3.6%, 호주 8%, 동남아시아 6.7% 정도라고 한다[111]. 그러나 기후변화가 많은 경제적 피해를 발생시키지만 다른 측면에서 보면 직·간접적으로 많은 창업 기회를 제공한다. 온실가스 감축, 상하수도, 해수 담수화 등 기후변화와 연관된 분야의 사업이 지속적으로 확대되어 시장 규모가 연간 100조 원에 이를 것으로 추정되고 있다[112].

소비자 개인 측면에서도 기후변화는 생활방식의 변화를 불러올 것이다. 지구온난화로 인한 친환경에너지 기술의 도입으로 저탄소 라이프스타일이 일상화될 것이다. 에너지 효율을 위해 스마트 홈 시스템을 통해 온도를 자동으로 조절하고, 주유소가 아닌 태양열 충전소에서 자동차를 충전하는 것이 일상화될 것이다.

기업들도 날씨 데이터 피드와 환경 및 설비 센서 데이터를 활용하여 상황별 인텔리전스 솔루션(Situational Intelligence Solution) 사업에 활용할 수 있다. 예를 들어 일기 정보를 이용해서 파리바게뜨와 같은 제과점에서는 매일 매일 날씨와 기온에 따라 빵의 양과 종류를 결정하고, 의류매장에서는 기상모니터링 장치를 이용하여 외부기온에 따라 매장의 디스플레이를 역동적으로 바꿀 수 있다. 지구온난화를 위한 탄소 배출 문제와 식량 문제 해결을 위해 푸드테크가 대안으로 부상하고 있다. 축산업에서 발생하는 이산화탄소 문제를 해결하기 위해 푸드테크 분야의 대표 기업인 Impossible Foods는 모조 고기를 만들었다. 식물성 원료만을 사용해 고기 맛이 나는 햄버거 패티와 인공 치즈를 판매하고 있다.

[표 6-2] 환경변화와 사업 기회 사례

트렌드 요소	사업 기회	사례
• 경기둔화로 가처분 소득 감소	• 재활용, 할인제품 틈새 사이트	• 각종 중고상품 거래사이트 • 전시제품 판매 사이트
• 노인 소비자 : 우리도 소비자다	• 나이는 들어도 자존심은 늙지 않음	• 실버 여성 화장품의 광고모델
• 여성 소비자는 어떤 제품을 선호하나?	• 다양한 기능보다 단순하고 디자인이 우수한 제품 선호	• 여성 소비자 특성 반영한 애플은 여성이 가장 선호하는 브랜드
• 기술 발전	• 편리성과 즉각적 서비스 대응 욕구가 높아짐	• 인스타그램을 인수한 페이스북
• 지구온난화 : 날씨를 사업에 적용하기	• 내일 눈이 온다는데 찐빵을 몇 개 만들지?	• 제과점과 소매유통점의 날씨 마케팅

3. 환경변화 통찰력 강화전략

기업가는 변화를 일상적인 것으로 받아들이고, 생존과 성장을 위해서는 신속하게 환경변화에 적응해야 한다. 탁월한 기업가는 환경변화가 시작되기 전에 변화를 감지하고, 변화 속에서 감지되는 새로운 사업 기회에 맞춰 자신의 비즈니스를 조정한다. 창업환경에서 이러한 능력을 임박한 변화 감지 능력(the ability to see around corners)이라고 한다.

기업가가 변화 감지 능력을 타고나는 경우도 있지만, 체계화된 학습을 통해 습득할 수 있는 기술이기도 하다. Ram Charan은 변화 감지 능력을 활용하는데 필요한 전략을 제안했다. 변화를 감지하는데 필요한 기술, 파악해야 할 내용, 시의적절하게 대응하는 방법에 대한 전략은 다음과 같다.

첫째, 환경에 대한 지각적 민감성(perceptual acuity)이다. 기업가는 항상 사소한 변화에도 민감하게 반응할 뿐만 아니라 그 의미를 파악하는데 촉각을 열어 두어야 한다. 스마트한 기업가는 자신이 감지한 변화를 정기적으로 다양한 관련분야 전문가나 리더 집단의 의견과 비교분석을 한다. 다각적인 분석을 통해 중요한 변화로 평가되면 성장을 위한 새로운 사업아이디어로 활용한다. 대우 김우중 회장이 1967년 와이셔츠를 OEM 방식으로 수출을 시작할 당시 자본과 생산시설이 부족해서 주문이 들어오기 전에 수요를 예측하여 미리 생산해 두는 방식으로 주문 납품일을 맞추었다. 사전 주문량을 예측하기 위해 미국을 자주 방문하는 과정에서 출근하는 직장인의 옷차림에서 변화를 감지하게 된다. 그 당시 미국은 베이비붐 세대들이 사회로 진출하면서 정장 차림보다 캐주얼웨어를 즐겨 입었던 것이다. 와이셔츠 주문량이 감소하고 캐주얼웨어의 주문이 증가할 것을 예견한 김우중 회장은 캐주얼웨어에 적합한 섬유 소재를 생산하는 일본 미쓰비시 레이온사와 트라이아세테이트(triacetate) 섬유 독점구매계약을 체결하고 생산준비에 착수한다. 결국 김우중 회장의 이런 예견은 대우그룹으로 발전하는 계기를 마련하였다.

둘째, 불확실한 환경 속에서 기회를 찾으려는 태도(mind-set)이다. 불확실성은 위험이 함께 하지만 사업의 시작을 알리는 신호이기도 하다. 기업가정신이 충만한 창업자라면 항상 변화무쌍한 새로운 시장에서 새로운 비즈니스를 시작할 준비가 되어 있어야 한다. 중요한 것은 환경변화에서 감지된 새로운 사업 기회를 추진하려고 할 때, 때로는 기존 핵심역량(core competencies)이 장애 요소가 될 수 있다. 따라서 기업가는 상황에 따라 핵심역량도 과감하게 포기할 수 있다는 능동적인 자세가 필요하다. 새로운 기회에 도전할 때는 그에 맞는 전략과 역량으로 시작하는 것이 중요하다. 이와 관련된 사례로 방송인 강호동을 들 수 있다. 그는 민속씨름으로 천하장사가 되었지만, 은퇴 이후 운동선수의 일반적인 인생 진로(감독이나 교수)를 포기하고, 방송인으로 거듭나기 위해 자신의 가장 큰 핵심역량인 씨름(천하장사)의 모든 이점을 포기한 것이다.

셋째, 새로운 사업을 위하여 새로운 길을 개척하고 몰입할 수 있는 능력이다. 성공한 기업가는 자신이 확신하는 사업을 추진할 때 주변의 어떤 의견에도 흔들리지 않고 과감하게 도전한다. 즉, 자신이 감지한 사업 기회를 지지해줄 사람을 찾기보다는 집요할 정도로 사업 기회에 집중하고, 장애요인을 확인하고, 이를 극복 해가면서 사업에 매진한다.

넷째, 새로운 사업 진행 과정에서 필요한 변화를 관리할 수 있는 능숙함(adeptness)이다. 사업을 진행하는 과정에서는 기업가가 예상하지 못한 다양한 내외적 요인이 발생한다. 이때 냉철한 시각(sharp eye)으로 사업의 진로나 속도를 적절하게 조정할 수 있어야 한다. 예상되는 현금흐름이나 부채 등을 고려하여 장·단기 자산운용의 균형을 조정하고, 사업 확장 속도를 높이거나 낮추는 때를 판단할 수 있어야 한다. 투자자의 신뢰를 얻기 위해서는 단기적인 성과도 중요하기 때문이다.

다섯째, 환경변화에 적응할 수 있는 민첩하고 유연한 조직을 구축할 수 있는 능력이다. 기업가가 신규사업을 추진하는 데 필요한 핵심 인력과 자원을 자유롭게 사업팀과 연계시킬 수 있는 조직문화를 만들지 못하면 사업 성공을 보장할 수 없다. 사업의 주요 과제, 우선순위, 자금조달, 핵심성과지표 등을 외부세계와 실시간으로 연결하는 방식을 통해 민첩성과 유연성을 학습할 수 있다. 대표적인 사례가 스티브 잡스이다. 스티브 잡스는 위와 같은 방식을 통해 애플을 컴퓨터회사에서 스마트폰, 음악회사로 탈바꿈시켰다. 아마존의 제프 베이조스는 '인터넷 도서 판매사업'을 '집에서 쇼핑하기'사업으로 사업의 패러다임을 변화시켰다.

대부분의 기업가는 일상적인 업무처리와 잡다한 전술적인 의사결정 문제에 몰입하다 근시안적 사고에 빠지는 우를 범하는 경우가 많다. 기업가라면 변화를 감지할 수 있는 감각이 무뎌지지 않도록 훈련과 연마 기술을 찾아야 한다. 이를 위한 실천방안으로 매주 스태프들과 10분 미팅을 진행하는 것이다. 가급적 기업가 자신의 생각이나 시각을 지지하는 사람보다는 반대하는 사람의 의견을 경청하는 것이 중요하다.

핵심주제 확인학습

아래의 주제들에 대해 자신의 견해를 정리하고, 다른 팀원들과 토론해 보시오.

자신의 잠재력에 관하여 다시 생각하기	기술변화와 관련해 유망한 미래직업을 찾아보고 지금 나의 전공과 관련성이 높은 직업을 찾아 발표해 보시오.
본문 내용 확인하기	아래 내용과 관련된 사업 기회를 제시하시오. 01_ 1인 가구의 증가와 관련된 사업 기회를 제시해 보시오. 02_ 기후변화와 관련된 우리 생활의 변화를 분석하고 이와 관련된 사업 기회를 제시해 보시오.
본문 내용 파악하기	아래 질문에 대해 간략하게 대답하시오. 01_ 최근 이슈가 되고 있는 기술변화를 제시해 보시오. 02_ 환경변화에 대한 민감도를 높이는 방법을 제시해 보시오.
의견 발표하기	팀별로 다음 주제를 토론해 보시오. 01_ 일반적인 소비재 및 서비스 시장의 경우, 여성과 남성 소비자의 비율은 각각 절반 정도이다. 그런데 TV 광고만 보더라도 남성보다는 여성을 타켓으로하는 경우가 대부분이다. 그 이유는 무엇일까? 02_ 레고는 5세 미만 고객 중 여자아이는 절반을 차지하지만, 청소년, 성인층에서 여성 고객의 비중이 10% 미만으로 떨어지는 이유는 무엇인가[113]?
조사하기	01_ 현재 우리 주위에서 일어나는 트렌드를 찾아 그 특징을 조사해 발표해 보시오. • 주요 트렌드 키워드 찾기 • 최근 검색 사이트에서 제품이나 서비스 관련 가장 많이 등장한 키워드 찾기 • 키워드의 인용횟수 • 월별 발생빈도 • 주요 이슈

창의적 사업 기회 발굴

- 사업 기회의 원천을 설명할 수 있다.
- 체계적인 사업아이디어 개발기법을 설명할 수 있다.
- 다양한 아이디어 개발기법을 활용해 사업 기회를 발굴할 수 있다.

1. 창업 기회 탐색

1.1. 기업가적 사업 기회

사업 기회를 발견하는 것은 기업가의 핵심 직무이다. 기업가는 일반 사람들이 미처 인지하지 못하는 것을 식별하고, 이를 사업기회로 삼아 가치를 창출해야 하기 때문이다. 기업가적 기회를 탐색하는 데는 기회 창조와 기회 발견 접근 방법이 있다[114]. 기회 창조는 기업가의 창조적 파괴 과정으로 나타나는 것으로 기술변화와 혁신을 통해 만들어지는 이점을 사업 기회로 전환하는 것이다[115]. 예를 들어 스티븐 잡스가 전화기, 카메라, 컴퓨터, 오디오, 네비게이션 기능을 갖춘 스마트폰을 개발한 것은 기존에 존재하지 않았던 새로운 시장을 창조한 것으로 볼 수 있다.

기회 발견은 기업가가 현재의 시장에 정보 비대칭이 존재하는지에 관한 관심을 가지는 것에서 출발하여 기업가의 일상적인 지식을 통하여 기업가적 기회를 인지하는 것이다[116]. 정보 비대

칭은 시장에서 누군가가 다른 사람보다 우월한 정보를 가지고 있는 상태를 말한다. 일반적으로 구매자가 판매자보다 상품에 대한 정보가 작거나 취약한 경우가 대부분이다. 구매자는 정보 부족으로 거래 과정에서 더 많은 비용을 지불해야 할 가능성이 크다. 기업가는 이런 정보 불균형 때문에 발생하는 문제를 해결하는 것을 사업 기회로 삼을 수 있다. 예를 들어, 티웨이와 같은 저비용항공사는 기존 항공사들이 무료로 제공하던 기내식 음료나 마일리지 적용과 같은 상용 고객 우대 프로그램 등의 표준화된 서비스를 생략함으로 새로운 시장기회를 창출하였다. 다른 예로 에어비앤비(Airbnb)는 사용하지 않는 공간을 공유하여 호스트와 게스트 모두 이익이 될 수 있다는 점을 발견하였고, 아마존(Amazon)은 일반 서점에서는 희귀도서를 구하기 어렵다는 점을 사업 기회로 확인하였다.

사업기회는 다양한 방식으로 발생한다. 사업 기회는 고객이 존재하는 환경(고객요구)에 대해 기업가가 수동적이고 반응적으로 대응하는가 아니면 능동적이고 창의적으로 반응하는가를 기준으로 [그림 7-1]과 같이 네 가지 유형으로 구분할 수 있다[117]. 능동적·창조적 형태의 기회는 기업가가 환경에 능동적으로 대처하여 혁신적 사업기회를 발굴하는데 반해 모방기회는 상대적으로 수동적·반응적 행동을 취하기 때문에 혁신의 정도가 낮아 새로운 가치를 창출하는 기회는 발생하지 않는다. 할당 기회는 수요·공급 및 인구 통계분석을 통해 새로운 시장기회를 찾는 것이다.

[그림 7-1] **사업 기회의 유형**[118]

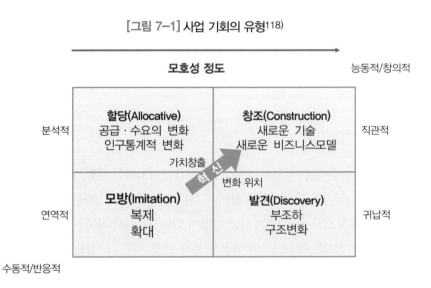

발견기회는 부조화와 구조적 변화가 존재할 것으로 예측되는 새로운 시장에 부합하는 제품으로 시장을 공략하는 것이다. 기술, 소비자 선호도, 경제여건, 각종 규제 변화는 새로운 기회를

만들어 낸다. 예를 들어 코로나19의 대유행으로 백신과 치료제의 수요와 공급 부조화가 발행하였고, 이는 제약사들에게 새로운 사업기회를 제공하였다. 다른 사례로 아파트 층간소음이 사회문제가 되고 이와 관련된 규제가 강화되면서 층간소음 차단재 개발이나 층간소음 방지용 제품에 대한 시장이 새롭게 형성되고 있다. 기업가가 특정 산업 속성과 구조를 잘 이해하고 있다면 산업내에서 새로운 기회를 찾아낼 수 있다. 발견기회의 가치는 시장 내에서 매출이 일어나기 전까지 예측하기 어려운 것이 특징이다. 기업가의 분석적·직관적 사고가 기회 개발에 중요한 역할을 할 수 있지만 귀납적 추론[119]이 주로 사용된다.

창조 기회는 기업가의 창조적 상상력을 통해 만들어지는 것이다. 기업가의 경험, 환경에 대한 통찰력, 기민성 등이 기회를 창출하는데 중요한 역할을 한다. 기업가는 기존의 정보와 지식을 새롭게 재구성하는 방식으로 기회를 찾는 것이 아니라 경쟁환경에 대한 면밀한 관찰로 축적한 지식을 기반으로 기회를 찾는다. 이때 시행착오를 통한 학습이 기회개발에 중요한 부분으로 작용한다. 또한 기존에 존재하지 않는 기회를 만들어 내는 것이기 때문에 사전지식은 선입견으로 작용해 아이디어 개발이나 학습에 오히려 방해가 될 수 있다. 기업가는 처음부터 창조 기회가 어느 정도의 가치나 수익성이 있는지 평가하기 어렵다. 구글 신기술발표회에서 창업자 세르게이 브린은 구글 글라스를 선보였다. 구글 글라스는 안경에 카메라 기능을 부착한 혁신적인 제품이었다. 하지만 혁신적인 제품이라는 평가에도 불구하고 사람들이 느끼는 물리적·심리적 불편함과 사생활 침해 논란으로 시장에 출시되지 못했다.

모방은 성공적이라고 평가되는 사업의 관찰을 통해 기회를 찾는 것이다. 모방은 사업환경의 불확실성이 높을 때, 즉 스스로 전략적 의사결정을 내리기 어려울 때 효과적인 전략이다. 기업가가 모방을 하는 동기는 정보 기반와 경쟁 기반으로 구분된다[120]. 창업자가 선도기업이 훨씬 더 유용한 정보를 갖고 있다고 믿을 때 모방을 하게 된다. 선도기업의 비즈니스 모델이나 제품은 이미 시장에서 검증된 것이므로 이를 벤치마킹하는 것이 비용도 적게 들고, 위험성도 낮출 수 있다. 이에 비해 경쟁 기반의 모방은 선도기업과 비슷한 상품을 제공함으로써 경쟁에서 뒤처지지 않고자 하는 동기에서 모방하는 것을 의미한다.

할당 기회는 수요와 공급이 불일치되어 있을 때 발생하는 기회이다. 특정 제품과 서비스 부족, 가격이 비정상적인 시장, 유통망이 비효율적인 곳, 특정 제품이나 서비스를 필요로 하는 인구변화 등을 분석함으로써 사업 기회를 발견할 수 있다. 예를 들어 고령인구가 증가하고 있는 통계자료 분석을 통해 돌봄서비스, 무장애(barrier-free) 특화 주택, 안전손잡이 욕조, 전동휠체어 등과 같은 사업기회를 확인할 수 있으며 정보수집과 시장 관찰이 할당기회를 찾는데 주로 이용되는 방법이다.

기업가가 네 가지 중에서 어떤 유형의 기회를 식별하는가는 이용 가능한 정보와 모호성의 정도에 따라 달라질 수 있다. 활용 가능한 정보가 적고 모호성이 높은 경우라면 창조 활동을 통해 기회를 찾을 가능성이 크다. 또한, 기업가의 기회 탐색은 하나의 유형에 머물러 있지 않고 다른 형식으로 이동하는 것이 일반적이다. 중국 샤오미는 사업 초기 애플 제품을 당당하게 모방하는 전략을 추구했지만, 최근에는 웨어러블 기기와 사물인터넷 제품개발을 통해 샤오미 생태계를 만드는 계획을 추진하고 있다.

1.2. 창업 기회의 원천

창업자들의 창업아이디어 원천에 대한 조사 결과를 보면[121], 과거 직장 경험이 45%로 가장 많았고, 다음으로 개인적 관심·취미와 우연한 사건이 각각 16%와 11%로 조사되었다. 기업가가 아이디어와 조우하는 진실의 순간(moments of truth)은 다양하다.

첫째, 창업 전에 직장생활 등의 경험을 통해 아이디어를 얻는 경우이다. 자신의 분야에서 아이디어 구상을 위해 끊임없이 공부하고 그 과정 중에 자신의 분야에서 최고 전문가가 된다.

둘째, 타인이나 다른 조직이 개발한 제품이나 서비스의 특허 기술에 대한 사용권을 획득하여 창업하는 것이다. 이 방법의 가장 큰 장점은 신속하게 사업을 추진할 수 있다는 것이다.

셋째, 어떤 사업이든지 우선 시작하고 나면 그와 연계된 또 다른 사업의 기회를 만나는 경우이다. 예를 들어 원룸 임대사업을 하다가 임대업자들이 건물 청소나 수리 등에 어려움을 겪는다는 것을 알고 이를 대신해 주는 서비스인 부동산 통합관리서비스업을 새롭게 창업하는 경우이다.

넷째, 자신의 취미생활로부터 사업아이디어를 얻는 경우이다. 취미로부터 생긴 아이디어는 성공 가능성은 크지만 발전 가능성 면에서는 다소 제한적이며, 대개 이윤이 크지 않은 경우가 대부분이다.

다섯째, 사회적 만남도 중요한 사업 원천이다. 사회적 연결은 사회생활을 하면서 만나게 되는 사람과의 인맥에 의해 아이디어를 얻는 경우이다.

여섯째, 일상적인 생활에서 자신에게 발생한 문제를 유심히 관찰하고 그 해결책을 모색하는 가운데 사업아이디어를 확보하는 경우이다.

일곱째, 계획적인 탐색을 통해 창업아이디어를 포착할 수 있다. 예비창업자는 적극적이고 체계적인 방법으로 자기 아이디어를 탐색하는 자세가 필요하다.

여덟째, 주변 사람의 권유로 사업에 참여하는 경우이다. 친구나 직장동료들이 사업 기회를 인식하고 그것을 성사 시키기 위해 창업 팀원으로 초청하여 참여하게 되는 경우이다.

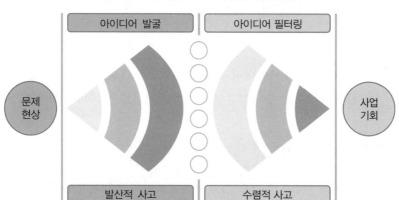

[그림 7-2] 창의적 아이디어 개발과정

다양한 사업아이디어의 원천 중에서 이 장에서는 일상적인 관찰이나 발산적(확산적) 기법을 기반으로 체계적이고 계획적인 사업아이디어를 탐색하는 방법에 대해 알아본다. 일반적으로 창의적 아이디어는 축적된 지식이나 경험이 많을수록 창조적 아이디어를 만들어낼 기회가 많아진다. 또한 한 분야만의 지식이 아닌 다양한 분야의 지식과 정보의 배경지식이 뒷받침되어야 한다. 나아가 자료를 탐색·선별해 재정리 할 수 있는 능력도 함께 갖춰야 한다. 우수한 사업 기회를 얻기 위해서는 먼저 사회적 문제 또는 소비자 문제(현상)에 대한 가능한 많은 대안을 산출하는 것이 전제되어야 한다. 이러한 발산적 사고로 얻어진 아이디어를 논리적·비판적으로 걸러내는 과정을 수렴적 사고라고 한다. 본 장에서는 발산적 사고에 초점을 맞춰 창의적 아이디어 개발기법을 소개한다.

참고자료

창의적 기법을 활용한 아이디어 발굴과정에서 지켜야 할 규칙

첫째, 자유분방하고 편안한 마음으로 자기 능력을 믿어라. 대부분은 실패를 두려워한다. "할 수 있을까?"라며 자신감이 없는 경우가 많다. 자기 능력을 믿고 문제를 해결하는 데 실패를 두려워하지 마라.

둘째, 아이디어는 많을수록 좋다. 문제 해결에서 한 번에 좋은 아이디어를 제시하겠다는 강박감도 버려야 한다. 한 번에 대안을 찾기보다 황당해도 다양한 아이디어를 산출하는 습관을 지녀야 한다. 그런 과정을 통해 얻은 아이디어가 엉뚱한 문제를 해결하는 방법이 되기도 한다.

셋째, 브레이크를 밟지 말고 가속 페달을 밟아라. 비판은 금물이다. 비판은 수렴적 사고 단계에서 하는 것이다. 대안을 찾아내려는 순간 우리는 머릿속으로 자신이 생각한 아이디어에 대해 비판("과연 맞을까?", "망신당하지는 않을까?")을 경계해야 한다.

2. 창의적 아이디어 개발기법

전 세계적으로 약 400여 개의 아이디어 개발기법이 있다. 개발기법 간에 공통된 부분들이 많아 발산적 사고기법을 중심으로 많이 활용되는 스캠퍼 기법과 영향 바퀴 이론을 소개한다.

2.1. 스캠퍼(Scamper) 기법

스캠퍼 기법은 특정 대상이나 문제에 7가지의 대표적인 질문을 활용하여 사고를 자극함으로써 새로운 아이디어를 얻는 것이다. 7가지 질문은 대체하기(Substitute), 결합하기(Combine), 적용하기(Adapt), 수정·확대·축소하기(Modify-Magnify-Minify), 용도 변경하기(Put to other uses), 제거하기(Eliminate), 재정리하기(Rearrange)이다.

대체하기(Substitute) : 기존 사물의 형태, 용도, 방법 등을 다른 것으로 대체하는 방법이다. 아스팔트를 콘크리트로, 우유를 두유로 대체하는 것이 예이다. 내연 자동차를 전기, 수소, 하이브리드 자동차로 대체할 수 있고, 석유 대신 전기 또는 태양열을 사용하는 난로가 이 기법에 해당한다.

결합(Combine) : 두 가지 혹은 그 이상의 것을 결합 또는 혼합하여 새로운 것을 만드는 방법이다. 휴대폰에 통화, 카메라, 음악, 영화 등의 기능을 결합하는 것이다. 지우개 달린 연필, 건조기능 세탁기, 보온 겸용 밥솥, 공기 청정기능 에어컨, 복합기, 지압 돌기 훌라후프 등도 좋은 사례이다.

적용하기(Adapt): 형태나 용도, 방법을 다른 분야에 응용하는 방법이다. 엉겅퀴 씨앗을 벨크로 테이프에 적용한 것이나 지문인식장치를 적용한 도어락 등이 예이다. 세탁기와 식기세척기, 냉장고를 김치냉장고, 와인냉장고, 화장품 냉장고에 적용할 수 있다.

수정·확대·축소하기(Modify-Magnify-Minify) : 모양, 크기, 의미 등을 수정해 보는 방법이다. 내시경 카메라, 엠보싱화장지, 구부러진 물파스, 양산을 크게 확대한 비치파라솔, 크기를 축소한 노트북과 초소형 카메라 등이 대표적인 예이다.

용도 변경하기(Put to other uses) : 상품이나 아이디어를 다른 용도로 전환하여 활용하는 방법이다. 나일론으로 낙하산, 양말, 셔츠, 카펫 등 새로운 용도로 개발하거나 솥뚜껑 삼겹살, 기차를 카페로 개조하여 사용하는 것이 좋은 예이다.

제거하기(Eliminate) : 상품 일부분을 제거하여 개선하거나 새로운 상품으로 만드는 방법으로 무선키보드, 디카페인 커피, 무설탕 음료 등이 있다.

재정리하기(Rearrange) : 상하, 좌우, 순서, 방법 등을 바꾸어 새로운 상품으로 만드는 방법이다. 누드김밥, 발가락 양말, 재택근무, 낮에는 카페로 밤에는 술집으로 운영하는 가게 등이 있다.

[그림 7-3] 재정리하기와 용도 변경하기 사례

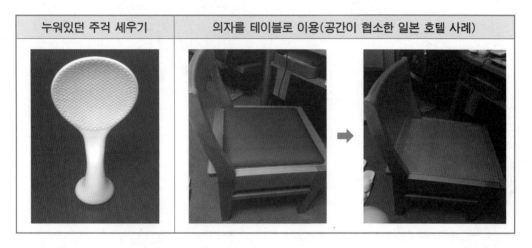

| 누워있던 주걱 세우기 | 의자를 테이블로 이용(공간이 협소한 일본 호텔 사례) |

2.2. 영향 바퀴(Impact Wheel) 분석

영향 바퀴 분석은 매사추세츠대학에서 미래 연구를 하던 대학원생에 의해 개발되었다. 종이 한 장과 펜 그리고 팀(8명)을 구성하여 아이디어를 발산한다. IBM이나 AT&T와 같은 기업에서 새로운 시장이나 신제품 개발을 위해 사용되었다. 영양 바퀴분석의 수행과정은 간단하다. 우선, 종이의 중앙에 원을 그리고 미래에 일어날 추세 중의 하나를 기록한다. 예를 들어, 노년 인구의 증가, 솔로의 증가 등 사회 트랜드 중의 하나를 정한다. 노년 인구 증가로부터 파생될 수 있는 여러 가지 결과를 기록한다. 예를 들어, 노인특화 주거시설의 증가, 노인특화 식사 수요의 증가, 노인 의복이나 액세서리 수요의 증가, 노인 의료 및 레크리에이션 수요의 증가 등은 노년 인구의 증가로부터 파생된 1차 결과들이다. 파생되었다는 의미에서 화살표나 선으로 표시한다. 그리고 1차 결과 중 하나인 노인 주거시설의 증가는 결국 노인들과 자식들 간 연락 수단, 노인주택 편의시설 수요의 증가 등의 2차 파생 결과를 예측 할 수 있다.

[그림 7-4] 영향 바퀴(impact wheel) 분석과 사례

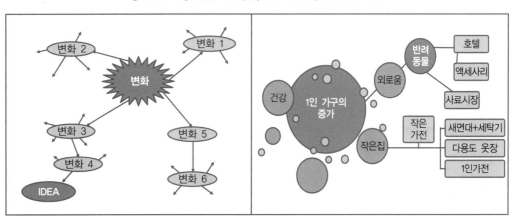

'無人車'의 경제학[122]

　자율주행 자동차(무인차 : 無人車)의 등장은 인간의 문명에 큰 변화를 일으킬 것으로 예상된다. 구글·애플 등 IT(정보기술) 기업들과 자동차 제조업체들이 너나 할 것 없이 무인차 개발에 뛰어들면서 사람들의 관심은 무인차가 가져올 '더 편해진 삶'에 쏠린다. 무인차의 등장은 교통과 유통산업을 시작으로 제조업, 에너지, 심지어 부동산 산업에까지 변혁의 소용돌이가 몰아치며 경제 전반에 구조적 변화가 일어날 것으로 예상된다.

　현재 미국을 비롯한 선진국의 자동차 운행률(전체 보유 시간 중 실제로 운행되는 시간)은 5~10%에 불과하다. 구글은 무인차 보급으로 이 수치가 75% 이상 치솟을 것으로 예상하고 있다. 예컨대 남편이 출근할 때 타고 나간 차가 회사에 온종일 서 있는 대신, 아내의 쇼핑과 자녀의 등·하교를 도와주는 데도 쓰일 수 있기 때문이다. 한 집에 차가 2~3대씩 있을 필요가 없다. 무인차는 도로 상황에 맞춰 최적화된 운전을 하므로 연료 소비량이 적다. 기존 시험 운행에서 무인차가 사람 운전자보다 20% 이상 연료를 덜 쓰는 것으로 파악되면서 석유 에너지 업체들이 긴장하고 있다. 이는 경제 전체로 볼 때 자동차에 쓰는 돈이 크게 줄어든다는 것을 의미한다. 미국 텍사스 대학의 연구에 따르면 미국에서 운행되는 차량의 10%만 무인차로 바꾸어도 연간 370억 달러(약 43조 원)가 절약되는 것으로 나타났다.

　제조업·금융·보험 등 기존 산업 구조에 큰 타격이 아닐 수 없다. 우선 자동차 제조업체들이 가장 큰 영향을 받게 된다. 무인차의 신규 수요로 초기에는 무인차를 생산하는 자동차 제조사들의 매출이 늘어나겠지만, 장기적으로는 차를 소유하기보다 공유하려는 사람이 더 많아지면서 차량 판매 대수가 줄어들 것이다. 2016년 9,000만 대 규모인 세계 자동차 시장이 10년 후엔 반이 될 것

이라는 예측도 있다. 차량 판매가 줄면 자동차 금융(리스·할부) 회사도 악영향을 받게 된다. 자동차 금융은 각종 캐피털과 신용카드사 등 제2금융권의 주요 수입원인데 자동차가 덜 팔리면 그만큼 수익도 감소한다. 보험사들도 무인차는 과속이나 신호 위반, 음주운전 등을 하지 않고 철저히 안전 운전을 하므로 사고율이 떨어져 보험금 지출이 줄어들고 이에 따라 보험료도 급락해 시장 규모가 크게 줄어들 수 있다. 미국 보험사들의 경우 연간 2,000억 달러(234조 원)에 달하는 자동차보험 수입의 급감을 두려워하고 있다. 무인차는 화물 운송업과 대중교통 산업에선 인건비가 절감되고, 운전자 과실로 인한 사고 비용이 줄어든다. 또 배송 시간이 정확하게 예측 가능해져 서비스 효율이 높아진다. 미국의 투자은행 모건스탠리는 이로 인한 경제적 효과가 180억 달러(196조 원)에 달할 것으로 예측했다.

정류장과 역 사이를 운행하는 노선버스, 지하철, 철도, 단거리 항공도 큰 영향을 받을 것이다. 무인 택시와 같은 무인차 서비스가 이런 대중교통보다 더 싸고 편리하기 때문이다. 미국 뉴욕시에 무인 택시가 도입되면 현재 1마일당 4~6달러인 택시 요금이 10분의 1 수준인 1마일당 40센트까지 내려갈 것으로 예측된다.

자율주행차(무인차)의 영향 바퀴

분야		전망
유통산업	++	화물운송비용 줄고 배송 시각 예측이 정확해져 효율성 증가
부동산	+	주차장 부지 재개발 열풍 가능성, 변두리 부동산 관심 증가
자동차제조업	+ → −	보급 초기엔 교체수요 증가로 호황, 차량 판매 감소로 불황
금융권	−	자동차 판매 감소로 할부 대출, 리스 대출 줄어 매출 감소
대중교통	−	무인 택시와 같은 무인차 서비스 등장에 밀려 쇠퇴할 가능성 증가
석유 에너지	− −	차량 운행 줄고, 연료 효율성까지 높아지면서 매출 감소
보험사	− − −	사고율 급감과 보험료 감소로 자동차보험 시장 위축

3. 관찰기법을 이용한 아이디어 찾기

3.1. 관찰기법 활용의 필요성

"이거 대단한데!" 커피전문점에서 커피가 주는 로맨스와 편안한 커뮤니티 공간에 감명받았
다. "바로 이거였어! 분명해! 미국에 돌아가서 진짜 이탈리아식 커피전문점 문화를 재현할 수 있
다면 미국인들도 내 느낌에 공감하게 될 거야!"

- 스타벅스 창업자 하워드 슐츠(Howard Schultz)-

기업가가 매력적인 사업 기회를 포착한다는 것은 고객이 직면한 문제나 충족되지 않는 욕구
를 찾아내는 것이다. 그러나 대부분의 경우 소비자는 자신의 욕구를 알지 못하거나 자신의 문제
나 욕구를 말로 표현하는 데 한계가 있다. 또한, 소비자들이 행동에 대해 표현한 말과 실제 행동
간에 차이가 있는 경우도 있고, 심지어 자신이 현재 사용하고 있는 제품이 불편하거나 불만 사항
이 있음에도 불구하고 이를 인지하지 못하는 경우도 있다. P&G는 자사의 가정용 세제에 대해 고
객들부터 항상 "세제 사용에 아무런 불만이 없다"라는 평가를 받았다. 하지만 세제를 사용하는
가정을 방문하여 관찰조사를 시행한 결과 세제 포장을 스크루 드라이버로 뜯어내고 세제를 물
에 풀기 위해 막대를 사용하고 있다는 것을 발견하였다. 소비자들은 소비패턴이 고착화(습관화)
되면 이를 불편한 것으로 인식하지 못하기 때문이다.

이런 이유로 고객에게 필요사항이나 문제를 직접 질문하여 잠재적 사업 기회를 발견하는 데
는 한계가 있다. 표현되지 않거나 소비자 자신도 모르는 소비자들의 욕구를 이해하는데 필요한
여러 기법의 하나가 직접 관찰하여 해답을 찾아내는 방법이다. 클레이튼 크리스텐슨(Clayton
M. Christensen)은 혁신적 사업가나 경영자가 혁신적 아이디어를 발견하는 방법으로 질문하기,
관찰하기, 네트워킹, 실험하기, 연결하기 등을 제시했고, 이런 발견스킬을 이노베이터 DNA라
고 했다. 레탄 타타(Ratan Tata)는 작은 스쿠터 한 대에 4인 가족이 함께 타고 가는 것을 관찰하면
서 세계에서 가장 저렴한 자동차를 만들겠다는 영감을 얻었다. 수년간의 제품개발 끝에 Tata
Group은 인도의 자동차 유통 시스템을 혼란에 빠뜨릴 수 있는 모듈식 생산 방법을 사용하여
2009년 2,500달러의 Nano를 출시했다.

관찰조사의 주된 목적은 소비자가 당연하다고 여기거나 지금까지 생각해 보지 못했던 것을
찾아내는 것이다. 예를 들어, 주부가 요리할 때 두부를 넣기 위해 무심코 하는 행동들을 관찰함

으로써 주부가 남은 두부를 어떻게 하는지, 두부의 포장은 쓰기 편리한지 등을 파악할 수 있다.

참고자료

고객관찰로부터 성공 : 도요타 팬카고(FunCargo)[123]

　1999년 일본에서 자동차 판매의 침체가 계속되는 가운데 도요타의 팬카고(FunCargo)는 이례적으로 히트를 쳤다. 이전 자동차업체의 일방적인 제품개발에서 고객 욕구를 우선하는 상품개발로 전환한 것이 성공의 요인이었다. 팬카고 개발팀은 표적고객인 젊은이들의 자동차 사용 관행을 직접 살펴보기 위해서 주말밤 젊은이들이 개조한 차를 타고 모이는 부두 주차장, 캠프장 등을 방문하여 차 내부를 관찰하였다.

3.2. 관찰기법 활용하기

　관찰기법은 관찰 대상(연구 대상)을 선정하고, 관찰 대상의 행동을 정의한 후 관찰을 시행한다. 행동을 관찰할 때 가장 중요한 점은 관찰할 행동을 정확히 규정하는 것이다. 즉 가능한 구체적이고 관찰 가능한 단위 행동을 명확히 정의하는 것이 필요하다. 이는 정의된 단위 행동이 분석 단위가 되기 때문이다. 행동 단위에 대한 정의를 명확하게 구분하기 위해서는 누구나 똑같이 관찰할 수 있는 작은 단위 행동으로 세분화해야 한다. 예를 들어 '스마트폰 시작 버튼을 누른다.', '엄지손가락으로 문자를 입력한다.' 등 구체적 행동 (관찰 가능한 행동)으로 표현하는 것이 좋다.

[그림 7–5] 관찰기법 프로세스

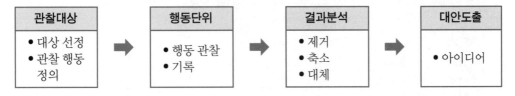

　다음 단계는 관찰된 행동 단위를 수행하는데 걸리는 시간, 육체적·정신적 노력의 정도, 금전적 비용 그리고 감각적인 면에서 개선점을 기준으로 분석한다. 분석기준을 토대로 관찰된 행동 단위 중에서 소비자에게 불필요하거나 불리한 행동 단위를 제거, 축소, 대체, 또는 행동 단위 통합이 가능한지를 검토한 후에 이에 대한 대안을 제시한다.

[표 7-1] 관찰 결과 분석표

관찰 결과의 분석기준		관련 행동	개선 방향(변화의 방향)	개선 방법(사례)
소요 시간		분석 행동 번호	• 소요 시간 단축 가능한 행동 단위 • 생략 가능한 단위 행동 • 대체 가능한 행동 단위	제거 축소 대체
소요 노력	육체적		• 육체적 노력이나 노동을 축소 또는 제거	맛집 추천
	정신적		• 정신적 노력을 축소 또는 제거	자동결제
금전적 비용	보완제품		• 보완제품 비용 감소 또는 제거	면도날 교환
	유지/보수		• 관련 상품 유지·보수비용을 줄이는 방법	보증 연장
시각적 소구	시각		• 더 좋게 보이는 방법	디자인 변경
	청각		• 듣기 좋게 하는 방법	치과 기계음 변경
	후각		• 향이 좋게 하는 방법	제과점 빵 향기
	미각		• 더 맛있게 하는 방법	원료 개발
	촉각		• 촉감을 좋게 하는 방법	소재 변경

　　관찰기법의 적용사례로 포장묵으로 묵무침을 요리하는 과정을 분석해 보자. 우선 행동 단위의 관찰을 통해 행동 단위를 기록한다. 예를 들어 [표 7-2]와 같이 요리과정 전체를 행동 단위로 세분화한다. 이때 중요한 사항은 관찰 가능한 단위 행동을 세밀하게 나누는 것이다. 정밀하게 세분화할수록 도출되는 해결방안도 구체적이고 실현 가능성도 커진다. 분석된 단위 행동을 토대로 구체적인 개선 방향과 방법을 도출하고 이들 중에서 사업 기회가 될 수 있는 것을 선택한다.

[표 7-2] 포장묵 관찰 행동 개선점 분석표

[1] 관찰대상 선정과 행동 단위 기록하기

행동 단계	관찰 행동
①단계	마트에서 포장묵을 구매한다.
②단계	냉장고에서 포장묵을 꺼낸다.
③단계	비닐 포장이 벗겨지지 않아 칼로 구멍을 낸다.
④단계	물을 제거하고 포장을 개봉한다.
⑤단계	묵을 필요한 만큼 꺼내어 자른다.
⑥단계	남은 묵을 다른 그릇에 담는다.
⑦단계	용기에 랩을 씌운다.
⑧단계	용기를 냉장고에 넣는다.
⑨단계	포장지를 버린다.
⑩단계	요리한다.
⑪단계	완성된 요리를 식탁에 올린다.

[2] 관찰된 행동 단위 분석하기

관찰 결과의 분석기준		관련 행동 단계	개선 방향	개선 방법
소요 시간		①	단위 행동 제거	온라인·모바일 쇼핑
		③,④	단위 행동 소요 시간 감소	원터치 개봉 포장 개발
		⑩	동작을 생략하여 소요시간	완성된 요리제품 출시
소요 노력	육체적	⑤	묵을 자르는 노력 줄임	용도에 맞게 잘라진 제품개발
	정신적	⑩	요리 방법에 고민 해소	포장지에 요리 방법 표시 요리법 모바일 서비스
금전적 비용	보완제품	⑤,⑥, ⑦,⑧	남은 묵 보관	보관 시 반복 개폐에도 신선도 유지 포장법 개발
	유지/보수	⑤,⑥, ⑦,⑧	재포장으로 인한 문제 (용기 사용, 랩, 제품부패)	4개 소단위 묶음판매
시각적 소구	시각	⑩	다양한 형태(동물 모양 등)	어린이를 위한 요리
	청각	⑧	신선도 정도 파악	신선도에 따른 소리음 제공
	후각	⑪	묵을 싫어하는 고객	어린이용(향신료 첨가)
	미각	⑩,⑪	묵의 풍미를 좋게 하기	새로운 소스를 개발
	촉각	①,⑩	묵의 식감을 개선	첨가제 개발

참고자료

소비자 디즈(deeds)[124]를 관찰하고 디즈의 맥락을 이해하라[125]

세계적인 디자인 회사인 IDEO가 디자인한 아이스크림을 떠먹는 도구인 스쿱이다. 주변에서 가장 많이 볼수 있는 스쿱은 큰 통에서 아이스크림을 덜어낼 때 스쿱에 붙어 있는 아이스크림을 떼기 위한 스위치를 달아놓은 것이다. 가정에서 스쿱으로 아이스크림을 덜고 나서 가장 많이 하는 소비자의 디즈를 관찰하여 특정 디즈를 발견했다. 스쿠프에 붙은 아이스크림을 핥아먹는 것이었다. 이 디즈를 목격한 후 그 이유를 파악해보니 아이스크림이 잘 떨어지지 않기 때문에 스쿱에 남은 아이스크림을 핥아먹는 것이었다. 이 문제점을 해소하기 위해 열을 흡수할 수 있는 충분한 질량을 가지고 있어 절대로 달라붙지 않는 통짜 금속을 사용했다.

핵심주제 확인학습

아래의 주제들에 대해 자신의 견해를 정리하고, 다른 팀원들과 토론해 보시오.

자신의 잠재력에 관하여 다시 생각하기	사물인터넷이 보편화될 경우 나에게 일어날 수 있는 변화를 영양 바퀴분석을 통해 확인하고, 긍정적인 부분과 부정적인 부분을 조사해 보시오.
본문 내용 확인하기	맞으면 T, 틀리면 F 하시오. ( ) 아이디어를 논리적·비판적으로 걸러내는 과정이 발산적 사고이다. ( ) 엉겅퀴 씨앗을 벨크로 테이프에 적용한 것은 대체하기 방법이다.
본문 내용 파악하기	아래 질문에 대해 간략하게 대답하시오. 01_ "효자손"을 대상으로 스캠퍼 기법의 7가지 질문에 답해 보시오. 02_ 관찰기법을 이용하는 이유를 설명해 보시오.
의견 발표하기	팀별로 다음 주제를 토론해 보시오. 01_ "아마존에 비가 내리면 스타벅스의 주식을 사라"라는 말의 의미는 무엇인가?
조사하기	01_ 1주일 동안 친구나 가족의 제품 사용과 관련된 행동 하나를 관찰한 결과를 발표해 보시오. • 행동의 발생빈도(주) • 행동 단위의 소요 시간 • 특이한 패턴 • 기타 • 관찰결과 발표

제8장

사업기회 평가

- 아이디어와 사업기회를 구분하고, 사업기회를 고객가치 관점에서 평가할 수 있다.
- 사업기회의 경쟁력분석을 통해 매력적인 사업기회 여부를 평가할 수 있다.

1. 사업기회의 평가

1.1. 아이디어와 사업기회

    기본적으로 기업가들은 사업의 기회를 인식하고 이를 성공적인 비즈니스로 연계시킨다. 사업기회를 찾는 방법은 제품, 서비스, 산업 환경과 같은 외부(환경)자극에 의해 사업기회를 포착하는 경우와 개인의 내부적 동기에 의한 경우로 구분할 수 있다. 기업가는 이상적 상태와 현재 상태 간 갭(gap)을 발견하고 이를 사업기회의 창(window of opportunity)으로 연결시킨다. 기회의 창은 기업이 새로운 시장에 진입하기 위한 이상적인 시점으로 정의된다. 기회의 창은 창업가가 적절한 시장진입 시기와 수확 시점을 결정하는 데 활용할 수 있다. 기회의 창이 열려있는 동안 사업 기회를 포착하여 사업을 수행한 기업은 성공하지만, 너무 일찍 또는 너무 늦게 시장에 진입한 기업은 실패할 가능성이 크다.

　[그림 8-1]과 같이 개발된 제품에 대한 새로운 시장이 열리면 그 시장에 맞는 기회의 창이 열리는 것이다(B). 기회의 창이 열리면 기업은 시장에 진입하여 수익을 선점하기 위한 노력을 경주하게 된다. 시장이 성숙되는 시점(C)에서 기회의 창문은 닫히기 시작한다. 따라서 기회의 창이 열리기도 전(A)에 창업에 도전할 경우 충분한 고객을 확보하지 못해 재정적 어려움에 직면한다. 또한, 너무 늦을 경우(D) 충분한 수익을 올리기도 전에 시장이 퇴조하여 기회의 창이 닫히게 된다.

[그림 8-1] 기회의 창(window of opportunity)

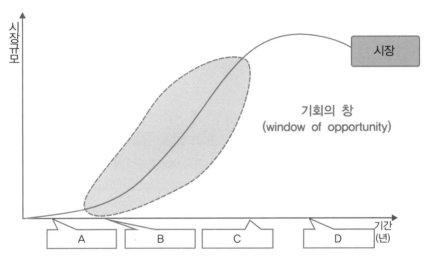

　켄 올슨(Ken Olsen)은 가정에서 PC를 사용할 일은 없을 것으로 예측하였다. 하지만 이는 개인 컴퓨터에 대한 기회의 창을 제대로 파악하지 못한 것으로 판명되었다. 노키아는 1865년 제지업으로 시작하여, 1980년대 컴퓨터, 2000년대 휴대폰 등 산업환경 변화에 발 빠른 대응을 통해 글로벌 선도 기업이 되었다. 하지만 2000년대 후반 스마트폰 시대를 제대로 예측하지 못해 몰락하고 말았다[126].

　창업자가 기존의 것들과는 차별화된 새로운 제품이나 서비스, 혁신적인 비즈니스 모델을 찾아내는 것은 쉬운 일이 아니다. 특히, 기회를 모색하는 과정에서 벤처창업자들이 공통적으로 범하기 쉬운 실수 중의 하나는 아이디어와 사업 기회를 혼동하는 것이다. 기술벤처 창업자들이 자기 아이디어 우수성(기술적 우수성이나 차별성)에 심취한 나머지 그 아이디어가 소비자의 요구(needs)를 적절하게 충족시키고 있는지 객관적으로 평가하지 못하는 것이다. 이로 인해 실제 사업을 시작할 기회조차 얻지 못하거나 사업을 시작해도 실패의 결과만 낳게 된다.

참고자료

후발업체가 승자가 될 수 있을까?

스마트폰 시장을 살펴보면 2007년 애플이 아이폰 첫 출시를 하고 삼성, LG, 화웨이, OPPO, 샤오미 등 경쟁업체들이 등장하면서 성장했다. 2015년 이후 스마트폰 시장은 성숙기로 접어들고 있다. 현재 삼성을 비롯한 후발업체들이 스마트폰 시장 점유율을 잠식하고 있다. 스마트폰 시장 점유율은 삼성(23.2%), 애플(14.8%), 화웨이(8.3%) 등의 순으로 나타나 선도기업인 애플의 경쟁력은 약화하는 것처럼 보인다. 하지만 후발업체들이 성공적인 성과를 내고 있다고 평가하기 어렵다. 애플은 스마트폰 시장의 전체 이익점유율 60% 이상을 유지하고 있다.

또 다른 사례인 인터넷 검색시장을 살펴보자. 1995년 Yahoo가 첫 검색서비스를 시작하고, Lycos, Exite, Altavista 등 경쟁업체들이 함께 참여하면서 시장은 급속하게 성장했다. 후발주자인 Google은 1998년에 성능이 향상된 검색엔진을 내놓으면서 검색시장의 선도주자가 되었다. 그 이후 검색엔진 시장은 성숙기를 유지하고 있다. 현재 경쟁자들보다는 월등한 이익을 제공하지 못하거나 목표하는 틈새시장에 제대로 진입하지 못한다면 새롭게 시작하는 검색엔진 기업은 성공하기 어렵다. 후발업체로 검색시장에 도전한 Microsoft의 Bing은 27%의 시장 점유율로 Google의 68%와 비교할 때 어느 정도 성공적이라고 평가할 수 있으나 Google과의 정면 대결에서 상상을 초월하는 비용을 들인 노력의 결과라는 측면에서 볼 때 성공적이라 평가하기 어렵다.

기본적으로 아이디어(idea)는 무언가에 관한 생각, 느낌, 관념이다. 비즈니스 관점에서 아이디어는 시장의 수용가능성(소비자의 선택 가능성)이 반영되지 않은 사업 기회를 의미한다. 이에 비해 사업 기회는 아이디어(기술성, 개발가능성)에 더하여 시장(고객)의 수용가능성까지 고려한 개념이라고 할 수 있다. 따라서 창업자는 우수한 기술만 있으면 저절로 사업에 성공할 수 있다는 쥐틀의 궤변(Great Mousetrap Fallacy)에 빠지지 않도록 주의해야 한다.

사업 기회는 지속가능성, 수용가능성, 적시성, 고객가치의 조건을 충족하였을 때 좋은 사업 기회가 되는 것이다. 좋은 사업 기회는 기존의 제품이나 서비스보다 품질, 시간과 노력의 절감, 성능 등에서 기술적 우위를 가지고 있고, 최종 소비자에게 매력적인 가치가 제공되어야 한다. 또한 사업 기회는 일시적인 유행(fade)이 아닌 중장기적인 트렌드(trend)를 가지고 지속적인 수요가 예측되어야 하며, 사회, 경제, 문화, 법률적 환경 측면에서 너무 빠르지도 늦지도 않게 소비자들이 제품을 수용할 수 있는 시기에 출시하는 적시성도 중요하다. 삼양식품은 80년대 중반 떠먹는 요구르트인 요거트를 출시했지만 실패하였다. 마시는 액상 타입의 야쿠르트에 익숙해져 있던 소비자의 관심을 받지 못했기 때문이다. 이상과 같은 요소들이 충족될 때 사업 기회의 시장 수용 가능성은 커진다고 할 수 있다.

[그림 8-2] 좋은 사업 기회의 조건

```
                    ┌─────────────┐
                    │   좋은       │
                    │  사업기회의  │
                    │   조건       │
                    └──────┬──────┘
        ┌───────────┬──────┴──────┬───────────┐
   ┌────┴────┐ ┌────┴────┐  ┌─────┴───┐  ┌─────┴────┐
   │ 기술성  │ │지속가능성│  │ 적시성  │  │ 고객가치 │
   └────┬────┘ └────┬────┘  └────┬────┘  └─────┬────┘
   ┌────┴────┐ ┌────┴────┐  ┌────┴────┐  ┌─────┴────┐
   │기술적으로│ │일시적 유행이│ │출시 시점이 너무│ │고객에게 부가적│
   │우수하고 │ │아닌 장기적│ │빠르지도 늦지도│ │가치가 제공│
   │혁신적인가?│ │트렌드인가?│ │않게 적절한가?│ │되는가?│
   └─────────┘ └─────────┘  └─────────┘  └──────────┘
```

참고자료

좋은 제품이란?[127)

모나미153은 1963년생이다. 약 37억 자루가 팔려 일렬로 세우면 지구를 12바퀴 넘게 돈다. 지금도 연간 2,500만 자루 소비된다. 2014년 50 돌을 기념해 한정판 '모나미153 리미티드1.0 Black' 1만 자루를 정가 2만 원에 내놨다. 판매 당일 몰려든 네티즌들로 인터넷쇼핑몰은 서버가 마비되기도 했고, 인터넷 경매 장터에 100 만 원에 나오기도 했다.

이태리타월의 고향은 부산이다. 1962년 부산의 직물공장에서 처음 만들었다. 사장은 까칠까칠한 비스코스 레이온 원단을 이탈리 아에서 수입해 놓고 쓸데를 찾지 못해 고민하다 목욕하며 원단으로 피부를 문질러보고는 영감을 얻어 상품으로 만들었다. 손바닥 하나 가 겨우 들어가는 천 조각 하나가 생활 습관을 바꾸고 새로운 문화를 만든 셈이다.

2001년에 출시된 **아이팟**으로 카세트 플레이어 시장의 절대 왕자였던 소니의 워크맨은 KO패 당했다. 아이팟은 399달러로 비쌌으나 날개 돋친 듯 팔렸다. 동그란 휠 하나로 기기 를 조작하는 편리성에 소비자들은 열광했다. 그런데 아이팟은 1954년 독일 가전회사 브라 운이 만든 포켓용 라디오와 많이 닮았다.

1.2. 사업 기회의 평가

새로운 제품이 시장에서 성공하기란 쉽지 않으므로 사업아이디어가 사업 기회로의 적합 여부를 객관적으로 평가하는 것은 중요하다. 한 연구에 의하면 3,000개의 아이디어 중 신제품 개발에 착수하는 것은 9개, 실제 상품화에 성공하는 것은 겨우 4개에 불과하다[128]. 더욱이 4개 중에서 성공하는 아이템은 단 하나에 불과하다. 이는 아이디어 단계부터 고려하며 99.97%의 실패확률이다. 미국의 경우 새로운 소비재가 출시 첫해 5천만 달러(성공적인 수준으로 평가)의 매출을 달성하는 경우는 3% 미만이다[129]. 기업가가 사업에 성공하기 위하여 필요한 사업아이디어는 한 두 개 정도면 충분하다. 기업가와 창업팀은 아이디어를 발굴하고 신속하게 사업화가 가능한 기회를 필터링해 내야 한다. 사업 기회 평가를 통해 적절한 대안을 찾기가 어려운 것은 불확실성을 걸어 내는 작업이기 때문이다. 고객은 우리 사업 아이템에 돈을 지불하려고 할까?, 고객으로부터 충분한 수익을 올릴 수 있을까?, 경쟁자들은 어떻게 대응할까?, 우리가 모르는 잠재적 경쟁자는 누구일까 등에 대한 분석을 통해 사업 기회의 매력성을 평가한다.

창업아이디어가 시장에 안착하기 위해서는 개발제품의 사업화 단계에서 겪게 되는 죽음의 계곡(Death Valley)과 시장진입 후 확산단계에서 겪게 되는 캐즘(Chasm)을 극복해야 한다. 죽음의 계곡은 사업아이디어에 대한 기술개발은 성공하였지만, 개발제품의 사업화를 위한 자금조달 실패 등으로 도산하는 것을 의미한다. 많은 창업자가 신기술과 신제품을 개발하였지만, 제품 생산 및 마케팅과 유통채널 구축을 위한 자금조달 실패로 도산을 경험하게 된다.

이에 비해 캐즘은 혁신적 기술 제품이 시장에 출시되면 얼리어댑터 집단으로부터 관심을 받다가 전기 다수수용자집단으로 확산하지 못하고 매출이 급격하게 감소하는 것을 말한다. 캐즘이 발생하는 이유는 혁신제품에 우호적인 얼리어댑터 집단과 상대적으로 위험이 적고 점진적 변화를 선호하는 전기 다수수용자 간 소비행태의 차이 때문에 발생한다. 즉, 자신의 판단하에 위험을 감수하며 혁신을 추구하는 얼리어댑터 집단은 혁신제품을 적극적으로 수용하지만, 전기 다수수용자는 혁신적인 변화보다는 위험이 적은 점진적 변화를 추구하기 때문에 혁신적 제품을 쉽게 수용하지 못하게 되어 결국 제품은 시장에서 사라지고 만다. 제프리 무어(Geoffrey A. Moore)는 캐즘을 극복하기 위한 전략으로 볼링앨리(Bowling Alley)를 제시하였다. 볼링 경기에서 스트라이크를 치기 위해서는 헤드 핀 공략에 집중해야 연쇄반응을 통해 뒤에 있는 핀들을 모두 쓰러뜨릴 수 있다. 창업기업이 시장 진출에 성공하기 위해서는 하나의 틈새시장을 집중하여 공략한 이후 인접한 세분시장의 새로운 고객층을 차례로 확보해 나가는 방법이 효과적이다.

[그림 8-3] 죽음의 계곡과 캐즘130)

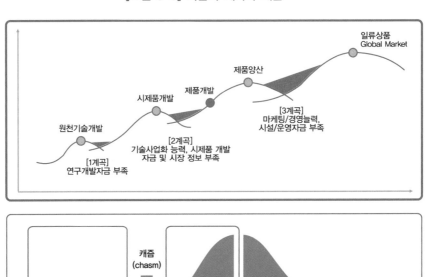

1.3. 고객가치관점의 사업 기회 평가

고객가치관점에서 사업 기회를 평가한다는 것은 시장에 출시된 제품을 고객이 과연 구매해 줄 것인가를 검토하는 것이다. 이는 창업자가 창업을 단순히 새로운 제품이나 서비스를 만들어 내는 것이 아니라 고객의 가치를 창출하는 것으로 인식하는 것을 의미한다. 미국의 컨설팅회사가 실패한 창업기업을 대상으로 실패한 20가지 원인을 분석한 결과, 고객 요구와 피드백의 무시, 시장에 니즈가 없는 제품이나 서비스를 개발한 것이 가장 중요한 요인으로 나타났다.

창업자가 고객 관점에서 사업아이디어에 대한 시장 가능성을 평가하기 위해서는 고객조사를 바탕으로 고객가치를 정확하게 측정하는 것이다. 창업자가 표적고객을 이해하는 데 활용할 수 있는 고객조사 방법은 다양하다. [표 8-1]은 대표적인 조사 방법을 정리한 것이다. 예를 들어 창업아이디어에 대한 가장 기초적인 조사가 고객의 페르소나(Persona)131)를 작성하는 것이다. 페르소나는 실제로 관찰한 표적 그룹 내 여러 사용자의 특성과 성향, 행동과 그에 대한 동기 등을 반영하는 인물을 만들어 사용자가 특정한 상황에서 어떻게 행동하고 사고하며 어떤 목적하에 왜 그런 행동을 하는지를 유추하는 방법이다. 이를 통해 팀원들은 그들 간의 공통적인 이해도 돕고, 전반적인 프로세스에서 어떤 디자인적인 결정을 내릴 때 지표로 활용할 수 있다.

[표 8-1] 고객조사 방법

종류	정의	방법
페르소나 (Persona)	실제로 표적 집단의 특성과 성향, 행동을 가장 이상적으로 보여줄 수 있는 사용자를 대상으로 어떻게 행동하고 사고하며 어떤 목적하에 왜 그런 행동을 하는지를 유추하는 방법	사용자 인터뷰
심층 인터뷰	응답자와 일대일 면접을 통해 소비자의 심리를 파악하는 조사법으로 어떤 주제에 대해 응답자의 생각이나 느낌을 자유롭게 이야기함으로써 응답자의 욕구·태도·감정 등을 발견하는 면접조사	1:1 개별 인터뷰
포커스 그룹	표적시장으로 예상되는 소비자를 일정한 자격 기준에 따라 6~12명 정도 선발하여 한 장소에 모이게 한 후 조사목적과 관련된 토론을 함으로써 자료를 수집하는 방법	토론 인터뷰 기준에 따라 토의 진행
사용자 설문조사	구조화된 질문지를 다수의 고객에게 동일한 질문을 수행하는 방법	표준 질문지를 이용한 조사
하루 일상 조사	고객이 의식하지 못하고 있는 일상생활이나 행동 조사를 통해 의미 있는 자료를 수집하는 방법	일상 활동 기록지 또는 사진 자료
관찰법	관심 있는 현상이나 대상 관찰을 통해 자료를 수집하는 방법	직접 관찰 간접 관찰

[그림 8-4] 커피카페 이용고객의 페르소나 사례

페르소나를 통해 소비자가 직면한 핵심 문제를 파악할 수 있으며, 창업자는 이를 바탕으로 표적고객에 맞는 카페 컨셉을 도출하고 사업 기회의 실현 가능성을 평가할 수 있다.

동기	공간	커뮤니케이션	주요 활동
• 집과 분리된 업무 공간이 필요함 • 아이와 함께 일할 수 있는 공간이 필요함	• 맛있는 커피가 있는 공간 • 다양한 전자기기 사용이 가능한 공간	• SNS(페이스북, 틱톡), 구글 앱을 활용	• 프리랜서 업무 • 일과 휴식 조화

사업 기회를 평가할 때 또 하나 중요하게 고려해야 할 요소가 사업 기회의 가치를 정량화(계량화)하는 것이다. 사업 기회를 '고객이 얻게 되는 가치'와 '기업이 얻게 되는 가치'로 계량화할 수 있다면 창업자는 사업아이디어의 수익 창출 수준을 정확히 파악할 수 있고, 고객은 구매 상품에 대한 정당성 수준을 판단할 수 있다. 사업 기회의 정량적 평가는 창업가가 사업 기회를 긍정적으로 평가하려는 경향에서 야기되는 문제를 예방할 수 있다. 예를 들어 인터넷쇼핑몰을 창업하는 경우 사이트를 개설하면 웹 서퍼들이 사이트를 방문하고, 방문자 중에서 상품을 구매할 것이라 가정한다. 하지만 실제로 고객을 유인하고 방문자의 구매 행동이 일어나기까지는 큰 비용이 소요된다. 대부분의 경우 고객을 획득하는 데 사용된 비용이 고객으로부터 발생하는 이익(가치)보다 높은 경우가 대부분이다.

사업 기회에 대한 가치를 정량적으로 평가할 수 있는 방법의 하나가 고객생애가치(LTV: Lifetime Value of a Customer)를 측정해 보는 것이다. 창업기업이 사업 아이템으로 성공하기 위해서 고객을 유치하는데 드는 비용인 고객획득비용(CAC : Cost of Acquiring a Customer)보다 획득한 고객으로부터 발생하는 가치인 고객생애가치가 더 커야 한다. 고객생애가치를 측정하는 방법은 상품 특성에 따라 차이가 있다. [표 8-2]는 면도기 사례를 적용하여 고객생애가치를 평가한 것이다.

참고자료

고객생애가치 측정사례 : 면도기

- 1명의 고객에게서 발생하는 수입(매출) : 면도날 교체가 가능한 일회용 면도기
  - 제품 판매 수입 : 면도기 30,000원 2년에 한 번 교체
  - 부가 수입 : 면도날을 6개월마다 교체하면 1회 5,000원
- 이익률 : 면도기는 20%, 면도날은 60%
- 고객 유지율 : 면도기와 면도날 모두 80%
- 재구매율 : 면도기와 면도날 모두 80%

[표 8-2] 면도기 고객생애가치 측정

구분	세부 항목	구매 시점	1년 차	2년 차	3년 차	4년 차	5년 차	비고
제품 판매 수입	면도기 판매가격①	30,000		30,000		30,000		2년마다 구매
	구매 주기②	1		1		1		구매 주기 2년
	재구매율③	100%		80%		80%		
	고객 유지율④	100%	80%	80%	80%	80%	80%	
	누적 고객 비율⑤	100%	90%	81%	73%	66%	59%	전년기 누적 고객 비율*④
	이익률⑥	20%		20%		20%		
	면도기 총판매수익⑬	6,000	-	3,888	-	3,149	-	①*②*③*⑤*⑥
부가 수입	면도날 판매가격⑦	5,000	5,000	5,000	5,000	5,000	5,000	
	구매 주기⑧	1	2	2	2	2	2	구매 주기 6개월 (1년 2회)
	재구매율⑨	100%	80%	80%	80%	80%	80%	
	고객 유지율⑩	100%	80%	80%	80%	80%	80%	
	누적 고객 비율⑪	100%	90%	81%	73%	66%	59%	전년기 누적 고객 비율*⑩
	이익률⑫	60%	60%	60%	60%	60%	60%	
	면도날 총판매수익⑭	3000.0	4320.0	3888.0	3499.2	3149.3	2834.4	⑦*⑧*⑨*⑪*⑫
총수익⑮		9,000.0	4,320.0	7,776.0	3,499.2	6,298.6	2,834.4	⑬+⑭
고객생애가치		33,728.2						⑮의 5년간 합계

2. 사업아이디어의 경쟁력분석

창업자가 좋은 사업 기회인지를 평가하는 방법으로 그 사업아이디어와 관련된 거시환경이나 산업 환경(구조)을 분석할 필요가 있다. 사업아이디어와 관련된 산업 분야의 산업구조 요인인 신규 진입자의 위협, 공급자의 협상력, 구매자의 협상력, 대체재의 위협, 산업 내 기존 경쟁자 간 경쟁 강도 등을 분석해 봄으로써 사업아이디어의 수익성 및 매력도가 어느 정도인지를 판단할 수 있다.

[그림 8-5] 산업구조분석

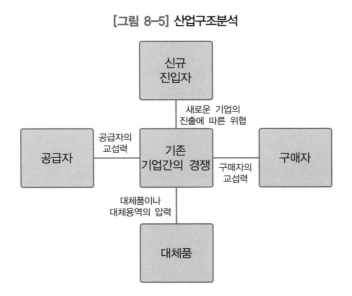

기존 경쟁 기업 간의 경쟁 강도 : 대부분 산업에서 경쟁 강도와 산업 전체의 수익성을 결정하는 가장 중요한 요인은 그 산업 내에서 이미 경쟁하고 있는 시장 참여자들(기존 경쟁자) 간의 경쟁관계이다. 즉 새로운 사업 분야 내 기존 기업 간의 경쟁이 치열할수록 사업 기회의 매력성은 낮아진다. 이들의 경쟁 양상은 가격경쟁과 비가격경쟁(광고·홍보, 서비스, 제품 출시 등)으로 나타난다. 기존 기업 간의 경쟁 강도가 치열해지는 요인은 산업 성장의 둔화, 높은 고정비, 제품 간 낮은 차별성, 철수장벽[132) 등이다.

신규 진입자의 위협 : 사업 기회의 산업 분야가 수익률이 상당히 높거나 성장 가능성이 크다면 다른 기업들도 그 산업에 진출하고 싶어 할 것이다. 경쟁 기업들이 쉽게 시장에 진입할 수 있다면 산업의 높은 수익률은 진입자들과의 경쟁에 의해 점차 낮아지게 된다. 또한, 실제로 진입이 일어나지 않는다고 하더라도 만일 다른 기업들이 언제든지 그 산업에 뛰어들 준비가 되어 있다면 그 산업에 있는 기존 기업들은 잠재적 경쟁자가 진입할 수 있다는 위협 때문에 시장의 매력성은 낮아지게 된다.

신규 진입자의 위협은 진입장벽[133)이 높을수록 작아진다. 진입장벽이란 어떤 기업이 새로운 산업에 진출하고자 하는 경우, 얼마나 쉽게 진입할 수 있는가의 정도를 의미한다. 신규기업의 시장진출을 어렵게 하는 요인으로는 시장진입에 엄청난 자본이 소요되거나(정유시설, 반도체) 기존 기업의 제품이 탁월하여 제품 차별성이 높은 경우 등이다. 기타 진입장벽 요인으로는 규모의 경제, 유통채널 접근, 원가 우위, 학습곡선, 정부 정책, 기존 업체의 보복 등이 있다.

대체품의 압력 : 산업의 수익성은 대체재의 유무에 따라 크게 달라진다. 즉, 대체재가 많으면

많을수록 기업들이 자신의 제품이나 서비스에 높은 가격을 받을 가능성은 줄어든다. 대체품이 기존 제품보다 효능이 크면서 가격도 낮을 경우 위협은 커진다(예: 설탕과 합성 감미료인 아스파탐)[134]. 대체재 위협 결정요인으로는 대체재의 상대적 가격, 성능효과, 대체재에 대한 구매자의 성향 등이 있다.

　구매자의 교섭력 : 구매자는 가격 인하, 품질향상 및 서비스 증대를 요구하거나 경쟁 기업들을 서로 대립시켜 산업의 수익성을 감소시킨다. 구매자의 교섭력이 높은 시장은 매력성이 떨어진다. 구매자의 협상력이 높아지는 상황으로는 구매량과 구매 비중, 구매자의 후방 통합능력(대형마트의 자체상표 우유[135]), 구매자가 가진 정보, 구매자의 가격 민감도 등이다.

　공급자의 교섭력 : 공급자들은 특정 산업에서 활동하는 기업들에 대해 공급 원료의 가격 인상이나 판매 제품 및 서비스의 질을 떨어뜨리겠다는 위협 등으로 교섭력을 발휘할 수 있다. 공급자의 협상력 결정요인으로는 공급물량의 규모와 집중도(스마트폰의 메모리칩), 투입 원재료 차별성, 대체 원재료의 출현, 전방통합 위협[136](인텔 인사이드가 컴퓨터 제조업체 인수) 등이 있다.

핵심주제 확인학습

아래의 주제에 대해 자신의 견해를 정리하고, 다른 팀원들과 토론해 보시오.

자신의 잠재력에 관하여 다시 생각하기	사업기회를 평가할 때 고객가치를 계량화하면 어떤 이점이 있는지를 조사해 봅시다.
본문 내용 확인하기	맞으면 T, 틀리면 F 하시오. ( ) 아이디어와 사업 기회는 같은 개념이다. ( ) 시장성장률이 낮을수록 기존 산업 내 기업 간 경쟁은 심화한다.
본문 내용 파악하기	아래 질문에 대해 간략하게 대답하시오. 01_ 쥐틀의 궤변(Great Mousetrap Fallacy)이란 무엇인가? 02_ 고객평생가치와 고객획득 비용은 무엇인가?
의견 발표하기	팀별로 다음 주제를 토론해 보시오. 01_ 팀별로 제품과 서비스 아이템을 하나 선정한 다음 고객 한 명의 고객평생가치를 계산해 보시오.
조사하기	01_ 기회의 창에 관한 사례를 조사하는 한편, 각자 사업아이디어를 10개 이상 발굴하여 각 아이템이 기회의 창에 존재하는지를 평가해 보시오. 02_ 자신의 사업 아이템을 가지고 경쟁력분석을 시행해 보시오.

비즈니스 모델

- 비즈니스 모델의 개념과 핵심 요소를 설명할 수 있다.
- 비즈니스 캔버스를 활용해 비즈니스 모델을 작성할 수 있다.
- 린 캔버스를 활용해 비즈니스 모델을 작성할 수 있다.

1. 비즈니스 모델

새로운 사업을 계획하거나 사업성과가 악화되는 상황에 있는 기업이 전환을 시도할 때 사업의 근간이 되는 비즈니스 모델은 사업의 성공을 좌우하는 데 결정적인 역할을 한다. 한때 미국에서 필름 판매 점유율 90%, 카메라 판매 점유율 85%를 기록하며 필름과 카메라 시장을 독점하던 코닥이 1975년 세계 최초로 디지털카메라 기술을 개발하였다. 하지만 기존의 비즈니스 모델인 필름 판매에 타격을 입을 것을 우려하여 기술적 업그레이드와 홍보 마케팅을 포기했다. 이로 인해 디지털 기술을 확보하고도 카메라 시장의 주도권이 디지털 기반으로 넘어가는 환경 변화에 부합하는 비즈니스 모델을 구축하지 못해 2012년 역사 속으로 사라졌다[137].

비즈니스 모델은 다양하게 정의되고 있다. 티머스(Timmers, 1998)는 비즈니스 모델은 제품, 서비스 및 정보의 흐름이며, 다양한 참여자들의 잠재적인 이익과 수익 원천을 설명해 주는 청사진이라고 하였다. 비즈니스 모델은 기본적으로 세 가지 핵심 요로로 구성된다.

첫째, 제품·서비스 및 정보의 흐름에 대한 청사진이 제시되어야 한다. 둘째, 다양한 비즈니스 주체에 대한 잠재적 효익이 분명해야 한다. 셋째, 수익의 원천을 제시해야 한다. 비즈니스 모델에는 사업에 누가 참여하고 이들에게 주어지는 대가는 무엇이며 또 어떻게 돈을 벌 수 있는가 하는 내용이 담겨야 한다는 의미이다. 오스터 왈더는 한 조직에서 어떻게 고객 가치를 창출하고, 전달하며, 수익원을 확보하는지에 대한 합리적 방안을 비즈니스 모델로 정의하였다. 마이클 라파는 기업이 수익을 내며 생존해 나가기 위한 목적으로 사업을 수행하는 방식을 비즈니스 모델로 정의하였다. 비즈니스 모델은 기업이 가치사슬 상 어느 위치에 속하는가를 명시함으로써 매출을 발생시키는 방법을 보여줄 수 있다. 종합하면 비즈니스 모델은 제품, 서비스, 아이디어를 어떻게 표적고객에게 제공하고, 어떻게 관계를 형성하며, 어떻게 수익을 창출할 것인가 하는 계획 또는 사업 기회를 체계적으로 정리한 것으로 정의할 수 있다.

고객이 진정으로 원하는 가치가 무엇인지를 발견하고, 이를 효과적으로 고객에게 전달하고, 수익을 창출할 수 있는 비즈니스 모델 개발은 아주 중요하다. 비즈니스 모델을 건축에 비유하자면 건축가가 건물을 세울 때 설계도를 작성하는 것과 마찬가지로 비즈니스 구상 단계에서의 청사진이라고 할 수 있다. 기업가는 비즈니스를 객관적으로 파악할 수 있게 지침으로 삼을 수 있는 비즈니스 모델을 구축할 필요가 있다. 또한, 비즈니스 모델은 아이디어에서 선정된 사업 기회를 실행으로 옮기기 위한 사업계획 작성 직전에 전반적인 수익 창출 메커니즘을 점검하는 도구이기 때문에 사업계획의 기초가 된다. 즉 사업계획서는 비즈니스 모델을 기초로 구체적인 사업의 실행방법을 작성한 것이다.

2. 비즈니스 모델 개발기법

비즈니스 모델을 개발하는 기법은 다양하지만 본 장에서는 비즈니스 모델을 단순화시켜 현장에서 활용도가 높은 비즈니스 모델 캔버스와 린 캔퍼스를 소개한다. 비즈니스 모델 캔버스는 핵심 요소 9개 블록으로 구성되어 있다. 비즈니스 모델 캔버스는 여러 사람이 포스트잇이나 보드마커를 사용하여 도식화함으로써 아이디어를 쉽게 공유할 수 있고, 각각의 구성요소를 그려가며 토론할 수 있는 효과적인 방법으로, 비즈니스 모델에 대한 이해도를 높이고 토론하고 분석하며 창의적으로 사고하는 데 효과적이다. 다음 그림은 비즈니스 모델 캔버스의 블록 9개 요소와 핵심 질문을 도식화한 것이다.

[그림 9-1] 비즈니스 모델 캔버스[138]

파트너	핵심 활동	가치제안	고객 관계	고객 세분화
누가 당신을 돕는가?	무슨 일을 하는가?	고객을 어떻게 돕는가? 어떤 가치를 줄 것인가?	고객과 어떻게 상호작용하는가?	돈 되는 고객이 누구인가?
	핵심 자원		경로	
	당신은 누구이며 무엇을 가졌는가?		자신의 가치를 어떻게 전달할 것인가?	

비용구조	수익원천
무엇을 지불 하는가?	무엇을 얻는가?

2.1. 고객 세그먼트(Customer Segments)

비즈니스 모델에서 고객은 사업의 시작이자 끝이라 할 수 있다. 고객이 없다면 비즈니스 자체가 성립할 수 없고, 수익을 만들어주는 고객이 없다면 기업의 존재 이유도 없는 것이다. 일반적으로 고객을 보다 효과적으로 만족시키기 위해 그들의 요구나 행동 특성에 따라 한 개 이상의 고객집단을 핵심 표적고객으로 삼는다. 표적고객이 결정되면 고객집단의 특화된 요구를 제대로 파악할 수 있도록 비즈니스 모델을 더욱 정교화해야 한다.

고객을 세분화하는 방법으로 대량 시장(Mass market)은 고객을 특정 집단으로 구분하지 않고 모든 고객을 표적으로 하는 것이다. 자동차 휘발유나 햄버거 등이 대량 시장의 예가 될 수 있다. 대량 시장에서는 가치제안을 비롯한 유통 채널, 고객 관계 같은 구성요소들도 비슷한 니즈와 문제를 지닌 하나의 거대한 표적 그룹으로 간주한다. 또 다른 방법인 틈새시장은 특화되고 전문화된 고객 세그먼트에게 맞게 상품이나 서비스를 제공하는 것이다. 틈새시장의 예로는 성별에 특화된 음료나 주류, '나홀로족'을 위한 삼겹살 전문집 등이 있다. 전략상의 특징은 가치제안과 유통 채널, 고객 관계 모두 틈새시장의 특화된 요구에 맞춰진다는 것이다. 마지막으로 멀티타켓 시장은 두 개 이상의 표적 집단을 대상으로 삼는다. 예컨대, 신용카드 업체가 신용카드를 사용하는 개인 고객과 신용카드로 결제를 해주는 영업점 고객을 동시에 표적고객으로 삼는 것이다.

고객 조사로부터 시작되는 고객 세분화[139]

iPod는 세분화에 따른 고객 분류가 아닌, 니즈에 따른 고객 분류로 한 고객에게서 서로 다른 니즈를 도출하였다. 소비자 조사를 통해 한 사람의 고객이 상황에 따라 다른 니즈를 갖고 있음을 알아내고 다양한 아이팟 시리즈를 출시하였다. 운동할 때는 아이팟 셔플, 평소 음악을 듣거나 동영상을 볼 때는 아이팟 터치를 사용하는 식이다.

2.2. 가치제안(Value Propositions)

가치제안은 우리 고객이 필요로 하는 가치를 창조하기 위한 상품이나 서비스의 결합을 의미한다. 가치(value)는 고객이 처한 문제를 해결해주거나 욕구를 충족시켜주는 요소다. 기업이 제공하는 가치는 표적고객의 요구에 부합하는 제품과 서비스 또는 이들의 혼합체라고 할 수 있다. 가치제안은 기업이 자신의 표적고객에게 무엇을 줄 수 있는지에 관한 총체적 실체(bundle of value)이다. 고객을 위한 가치를 창출하는 방법으로 새로움, 우수한 성능, 개별 맞춤화, 탁월한 디자인, 편리성, 접근성, 브랜드, 저렴한 가격, 위험 및 비용 절감 등이 있다.

새로움은 기존에 없던 고객의 새로운 욕구를 찾아내 충족시켜주는 가치제안이다. 무인 자동차, 원격 의료서비스, 암 치료 신약 등이 사례가 될 수 있다. 우수한 성능은 성능을 향상시킴으로써 가치를 창조하는 것이다. 스마트폰의 경우 끊임없이 속도와 기능이 개선된 제품을 제공함으로써 수요를 창출하고 있다.

개별맞춤화는 개별고객이나 특정 고객집단에게 특화된 요구에 맞춤으로써 새로운 가치를 만들어내는 것이다. 최근 고객의 아이디어나 의견을 적극적으로 상품개발이나 생산과정에 반영하는 협업(co-creation)이 이슈가 되고 있다. 대량고객화(mass customization)는 고객 특성에 맞춘 상품이나 서비스를 제공하면서 동시에 '규모의 경제'의 이점도 누릴 수 있다.

탁월한 디자인이나 브랜드 지위도 차별화된 가치를 창출한다. 패션 분야나 가전제품 분야에서 디자인은 경쟁우위의 원천이 되고 있다. 일반적으로 고객은 브랜드와의 동일시를 통해 자신의 욕구를 표출한다. 또한, 고객들은 자신이 소유한 브랜드를 통해 자신의 신분과 소속감을 과시한다. 이 외에도 저가 항공과 같은 저렴한 가격, 에스원과 같은 안전이나 위험 예방, 애플의 아이튠즈와 같은 편리성도 좋은 가치명제가 될 수 있다.

2.3. 채널(Channels)

채널은 표적고객에게 가치를 제안하기 위해 커뮤니케이션을 하고 상품이나 서비스를 전달하는 방법을 의미한다. 즉, 상품을 고객에게 소개하는 광고, 유통, 그리고 A/S까지 포함하는 기업과 고객과의 상호작용 전반이 바로 채널인 것이다. 채널과 관련해서 고려해야 할 중요한 요소에는 우리는 고객에게 어떻게 다가가는가, 어느 채널이 가장 효과적인가, 어느 채널이 가장 비용이 적게 소요되는가 등이다.

고객에게 가치제안을 제대로 하기 위해서는 고객이 만족할 만한 채널을 올바르게 구성하는 것이 중요하다. 일반적으로 채널 유형은 기업이 채널 기능을 직접 운영하는가 아니면 파트너(간접)를 이용하는가에 따라 구분된다. 기업은 직영 채널, 파트너 채널 혹은 혼합 형태로 고객에게 접근할 수 있다. 직접 채널은 기업 내에 영업팀을 두거나 온라인 사이트를 운영하는 것이다. 파트너 채널은 소매, 도매, 웹사이트 등의 형태로 활용이 가능하다. 파트너 채널을 활용하면 파트너와 이익을 공유해야 하지만 대신 다양한 위험(재고, 자금 등)을 분산할 수 있다. 결국 고객 경험을 향상하고 수익을 최대로 끌어낼 수 있는 방식으로 채널 전략을 수립할 필요가 있다.

2.4. 고객관계(Customer Relationship)

고객관계는 표적고객 세그먼트와 어떤 형태의 관계를 맺을 것인가를 의미한다. 기업이 어떻게 고객을 확보하고, 관계를 유지하여, 판매를 촉진할 것인지를 명확히 하는 것이다. 기업이 어떤 비즈니스 모델을 구사하느냐에 따라 고객관계 관리계획이 수립되는데, 이는 전체적인 고객관리 프로세스에 큰 영향을 미친다. 고객관계에서 중요한 관리 포인트는 '고객이 우리 제품과 서비스를 이용하게 하려면 어떻게 해야 할까?' 그리고 '고객은 어떤 방식의 고객관계를 원하는가?'를 파악하는 것이다.

일반적인 고객관계 유형은 판매직원의 직접적인 고객 응대, 콜센터 상담과 같이 고객과 직접 상호 교류하는 개별화 된 서비스부터 셀프 서비스까지 수준을 다양화할 수 있다. 또한 고객데이터 분석을 통한 정교한 셀프서비스 방식과 자동화 프로세스를 혼합한 자동화 서비스도 한 형태가 될 수 있다. 개인별 온라인 구매 이력 프로파일 분석을 통해 고객 취향에 맞는 도서나 영화를 추천해주는 서비스가 대표적인 사례이다.

2.5. 수익원(Revenue Streams)

수익원은 표적고객으로부터 창출하는 수익(수입-비용)을 의미한다. 비즈니스 모델의 심장이 고객이라면 수익원은 그 동맥이다. 고객은 어떤 가치에 돈을 지불하는가에 대한 해답을 찾는다면 수익을 창출할 수 있다. 수익 원천으로는 상품 판매, 사용료, 가입비 등 다양한 방법의 수익원이 있다.

- **상품 판매** : 고객에게 제품이나 서비스 생산비용에 일정 비율을 더한 가격을 받음으로써 수익이 실현된다.
- **사용료** : 일정 기간을 기준으로 비용을 부과하는 방식이다. 호텔은 객실 이용 일수에 따라 요금을 부과한다. 택배회사는 배달 건별로 요금을 받는다.
- **가입비** : 서비스에 대한 지속적인 이용 권한을 판매함으로써 창출된다. Dropbox는 클라우드 컴퓨팅 서비스에 대한 대가로 회원들에게 월간 혹은 연간 가입비를 받는다.
- **대여료·임대료** : 부동산과 같이 자산을 일정 기간 이용할 수 있는 권리를 주는 대가로 받는 수수료다.
- **라이센싱** : 특허를 비롯한 지적재산권의 사용을 허가하고 사용료를 받음으로써 수익을 실현한다. 라이센싱은 상품을 직접 생산하거나 서비스를 제공하지 않고도 수익이 실현될 수 있지만 지적재산권의 가치가 높을 때만 가능하다.
- **거래수수료** : 거래당사자들의 거래를 중개해 주는 서비스를 통해 수수료 수익을 창출하는 것이다. 온라인업체인 이베이(eBay)에서 판매자가 지급하는 경매 수수료가 대표적인 사례이다.
- **광고** : 신문, 잡지, 웹사이트 등 독자나 방문자에게 접근하기를 원하는 제3자(광고주)로부터 수익을 얻는다. 구글은 광고주가 원하는 타깃집단(구글이용자)을 선별하는 기술이 탁월해서 높은 수익을 창출하고 있다.
- **유지보수** : 제품은 만들지 않고 공장이나 다른 시설을 관리하는 대가로 수익을 얻는 모델이다. 일본의 경우 임대아파트 소유주 대신 관리사업자가 입주에서 건물관리까지 일체를 유지관리해 주는 사업이 번창하고 있다.

2.6. 비용구조(Cost Structure)

비용구조는 가치 창출 과정에서 발생하는 모든 비용을 의미한다. 가치를 만들어내고 전달하고, 고객 관계를 유지하는 등 수익원을 만들어내는 과정에는 비용이 발생한다. 비즈니스 모델의 비용구조는 크게 비용 주도적인 것과 가치 주도적인 것으로 구분된다.

첫째, 비용 주도는 비용 절감에 최대한 초점을 맞춘다. 저가항공사가 대표적인 사례이다. 비용 주도 비즈니스 모델은 비용 절감을 위해 다양한 저가정책, 최대한의 자동화, 아웃소싱에 초점을 맞춘다.

둘째, 가치주도는 비용보다는 가치 창조에 더 초점을 맞춘다. 고급스러운 가치제안과 정교화된 맞춤 서비스가 이들 가치 주도적 비즈니스 모델의 특징이다. 호화로운 시설과 전용 서비스를 제공하는 럭셔리 호텔이 대표적인 사례이다.

2.7. 핵심활동(Key Activities)

기업이 표적고객에게 가치를 제공하기 위해 반드시 해야 할 활동을 의미한다. 핵심활동은 비즈니스 모델이 무엇인가에 따라 달라진다. 안랩(AhnLab)은 컴퓨터 바이러스 백신 소프트웨어 개발이 핵심활동이다. 쿠팡과 같은 온라인 비즈니스 기업은 물류 및 배송 네트워크 관리가 핵심활동이다. 무디스(Moody's)나 S&P의 핵심활동은 정부나 기업체의 신용평가이다.

일반적으로 기업이 수행하는 핵심활동은 생산 활동과 문제해결이지만 최근에는 플랫폼을 기반으로 설계된 비즈니스 모델이 핵심활동에 많은 영향을 미치고 있다. 플랫폼은 다양한 관점에서 정의할 수 있다. 일반적으로 다양한 상품의 생산과 판매, 서비스를 제공하기 위해 공통으로 사용하는 기본 구조를 의미한다. 자동차 생산을 위한 자동차 플랫폼, 구매자와 판매자가 매매 활동에 참여할 수 있는 온라인쇼핑몰 플랫폼(eBay), 앱스토어 플랫폼, 페이스북 플랫폼 등이 대표적인 사례이다.

역발상 비즈니스 모델 : 일류 셰프의 프랑스 요리를 저렴한 가격에 '나의 프렌치'[140]

　　정통파 요리사들이 만드는 유명한 이탈리안&프렌치 요리를 저렴한 가격으로 맛볼 수 있다. 철저한 저가주의로 일반적인 레스토랑에서는 최소 7,000엔~1만 엔 하는 와인을 3,500엔에 제공한다.

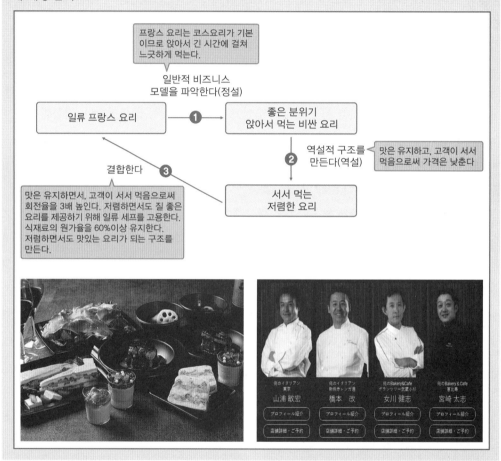

2.8. 핵심자원(Key Resources)

　　핵심자원은 비즈니스를 원활히 수행하는데 필요한 자산을 의미한다. 기업은 자원들을 이용해 가치명제를 창조하고 제안할 수 있으며, 시장에 접근하여 표적고객과의 관계를 유지함으로써 수익을 창출한다. 비즈니스 모델의 유형에 따라 핵심자원이 달라진다. 정유사업자라면 정유

시설과 같은 자본집약적 생산시설이 필요하지만, 웹서비스 설계나 디자인 회사 같은 경우에는 사람이 핵심자원이다.

핵심자원은 크게 물적자원, 지적자원, 인적자원, 재무자원으로 구분된다. 물적자원은 생산시설, 건물, 기계장치, 시스템, 물류 네트워크 등이다. 국내 대형마트의 경우 물류 인프라와 배송시스템이 핵심자원이다. 특허나 저작권, 차별화된 브랜드, 파트너십, 고객 데이터베이스 등은 지적자원에 속한다. 지적자원은 개발하거나 확보하는 데 오랜 시간과 투자가 요구되지만, 경쟁우위를 가지게 되면 성공에 대한 성과는 상당히 크다. 루이뷔통과 같은 소비재 상품의 경우 브랜드가 핵심자원의 역할을 한다. 애플과 삼성의 특허 전쟁에서 볼 수 있듯이 스마트폰의 경우 지적재산권의 보유 여부가 비즈니스 모델의 기반이 되고 있다.

2.9. 핵심 파트너십(Key Partnerships)

핵심 파트너십이란 기업의 비즈니스 수행과정을 효율적으로 지원해 줄 수 있는 파트너들 간의 네트워크를 의미한다. 기업은 독자적으로 모든 활동을 수행할 수 없는 경우가 대부분이기 때문에 파트너십을 구축하여 비즈니스 모델을 최적화하거나 위험을 줄인다. 기업이 파트너십을 구축하는 첫 번째 동기는 자원 활용의 최적화이다. 한 기업이 모든 자원을 보유하거나 모든 활동을 직접 수행하는 것은 비효율적이다. 파트너와 보완적인 자원이나 시설(제품, 유통망, 생산기술)을 공유함으로써 비용 절감과 자원 활용도를 높일 수 있다. 삼성전자와 Toshiba는 연구개발 투자와 생산시설 투자에 드는 비용과 위험을 분산하기 위해 256 DRAM을 공동 개발하였다. 두 번째 동기는 신제품 개발과 시장진입의 시간 단축을 위해서이다. Ericsson은 통신 분야에 강한 경쟁력을 갖고 있었으나 미국 시장에서는 다른 기업에 비해 열세에 있었고, 미국 기업인 Honeywell은 컴퓨터와 자동제어 부문에 강한 경쟁력이 있었으나 통신 산업에 관한 기술이 없었다. 두 기업은 파트너십을 통해 미국에 사설 전자교환기(PBX) 분야의 공동연구소를 설립하고 Ericsson은 통신 하드웨어 기술을 Honeywell에 이전하고 Honeywell은 미국에 통신장비를 판매하는데 필요한 소프트웨어 디자인 기술을 Ericsson에 제공하여 두 기업 모두 PBX 분야에 높은 기술을 보유하게 되었다.

2.10. 비즈니스 모델캔버스 작성 사례[141]

애플은 2001년 휴대용 미디어플레이어의 상징적 브랜드인 아이팟을 출시했다. 이 제품을 아이튠즈 소프트웨어와 연결하면 사용자들은 음악이나 다른 콘텐츠를 구매해 컴퓨터로 전송할 수

있다. 아이튠즈 소프트웨어는 콘텐츠를 구매하고 다운로드 할 수 있는 애플의 온라인스토어와
만 독점적으로 접속된다.

제품, 소프트웨어, 온라인스토어의 강력한 '결합' 덕분에 애플은 기존의 음악업계를 삽시간
에 잠식하고 지배적인 시장점유율을 확보했다. 하지만 휴대용 미디어플레이어를 시장에 처음
으로 도입한 기업은 애플이 아니었다. 애플이 추월하기 전까지만 해도 리오라는 브랜드를 앞세
운 다이아몬드 멀티미디어 같은 경쟁자들이 이 시장에서 성공을 거두고 있었다.

애플이 후발주자였지만 선도기업이 될 수 있었던 것은 우수한 '비즈니스 모델' 때문이다. 애
플은 성능이 뛰어난 음향기기인 아이팟(제품)과 유통 채널(아이튠즈), 편리한 구매 프로세스를
결합함으로써 소비자들이 완벽하게 음악을 체험할 수 있는 밸류 프로포지션을 선보였다. 고객
들은 이제 디지털 음원을 쉽게 검색하고 구매하고 즐길 수 있게 되었다. 또한, 이 밸류 프로포지
션이 현실화될 수 있도록 세계 최대의 온라인 뮤직라이브러리를 만들기 위해 주요 음반 회사들
과 협상했다. 그 이후 애플은 아이팟 판매와 더불어 그와 결합된 온라인 뮤직스토어를 통해 음악
관련 수익의 대부분을 얻고 있다.

[그림 9-2] 애플의 '아이팟/아이튠즈' 비즈니스 모델 캔퍼스[142]

파트너	핵심 활동	가치제안	고객 관계	고객 세분화
✓ 레코드 회사 ✓ OEM	✓ 하드웨어 디자인 ✓ 마케팅	✓ 완벽한 음악 체험	✓ 러브마크 ✓ 전환비용	✓ 매스마켓
	핵심 자원		경로	
	✓ 인적자원 ✓ 애플브랜드 ✓ 아이팟 하드웨어 ✓ 아이튠즈 　소프트웨어 ✓ 콘텐츠		✓ 소매점 ✓ 애플스토어 ✓ 아이튠즈 ✓ 애플 닷컴	
비용구조		수익원천		
✓ 인건비/생산비 ✓ 마케팅 비용		✓ 아이튠즈 수익 ✓ 음원 수수료		

3.   린 캔버스

린 캔버스(Lean Canvas)는 기존 비즈니스모델 캔버스를 창업기업에 적합하도록 변형하였다. 비즈니스모델 캔버스는 고객 세그먼트, 채널, 고객 관계를 중시하면서 사업의 수익원과 비용구조 파악을 먼저 고려하는 데 비해 린 캔버스는 문제점과 해결책 부분에 초점이 맞추어져 있다. 비즈니스모델 캔버스는 가격, 비용 등의 가치제안에 집중한 반면, 린 캔버스는 경쟁우위를 선점하기 위한 구조형성에 집중하고 있다는 특징이 있다. 비즈니스 모델 캔버스와 비교해서 삭제된 항목은 고객 관계, 핵심 자원, 핵심 활동, 핵심 파트너십이고, 추가항목은 문제, 솔루션, 핵심 지표, 경쟁우위이다. 가치제안 항목은 고유의 가치제안(Unique Value Proposition)으로 변경하였다. 린 캔퍼스의 구성요소는 다음과 같다.

[그림 9-3] 린 캔퍼스

문제	솔루션	가치 제안	경쟁우위	고객 세그먼트
가장 중요한 문제 1-3가지를 나열하라 **1**	각 문제에 대해 가능한 솔루션의 개요를 적어라 **4**	무심코 방문한 사람들을 잠재고객으로 바꾸는, 분명하면서도 설득력 있는 하나의 메세지 **3**	다른 제품이 쉽게 흉내낼 수 없는 특징 **9**	타깃 고객을 나열하라 **2**
대안 현재 문제들이 어떻게 해결되는지를 나열하라	핵심지표 사업 현황을 알려주는 핵심 숫자들을 나열하라 **8**	상위 개념 기존 제품을 비유하라	채널 고객도달 경로 **5**	얼리 어답터 이상적 고객 특징을 나열하라
비용구조 고정비와 변동비를 나열하라 **7**		수익 흐름 매출원을 나열하라		**6**

문제 : 창업자는 고객군이 직면하고 있는 가장 중요한 문제를 1~3개 정도 작성하는 것이 좋다. 파악된 문제점을 가지고 있는 고객들이 그 문제점을 해결하기 위해 어떤 대안적 행동하고 있는

지를 분석하고, 기존 대안과 차별되는 해결책을 작성한다.

고객군(customer segment) : 창업자가 만드는 제품이나 서비스를 구매할 고객군을 의미한다. 고객에 대해 작성할 때는 고객군 중에서 자신의 제품을 가장 먼저 필요로 하는 고객과 다른 고객들에게 영향을 미치는 오피니언 리더 집단을 구분하여 분석하는 것이 필요하다.

고유의 가치제안(unique value proposition) : 고객의 문제를 해결하기 위해 기업가가 제안하는 가치를 작성한다. 도미노 피자의 '갓 구운 따뜻한 피자가 30분 안에 배달되지 않으면 공짜'는 대표적인 사례가 될 수 있다.

해결책(solution) : 고객이 직면한 문제점을 해결하기 위한 방법을 작성한다. 솔루션은 기업가가 제공할 제품이나 서비스의 가장 주요한 기능이나 특장점을 제시한다. 예를 들면 저렴한 가격, 사용 편리성, 깔끔한 디자인 등이 해당된다.

채널(channels) : 채널은 창업기업이 고객에게 핵심가치를 제안하기 위해 커뮤니케이션하고 제품이나 서비스를 구매하도록 유인하는 방법이다. 채널은 인바운더와 아웃바운드로 구분된다. 고객이 제품이나 서비스를 발견할 수 있도록 지원하는 인바운드 채널로 블로그, 검색엔진 최적화, 전자책, 배너, 웹 세미나 등이 있고, 고객에게 직접 접촉하는 아웃바운드 채널로 검색엔진 마케팅, 인쇄물·TV 광고, 전시회·박람회, 판촉 전화 등이 있다.

수익원(revenue streams) : 비즈니스 모델의 수익 원천은 수익모델, 고객생애가치, 추정매출액, 마진(율) 등과 같은 정보를 활용하여 측정하고 관리할 수 있다. 일반적인 방법은 수익모델을 정의하고 미래의 예상 매출액을 산출하면 비즈니스 모델의 수익성을 평가할 수 있다.

비용 구조(cost structure) : 사업을 실행하는 과정에서 발생하는 비용으로 고객 확보 비용, 유통 비용, 인건비, 네트워크 구축 비용 등이 포함될 수 있다. 추정매출액에 추정 비용을 제하면 비즈니스 모델의 순이익을 추정할 수 있다.

핵심 지표(key metrics) : 피터 드러커(Peter Drucker)는 "측정할 수 없다면 관리할 수 없고, 관리할 수 없으면 개선할 수도 없다"라고 강조했다. 창업기업은 성과지표를 통해 비즈니스모델을 검증할 필요가 있다. 일반적으로 사용할 수 있는 핵심 자료에는 고객 유치, 고객 활성화, 고객 유지, 수익, 구전 등이 있다. 고객 유치(acquisition)는 잠재고객을 관심 고객으로 전환하는 것으로, 검색사이트를 통해 쇼핑몰에 방문자가 회원가입에 하는 경우로 특정할 수 있다. 고객 활성화(activation)는 관심 고객이 처음으로 만족스러운 이용 경험을 하는 것으로 쇼핑몰 방문자가 구매 행동을 보이는 것을 의미한다. 고객 유지(retention)는 고객의 반복 구매 여부를 평가하는 지표이다. 수익(revenue)은 매출이나 수익 금액을 평가하는 지표이며, 구전(referral)은 다른 소비자들에게 얼마나 추천 행동을 하는지를 평가한다.

경쟁우위(unfair advantage) : 다른 경쟁자들이 쉽게 모방할 수 없는 차별화된 기능 등으로 정의한다. 예를 들어 풍부한 고객정보, 유능한 조직 구성원, 대규모 네트워크, 검색엔진 최적화 순위 등이 있다.

[그림 9-4] 린 캔퍼스 작성 사례 : 만남 중개 앱(App)[143]

문제	솔루션	가치 제안	경쟁우위	고객 세그먼트
만남 앱(App) 장사꾼 변질	공식계정 로그인	진정한 만남을 위한 기회제공	신뢰 높은 비즈니스 모델	진솔한 만남을 원하는 남녀
	핵심지표 서비스 가입 인원 및 기간		채널 미디어 광고	
비용구조 시스템 개발 비용 마케팅 비용		수익원 서비스 수수료 광고 수익		

핵심주제 확인학습

아래의 주제들에 대해 자신의 견해를 정리하고, 다른 팀원들과 토론해 보시오.

자신의 잠재력에 관하여 다시 생각하기	취업을 희망하는 기업을 하나 선정하고, 그 기업에 적합한 자신의 가치명제를 제안해 보시오.
본문 내용 확인하기	맞으면 T, 틀리면 F 하시오. (　) 구글은 광고를 수입 모델로 하고 있다. (　) 자금은 핵심 자원에 포함되지 않는다.
본문 내용 파악하기	아래 질문에 대해 간략하게 대답하시오. 01_ 비즈니스 모델 캔버스의 9가지 블록은 무엇인가? 02_ 비즈니스 모델과 사업계획서의 차이점은 무엇인가?
의견 발표하기	팀별로 다음 주제를 토론해 보시오. 01_ 정수기 시장의 고객을 다양한 관점(기준)에서 세분화하시오.
조사하기	01_ 1인 가구가 증가하면서 원룸에 거주하는 사람이 증가하고 있다. 원룸 거주시 가장 불편한 점은 사용하지 않는 물건(계절 옷, 가전제품 등)의 보관이다. 이를 해결할 수 있는 비즈니스 모델을 제시해 보자. 비즈니스 모델 캔버스 |파트너|핵심 활동|가치제안|고객 관계|고객 세분화
	핵심 자원		경로	
비용구조			수익 원천		

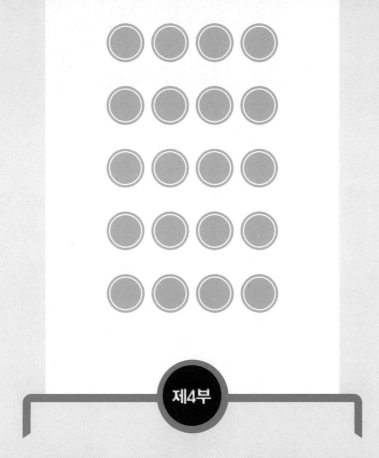

제4부

창업계획을 어떻게 수립할 것인가 ?

기업가정신과 창업

사업타당성 분석

● 사업타당성 분석의 중요성과 방법을 설명할 수 있다.
● 사업아이템에 대한 시장성, 기술성, 수익성 분석을 설명할 수 있다.

1. 사업타당성 분석

1.1. 사업타당성 분석의 의의

사업타당성 분석은 사업 아이템의 성공 가능성을 체계적으로 점검하는 것이다. 즉 사업을 수행하는데 핵심 요소인 사람(창업자, 지원인력 등), 기술(제품), 시장, 자금을 투입하여 제품을 생산하고 판매하는 활동을 통해 기업의 가치와 수익을 증대시킬 수 있는지를 평가하는 것이다.

사업타당성 분석이 필요한 이유로 첫째, 창업자는 사업 기회를 긍정적으로 평가하는 경향이 있다. 따라서 창업자의 주관적인 사업구상이 아닌 객관적이고 체계적인 사업타당성 분석만이 계획된 사업의 성공률을 높일 수 있다. 둘째, 사업타당성 검토를 통하여 창업자는 사업과 관련된 제반 구성요소를 정확하게 파악함으로써 창업 기간 단축과 함께 효율적으로 창업 업무를 수행할 수 있다. 셋째, 창업자가 객관적으로 사업 아이템의 기술성, 시장성, 수익성, 자금 운영계획 등 세부 항목을 분석함으로써 예상하지 못한 부분들을 찾아내어 대비할 수 있다. 넷째, 사업의 구성

요소를 정확하게 파악함으로써 창업자의 경영 능력 향상에 도움을 줄 뿐만 아니라 보완해야 할 사항을 미리 확인하여 조치를 취할 수 있게 된다.

1.2. 사업타당성 분석 방법

사업타당성 분석의 내용과 형식은 사업의 특성에 따라 달라질 수 있지만, 일반적으로 창업자의 사업수행역량, 시장성 분석, 기술성 분석, 수익성 분석으로 구성된다. 일반적인 사업타당성 분석 절차는 [그림 10-1]과 같다.

[그림 10-1] 사업타당성 분석 절차

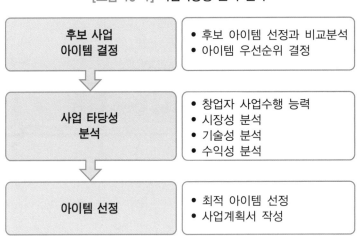

후보 사업 아이템 결정	• 후보 아이템 선정과 비교분석 • 아이템 우선순위 결정
사업 타당성 분석	• 창업자 사업수행 능력 • 시장성 분석 • 기술성 분석 • 수익성 분석
아이템 선정	• 최적 아이템 선정 • 사업계획서 작성

2. 창업자의 사업수행 능력 분석

2.1. 창업자의 사업수행 능력 분석의 의의

창업의 성패는 기업가로서의 사업수행 역량과 사업 아이템과 관련된 지식에 달려 있다. 따라서 사업 타당성을 검토할 때는 창업자의 개인적 역량이 해당 분야에 적합한 사람인지를 분석해야 한다. 창업자의 역량평가와 관련하여 제기되는 문제는 사업수행 능력과 적합성을 누가 평가할 것인가 하는 것이다. 창업자 자신이 스스로를 가장 잘 아는 사람이지만 자기 자신을 객관적으로 평가할 수 없다는 한계점이 있다. 또한 창업자는 창업 활동 과정에서 활용 가능한 자원의 제한성 때문에 다양한 이해관계자와 협력적 네트워크를 구축해 나가는 것이 중요하다. 따라서 창업자 자신은 물론 현재 자신을 가장 잘 알고 있는 직장동료나 상사 등의 의견도 중요하며 전문 컨설턴트의 충분한 검토과정을 거치는 것이 합리적 평가 방법이다.

2.2. 창업자 사업수행 능력 분석 내용

창업자가 갖추어야 할 역량 및 적합성을 평가하는 요인은 사업 형태나 사업 아이템의 특성에 따라 차이가 있을 수 있다. 일반적으로 창업자의 사업수행역량은 창업자의 적성과 자질, 사업 아이템과 관련된 경험과 지식, 그리고 경영자로서의 업무수행 능력 등이 주요 분석내용이다. [표 10-1]은 창업자의 사업수행 능력 분석의 평가 요소들을 요약한 것으로 세부 평가항목을 종합적으로 평가하여 일정 수준(예, 50점) 이상을 적합한 창업자로 평가할 수 있다.

[표 10-1] 창업자의 사업수행 능력 평가 요소

평가 요소	세부 평가 요소
적성과 자질	• 모험심 • 신념 및 의지 • 리더십과 체력
사업 아이템 관련 경험과 지식	• 창업 관련 분야에서의 경험 • 관련 지식 • 사회적 지위 및 신용 • 인간관계
업무수행 능력	• 창업멤버의 구성 및 통제 능력 • 서비스 및 기술혁신 능력 • 환경적응 능력 • 경영분석 및 판단 능력

3. 시장성 분석

3.1. 시장성 분석의 의의

우수한 사업 아이템이라고 하더라도 매출이 발생하지 않으면 창업에 성공할 수 없다. 창업자의 사업 아이템은 소비자에게는 생소한 것이 대부분이고 품질이 확인되기 전까지는 기대하는 매출실적을 달성하기 어렵다. 따라서 사업 성공의 관건은 고객에게 생소한 제품을 효과적으로 알리고 설득하여 구매에 이르도록 하기 위한 철저한 시장분석이 핵심이다.

시장성 분석은 그 구체적 목표에 따라 사업 아이템 발굴에 필요한 정보 수집을 위한 시장분석, 미래수요 예측을 위한 시장분석, 유통망 발굴을 위한 시장분석, 영업전략 수립을 위한 시장분석 등으로 구분해 볼 수 있다. 어떤 목적에서든 시장성 분석은 사업 아이템에 대한 매출 예측, 즉 사업 아이템이 시장에 출시되었을 때 얼마나 팔릴 것인가, 향후 수요증가 추세는 어떻게 변할 것인가 등을 분석하는 것이다.

시장성 분석의 주요 내용은 국내·외 수급 동향 및 중장기 수급 전망, 시장 특성 및 구조, 경쟁브랜드 및 유사 브랜드와의 경쟁상황, 향후 잠재적 경쟁제품의 출현 가능성, 사업 아이템에 대한 국내·외 가격구조 및 가격 동향, 목표시장 선정 및 판매전략 등이다. 특히 판매량을 추정하기 위하여 기본적으로 다음과 같은 자료를 수집하여 분석한다.

첫째, 사업 아이템에 대한 전체 시장 규모가 어느 정도이며, 경쟁제품과 유사 제품에 대한 시장 특성과 구조를 분석한다. 또한, 사업 분야 소비자 특성과 소비 트렌드 변화 등을 분석한다.

둘째, 사업 아이템이 경쟁제품과 비교하여 어떤 특성이 있으며, 기능, 디자인, 품질수준은 어느 정도인지, 경쟁브랜드에는 어떤 회사들이 있으며, 이들 브랜드의 기본적 재무 상태와 영업실적, 가격 경쟁력의 여부를 분석한다.

셋째, 국내외 주요 경쟁업체의 시장점유율 현황 분석과 각 판매 영역에서의 판매 가능량을 추정한다.

넷째, 시장 및 제품 환경 분석과 영업전략의 수립이다. 시장분석으로 수요예측이 이루어지더라도 예측은 시장 및 사업 환경의 변화에 따라 유동적일 수밖에 없다. 따라서 가능한 모든 환경변화를 고려하여 그에 따른 구체적인 영업전략을 수립한다.

3.2. 시장성 분석

시장성 분석 자료는 시장성 분석의 계획 수립에서 결정된 내용을 기초로 수집한다. 시장성 분석 과정에서 창업자가 경계해야 할 것은 자신의 사업계획에 대해 지나치게 낙관적으로 판단하지 않도록 하는 것이다. 시장성 분석을 위해 수집된 자료는 데이터 가공을 통해 기존 시장의 크기, 시장점유율, 시장의 성장 추세 및 전망, 유통과정 및 기타 시장 특성에 대한 정보로도 활용된다.

시장성 분석 자료는 자료수집 범위, 자료 원천, 자료수집 방법 등에 따라 1차 자료와 2차 자료로 구분된다. 1차 자료는 고객 설문조사나 전문가 인터뷰와 같이 조사자가 직접 관련 자료를 수집하는 것이다. 2차 자료는 기존 자료를 활용하는 것으로 정부 기관 및 단체, 금융기관, 대학, 정부 연구기관, 기업부설 연구소, 업계의 협회, 조합 등에서 발행한 통계자료, 각종 연감, 보고서, 잡지 등이 이에 속한다. 시장분석에 필요한 자료는 계획 단계에서 자료의 수집 범위, 자료 원천, 자료수집 방법을 사전에 계획하여야 한다. 즉, 자료수집이 목적에 부합되는가, 자료의 양이 적합한가, 자료 원천을 신뢰할 수 있는가, 1차 자료수집 방법에 있어 질문 항목, 질문 방법 및 질문에 대한 응답률 제고를 위한 방법이 적절한지에 따라 정보의 질이 결정되기 때문에 자료수집 계획은 중요한 의미를 갖는다.

시장성 분석은 표적시장, 시장 규모, 경쟁분석 등을 분석하는 것을 의미한다. 표적시장은 시장 내에서 기업가가 목표로 하는 고객 유형을 의미한다. 예를 들어, 중화요리 시장의 경우 일반적인 시장, 친환경 재료를 사용한 고급 요리시장, 저가 중화요리로 구분할 수 있다. 표적시장은 시장의 구매동기가 명확하게 다른 세분시장에 적합하다. 고객의 구매동기가 동질적인 보일러용 석유 같은 제품은 시장을 세분화하는 것이 오히려 효율성이 떨어질 수 있다. 중화요리 예에서 가격 대비 가치는 저가 시장에 적합하고, 유명 세프의 고급 요리와 높은 점포 인지도는 고급 시장에 적합하다.

시장 규모를 평가하는 방법은 사업 규모, 아이템 특성, 사업 범위 등의 사업 특성에 따라 달라질 수 있다. 사업 아이템이 소규모 상점이나 레스토랑을 위한 것이라면 지역 상권을 중심으로 평가해야 한다. 레스토랑 체인을 사업 아이템으로 한다면 국가 수준의 시장평가를 하는 것이 적절하다. 시장 규모를 평가할 때는 잠재고객의 수와 시장 가치를 함께 고려해야 한다. 분석 시 잠재고객 수와 시장 가치를 각각 분리해서 평가하는 것이 중요하다. 그 이유를 사무 가구 점포의 예를 통해 살펴보자. [표 10-2]에서 겉으로 보기에는 소도시 상권이 경쟁도 치열하고 시장 크기도 작아 매력성이 낮은 것처럼 보인다. 하지만 잠재고객의 수 측면에서 보면 고객 접근성은 소도시 상권이 더 좋다.

[표 10-2] 사무가구 상권 특징

구분	대도시 상권	소도시 상권
시장 가치	3,000억 원	1,500억 원
잠재고객 수	대기업 5개	중소기업 1,000개
경쟁 강도	2개 업체	10개 업체

잠재고객은 사업 형태에 따라 다르다. 예를 들어, 오프라인에서 사무 가구를 판매하는 점포의 경우에 고객이 접근 가능한 거리와 배송지역의 범위 내에 있는 모든 기업이 잠재고객이 될 수 있다. 이때 기업의 규모는 잠재고객의 수에는 영향을 미치지 않는다. 그 이유는 사무 가구를 구매하는 회사는 규모와 상관없이 구매를 담당하는 사람이 한 사람이기 때문이다.

시장 가치를 추정하는 것은 잠재고객의 수를 추정하기보다 어려운 것이 대부분이다. 시장 가치는 통계청이나 외부기관에서 제공하는 2차 자료를 이용하는 것이 가장 이상적이다. 2차 자료를 참고할 수 없는 경우에 할 수 있는 방법은 직접 시장조사를 하거나 추정치를 구하는 방법이 있다. 추정치를 구하는 방법은 잠재고객의 수에 평균 거래 금액을 곱하면 된다. 아래 사무용 가구 사례처럼 상권 내 잠재고객의 수와 사무 가구를 사용하는 직원의 전체 거래 규모를 구하고, 갱신율을 추정하여 연간 거래량을 계산한다. 마지막으로 연간 거래량에 평균 가격을 적용하여 예상 시장 가치를 구할 수 있다.

추정을 통한 시장 가치 계산

- 사무 가구 구매 규모 = 상권 내 기업체 수 × 직원 수
- 사무 가구 갱신율(재구매율) = 1 / 가구 수명
- 거래량 = 사무 가구 구매 규모 × 사무 가구 갱신율(재구매율)
- 1회 거래 가치 = 사무 가구 평균 가격
- 시장 가치 = 거래량 × 1회 거래 가치

예시

- 상권 내 기업체 수 1,000개, 직원 수 20,000명
- 사무가구협회 통계자료 : 사무 가구 갱신율 25년/고객당 1회 평균 거래액 1,000,000원
- 사무 가구 구매 규모 = 1,000 × 20,000 =20,000,000
- 사무 가구 갱신율(재구매율) = 1 / 25 = 0.04
- 거래량 = 20,000,000 × 0.04 = 800,000
- 1회 거래 가치 = 1,000,000
- 시장 가치 = 800,000 × 1,000,000 = 800,000,000,000원(8,000억 원)

경쟁분석은 경쟁자의 포지셔닝 전략과 강점·약점을 분석하는 것이다. 비교분석을 통해 경쟁자보다 경쟁우위가 무엇인지를 밝히는 것이 중요하다. 경쟁자의 약점을 찾아서 그것을 경쟁 포지셔닝으로 사용하는 것이다. 표적고객의 주요 구매동기(가격, 품질, 추가 서비스 등)에 대해 경

쟁업체를 벤치마킹하고 결과를 표로 요약하는 것이 일반적이다. 아래 사례의 경우 [표 10-3]에서 볼 수 있듯이 카페의 경쟁자들 대부분이 중저가의 평균 이하의 품질에 집중하고 있어 고품질·고가격 시장이 기회로 남아 있다.

[표 10-3] 경쟁분석 사례

회사	경쟁자 1 (뉴브 카페)	경쟁자 2 (세프 커피)	경쟁자 3 (스타스 체인)	자사
월 수익(원)	9,500,000	1,800,000	30,000,000	800,000 (1년 차 목표)
직원 수	3	0	5	2
좌석 수	25	12	50	15
가격	낮음	평균	평균	높음
품질	낮음	평균	평균	매우 우수함
메뉴선택	다양함	낮음	매우 다양함	평균

참고자료

시장 규모 파악하기[144]

사업 기회에 대한 총 유효시장 규모는 시장점유율이 100% 달성되었을 때 획득할 수 있는 매출액으로 표적시장에 적용하는 개념이다. 시장 규모를 분석하는 방법은 시장조사와 2차 자료에 근거하는 두 가지 방법이 있다. 시장조사는 잠재고객 수를 직접 추정하는 분석이다. 2차 자료 분석은 기존의 시장분석보고서, 통계자료, 업계분석 자료 등을 근거로 시장 규모를 추정하는 것이다. 시장조사 자료는 잠재고객과의 직접적인 상호작용에 의해 수집되기 때문에 시장 규모 추정의 적합성과 정확성이 높은 장점이 있다. 하지만 시장조사가 항상 정확한 것이 아니기 때문에 2차 자료를 통해 검증하고 보완하는 것이 바람직하다.

4. 기술성 분석

4.1. 기술성 분석의 의의

기술성 분석은 창업기업이 보유하고 있거나 개발계획 중인 기술의 특징, 기술개발 능력, 기술개발 투자계획과 창업자의 기술에 대한 전문성을 평가하는 것이다. 기본적으로 기술성 분석은 전문적인 지식과 기술이 요구되는 평가항목이다. 특히 사업 기술이 4차 산업혁명과 관련된 로봇, 인공지능, IoT, 바이오산업과 같이 하루가 다르게 신기술이 등장하는 기술 집약형 사업 분야인 경우 기술성 검토는 더욱 중요한 의미를 갖는다. 신기술 집약형 사업의 성공 여부는 기술의 독창성 및 사업화 가능성에 있는 만큼 기술성 분석은 사업 아이템의 핵심 기술에 대한 독창성은 물론 유용성, 위험 요소, 성공 가능성 정도를 함께 평가하는 것이 핵심이다. 특히, 창업자가 확보한 차별화된 기술을 토대로 창업을 준비할 때는 기존에 관련 기술이 이미 특허출원이 되어 있는지를 확인하는 절차가 필요하다. 또한, 사업 아이템을 상품화하는데 필요한 기술을 확보하지 못한 경우 전문 인력을 채용하거나 기존 등록된 특허 기술을 활용하는 방법도 고려할 수 있다.

기술성 분석의 특징은 창업자가 보유하고 있거나 향후 개발을 계획하고 있는 기술이 기존 경쟁자에 비해 어떠한 차별성을 가졌는지에 초점이 맞추어져야 한다. 또한, 객관적 자료나 전문적 지식이 부족한 상태에서 실시해야 하는 경우가 많아 신뢰성과 정확성이 없는 경우가 종종 발생한다. 이런 이유로 사업 타당성 분석 중에서 가장 어려운 분석이라고 할 수 있다. 기술 타당성을 평가할 때는 기술의 핵심적 내용, 기술 위험 요소, 기술의 유용성 평가를 함께 진행하는 것이 좋다.

토의과제

지적재산 통합검색 서비스[145]

특허 정보넷 키프리스는 특허청이 보유한 국내·외 지식재산권 관련 정보를 누구나 무료로 검색 및 열람할 수 있는 지식재산권 정보 검색서비스이다. 특허 기술은 물론 실용신안, 디자인, 상표 등을 검색해 볼 수 있다.

자신의 아이디어에 관련된 기존 특허 기술과 실용신안, 상표 등을 조사해 보시오.

4.2. 기술 타당성 평가 요소[146]

기술 타당성의 평가는 기술 우수성, 기술 경쟁성, 기술 권리성 요소로 평가한다. 우선, 기술 우수성은 기술 차별성, 기술의 수명 주기상의 단계, 모방 용이성, 기술 완성도 등으로 평가된다. 기술의 차별성은 기술의 사업적 우위성과 기술 제품의 경쟁력 측면에서 유사 기술 또는 경쟁 기술에 비해 가격프리미엄, 품질, 사용의 편의성 등과 같은 차별적 특성을 분석하는 것이다[147]. 차별성 특성을 갖춘 기술은 기존 제품을 고효율화 시켜 가격 경쟁력을 가지고, 기술의 고기능화를 통해 기능이 개선됨으로써 사업적 우위성을 확보할 수 있다.

기술은 기술의 변화에 따라 도입기, 성장기, 성숙기, 쇠퇴기의 수명주기를 갖는다[148]. 기술수명주기 분석은 기술이 수명 주기상 어느 위치에 있는지, 관련 기술 및 혁신 속도 등의 기술 환경을 분석하는 것이다. 기술 수명은 기술의 진부화와 관계된다. 기술이 진부화된다는 것은 기술 또는 기술이 적용된 제품이 진부화된다는 것이고 이는 가치(value)가 하락한다는 것을 의미한다. 기술수명주기는 특허맵(Patent Map)을 활용하여 특허정보를 조사하면 비교적 정확하게 분석할 수 있다. 기술의 모방 용이성은 기술 수준이 높아 기술을 가지고 있는 보유자만이 사용할 수 있는 정도를 의미한다. 모방 가능성 평가는 모방이 쉬운 정도, 외부에 공개된 자료로 모방 가능성이 존재하는지의 여부, 출시제품을 리버스 엔지니어링을 통해 모방할 수 있는지 여부 등으로 평가된다.

기술 경쟁성 분석은 대체기술의 출현 가능성, 기술의 산업 전체에 미치는 파급효과, 기술의 응용 및 확장 가능성 등을 평가하는 것이다. 대체기술의 출현 가능성은 기업가가 가지고 있는 기술을 대체할 경쟁 기술이나 유사 기술의 존재 여부 및 출현 가능성을 평가하는 것이다. 기술의 혁신 정도가 빠를수록 대체기술이 나타날 가능성이 크다고 할 수 있다. 일반적으로 기술혁신은 정도에 따라 혁신 기술(revolutionary), 주요 개량 기술(major improvement), 일반 개선 기술(minor improvement)로 구분된다. 기술의 파급효과는 기업가가 보유하고 있는 기술이 현재 얼마나 다양한 시장과 제품에 적용될 수 있는지 그리고 미래에 다른 제품 및 시장으로 확장하여 적용 가능한 기술의 폭과 깊이를 평가하는 것이다.

권리성 분석은 기술에 대한 권리 안정성과 권리 범위 광범위성 등에 대한 분석을 수행하는 것을 말한다. 권리 안정성은 등록된 권리가 무효화되지 않고 안정적으로 유지될 가능성을 분석하는 것으로 기술을 사업화하는 데 시장의 독점적 지위 확보가 가능한지 여부와 경쟁으로부터 사업을 어느 정도 보호받을 수 있는지를 파악하는 데 의의가 있다. 권리 범위 광범위성은 권리 범위가 명확하고 넓은지와 특허 청구 범위에 대한 보호의 강도가 어느 정도인지를 분석하는 것이다. 권리성 분석은 특허의 서지정보, 명세서에 기재된 기술정보, 권리 범위, 선행기술 정보 등에 대한 조사를 기반으로 분석하게 된다. 기업가가 보유 기술에 대한 권리성 확보를 위해 특허를 출원할 때는 특허출원일 전에 공개된 국내 특허, 해외 특허, 국내·외 논문, 기타 문헌을 대상으로 철저한 선행기술조사가 이루어져야 한다. 철저한 선행기술조사를 하지 않은 전문가의 권리성 의견은 기술에 대한 신뢰성을 저해할 수 있다. 권리성 분석을 통해 보유 기술이 특허권의 권리 안정성이 높고 권리 범위가 넓으며 다양한 제품 분야에 적용 가능한 경우 기술의 경제적 수명, 기술 기여도, 할인율 등을 결정하는데 긍정적인 영향을 미친다.

참고자료

특허맵(Patent Map)[149]

특허 선행조사나 타사의 특허전략을 파악하는 데 있어 유용한 도구가 특허정보 지도인 특허맵 이다. 기술마다 특허 관계가 어떻게 이루어져 있는지 기본 특허부터 개량, 응용 특허나 도입 특허를 정리한 것이다. 특허맵 분석 방법으로는 정성적 분석, 정량적 분석, 지수분석 등이 있다.

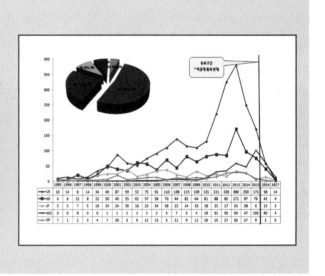

---

5. 수익성 분석

5.1. 수익성 분석의 의의

창업자가 사업을 지속하는데 필요한 수익을 실현하지 못하면 그 사업은 성공 가능성이 없다. 수익성 분석 요소는 대부분이 향후 전망을 현재 시점에서 분석하는 것이기 때문에 이의 근거자료가 되는 추정손익계산서, 추정대차대조표, 자금수지 예상표 등 추정재무제표 작성이 핵심과제가 된다.

수익성 분석은 우선 시장성 분석을 토대로 매출액을 예측하는 것이다. 예상 매출액을 기초로 생산시설 규모, 인력 충원 및 조직배치, 자금조달 방법 등에 관한 모든 예산을 수립할 수 있는데 이를 투자예산 또는 자본예산이라 한다. 다음은 투자예산을 중심으로 유입되는 현금과 사업 진행 과정에서 소요되는 자금의 유출을 토대로 미래의 재무제표를 추정대차대조표, 추정손익계산서 및 추정현금흐름표로 작성한다. 추정대차대조표는 사업에 필요한 자본의 조달과 운영을 분석하는 것이고, 추정손익계산서는 연도별 매출액, 매출총손익, 영업이익, 경상이익, 세전 순이익, 당기순이익 등을 분석한 표이다. 수익성 분석의 다음 단계는 추정재무제표를 기초로 미래 현금흐름을 예측하여 사업에 드는 자금투입액과 미래에 기대되는 현금유입액 자료를 비교하여 수익성을 평가하게 된다.

수익성의 적절성 정도를 판단하는 기준은 경쟁자, 시장선도자, 동종업계 기준 등을 활용할 수 있다. 예를 들어, 매출액에 대한 매출원가가 동종업계 평균과 비교하여 적절한지를 평가할 수 있다. 또한 판매비와 일반관리비는 매출액에 비해 너무 높지 않은지, 당기순이익 규모가 적정한지, 당기 순이익률은 경쟁사와 비교하여 낮지 않은지 등을 종합적으로 분석하여야 한다.

5.2. 추정재무제표 분석

추정매출액을 기초로 사업에 필요한 투자예산을 체계적으로 정리한 것이 추정재무제표이다. 추정재무제표는 사업의 재무적 성과를 예측하는 것으로 추정대차대조표, 추정손익계산서, 추정현금흐름표로 구성된다.

추정대차대조표의 자산에는 생산 및 각종 시설예산에 투자하였을 때 기업이 보유하게 되는 유형자산, 연구개발비, 기업 운영에 필요한 현금 보유예상액이 주요 항목이다. 부채에는 은행 등에서 빌린 타인자본조달 및 상환계획에 따른 예정 부채액이 주요 항목이다. 자본에는 주식과 같이 자기자본 조달계획에 따른 납입자본금과 향후 당기순이익과 배당금 지급을 고려한 이익잉여금이 주요 항목이다.

[표 10-4] 추정 대차대조표 사례

과목		금액(원)	비고
자산	현금	5,000,000	사업 운영에 필요한 현금
	유형자산	10,000,000	생산 및 각종 시설예산
	연구개발 투자	5,000,000	연구개발비 투자예산
부채	장기차입금	3,000,000	타인자본 조달
	단기차입금	1,000,000	타인자본 조달
	부채	500,000	타인자본 조달
자본	납입자본금	7,000,000	자기자본 조달
	이익잉여금	8,500,000	배당금 지급계획

추정손익계산서에는 예상 매출액, 매출원가, 운영비 예산에 필요한 판매비와 관리비, 이자 비용, 영업실적에 의하여 부과되는 법인세가 주요 항목이다. 이들 주요 예측 항목들의 금액을 가감하여 당기순이익이 계산된다.

[표 10-5] 추정손익계산서 사례

과목	과목	금액(원)
매출액		30,000,000
	(-) 매출원가	10,000,000
매출총이익		20,000,000
	(-) 판매비와 관리비	5,000,000
영업이익		15,000,000
	(-) 이자 비용	5,000,000
경상이익		10,000,000
	(-) 특별 손실	0
법인세 차감 전 순이익		10,000,000
	법인세(15%)	1,500,000
당기순이익		8,500,000

추정현금흐름표는 추정대차대조표와 추정손익계산서를 토대로 작성할 수 있다. 영업활동에 의한 현금흐름은 손익계산서의 당기순이익에서 현금흐름이 없는 항목(감가상각비, 연구개발비, 상각비)을 더하여 산출한다. 투자활동으로 인한 현금흐름은 매년 추가되는 시설투자액과 연구개발 투자액으로 인한 현금지출과 시설자산의 처분으로 인한 현금유입액으로 구성된다. 마지막으로 재무 활동으로 인한 현금흐름은 매년 신규 도입 타인자본과 자기자본액의 현금유입과 상환되는 타인 자본액 및 배당금 지급액의 현금유출로 구성된다.

[표 10–6] 추정현금흐름표 사례

과목		비고
영업활동으로 인한 현금흐름		
	당기순이익	
	(+) 감가상각비 등	
투자활동으로 인한 현금흐름		
	(−) 생산 및 각종 시설투자액	
	(−) 연구개발투자액	
	(+) 생산 및 각종 시설 처분액	
재무활동으로 인한 현금흐름		
	(+) 타인자본 및 자기자본 조달액	
	(−) 타인자본 상환액	
	(−) 배당금 지급액	

5.3. 손익분기점 분석

수익성 분석에서 중요하게 검토되어야 할 내용 중 하나는 사업 개시 후 어느 시점에서 이익이 실현될 수 있는지를 분석하는 것이다. 사업 개시 후 오랜 시간이 경과해도 이익이 실현되지 않거나, 누적된 결손금 보전이 이루어지지 않는다면 사업을 지속하기 어렵게 된다. 창업기업이 2~3년 이내에 이익 실현이 불투명하다면 자금 부족으로 사업에 실패할 가능성이 크다. 이를 검토하기 위해 활용되는 것이 손익분기점 분석(BEP : Break Even Point)이다.

손익분기점이란 수익총액과 비용총액이 일치하게 되는, 이익도 손실도 없는 매출액 또는 조업도를 말한다. 손익분기점 분석을 시행하는 목적은 사업 개시 후 어느 정도의 매출을 달성해야 이익이 실현되는지를 사전에 평가해 보는 것이다. 창업자는 손익분기점 분석을 통해 이익 실현까지 필요한 자금과 시간을 예측할 수 있고, 이를 토대로 자금 수급 계획을 수립할 수 있다. 즉, 손익분기점 분석은 사업 성패를 결정하는 중요한 요인인 동시에 자금 운영계획의 가이드라고 할 수 있다. 매출이 손익분기점에 도달하기 전까지는 자금투입이 계속 되어야 하므로 소요될 자금을 미리 확보되지 않은 상태에서 사업을 진행할 경우 정상 궤도에 안착하기 전에 도산할 가능성이 크다. 따라서 손익분기점 분석은 자금조달계획을 수립하는데 유용한 평가도구이다.

손익분기점 분석은 창업자가 사업 여건에 따라 실현 가능한 판매 수량, 매출액, 고정비, 변동비 등을 토대로 가능한 대안에 대한 타당성을 비교·검토하는데 활용될 수 있다. 다양한 대안의 분석내용을 근거로 운영경비를 절약할 수 있는 방법을 찾을 수 있어서 손익분기점 자체를 재조정할 수도 있다.

손익분기점의 평가 기준은 목적에 따라서 다양하다. 단순히 손익분기점 매출액을 산출할 때는 손익분기점의 매출액 크기를 구하는 데 그 목적이 있으며, 이 손익분기점 매출액을 산출하면 이를 근거로 사업 개시 후 이익 실현이 가능한 시점을 예측할 수 있다.

참고자료

손익분기점(Break Even Point) 분석

김스타는 스마트폰 케이스 판매업 창업을 준비 중이다.

케이스 한 개당 구매단가는 6,000원(변동비)이고, 평균 판매가격은 10,000원이다. 매장 임대료와 보험료가 매월 200,000원(고정비)이다.

$$손익분기점\ 판매량 = \frac{고정비(F)}{판매단가(P) - 개당\ 변동비(V)}$$

$$손익분기점\ 매출량 = \frac{고정비(F)}{1 - 변동비율}$$

$$변동비율 = \frac{단위\ 당\ 변동비}{단위\ 당\ 판매단가}$$

김스타가 사업을 시작해서 최소한 손실을 보지 않기 위해서는 한 달에 50개는 판매해야 하고, 이때 매출액은 500,000원이 된다. 이를 그림으로 나타내면 아래와 같다.

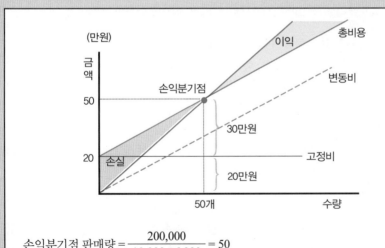

$$손익분기점\ 판매량 = \frac{200,000}{10,000 - 6,000} = 50$$

$$손익분기점\ 판매액 = \frac{고정비}{1 - \dfrac{단위\ 당\ 변동비}{단위\ 당\ 판매단가}} = \frac{200,000}{1 - \dfrac{6,000}{10,000}} = 500,000원$$

핵심주제 확인학습

아래의 주제들에 대해 자신의 견해를 정리하고, 다른 팀원들과 토론해 보시오.

자신의 잠재력에 관하여 다시 생각하기	창업자로서 나의 역량이 어느 정도인지 자질, 적성, 경험, 지식, 사업수행역량 관점에서 평가해 보시오.
본문 내용 확인하기	맞으면 T, 틀리면 F 하시오. ( ) 자신의 사업 아이템에 관한 모든 기술을 가지고 있을 때만 기술 타당성이 확보되었다고 할 수 있다. ( ) 손익분기점 매출액은 가능한 빠른 기간 내에 달성되는 것이 좋다.
본문 내용 파악하기	아래 질문에 대해 간략하게 대답하시오. 01_ 시장성 평가에 포함되어야 할 주요 내용과 자료수집 방법에 관해 설명해 보시오. 02_ 손익분기점 분석을 어떻게 활용할 수 있는지를 설명해 보시오.
의견 발표하기	팀별로 다음 주제를 토론해 보시오. 01_ 기업가들은 중국 인구를 생각하며 '10억 시장'이라는 점에 현혹된다. '칫솔 500원짜리 1개씩만 팔아도 매출이 5,000억이네!'라는 의견에 대해 어떻게 생각하는가? 02_ 사업 아이템 선정 후, 사업 타당성 평가 시 어떤 평가 요소가 상대적으로 중요하다고 생각하는가?
조사하기	01_자신이 선정한 사업 아이템이나 관심 있는 상품을 한 개 이상 선정한 후 특허 정보시스템을 활용하여 관련 특허를 검색해 보시오. • 관심 아이템 또는 검색 키워드 선정 • 관련 특허 건수와 주요 특허내용 요약 • 해외 특허출원 건수와 주요 특허내용 요약

창업계획서 작성

- 창업계획서를 작성하는 목적과 작성 원칙을 설명할 수 있다.
- 창업계획서의 내용을 작성 원칙에 따라 작성할 수 있다.
- 창업 관련 지원 사업에 필요한 사업계획서를 작성할 수 있다.

1. 창업계획서의 의의

1.1 창업계획서 작성의 의의

일반적으로 사업 기회에 대한 사업 타당성 분석이 이루어진 후 사업추진에 대한 창업계획서를 작성한다. 창업계획서는 창업을 위한 일종의 가이드라인 역할을 하는 것으로 사업목적과 내용, 창업자 또는 창업팀 역량, 사업전략, 표적 시장, 추정 재무 상황, 인력계획 등을 기술한 문서이다. 창업계획서를 작성해 봄으로써 창업을 실패로부터 지켜주고 성공확률을 높여 줄 수 있기때문에 중소기업 창업은 물론 아무리 작은 소규모 창업, 심지어 1인 창업일지라도 작성하는 것이 좋다.

창업계획서를 작성하는 목적은 크게 대내용과 대외용으로 구분할 수 있다. 대내용은 내부적으로 예비창업자의 사업 계획을 구체화하고, 실행 가능성 여부, 창업 과정에서 예상되는 장애요인 등을 점검하여 사업에 대한 확실성을 갖게 하고, 창업 팀원과의 사업에 대한 의견 교환 및 공유를 위해 작성된 것을 의미한다. 대외용은 투자자, 보증기관, 정부 기관 등 외부기관이나 제삼자에게 사업의 설명, 투자유치, 창업보육센터 입주, 각종 인허가 신청을 위해 작성하는 것을 의미한다.

[표 11-1] 창업계획서 유형별 특징 비교

구분	대내용	대외용
목적	• 내부 사업 운영 • 내부 업무 추진	• 외부 발표 및 정부 지원 사업, 투자유치 등 공식적 발표 목적
특징	• 내부적 운영을 위한 계획서 • 내용은 구체적으로 작성 • 시각적·형식적 측면은 생략 가능	• 내용·어휘의 형식 중요함 • 차트, 도표, 그림, 사진과 같은 그래픽 요소를 활용

1.2 창업계획서 작성 원칙

창업계획서 작성 시 기본적인 원칙에 따라 작성되었을 때 그 활용 가치가 높아진다. 첫째, 창업계획서가 논리성을 갖추도록 한다. 창업계획서는 창업자가 자신의 사업을 타인에게 설득하는 보고서이기 때문에 논리성을 갖추지 못하면 사업계획서에 대한 신뢰성과 타당성을 인정받기 어렵다. 창업계획서가 논리성을 가지고 있다는 것은 창업자의 사업에 관한 주장이 일관성을 지니고 있다는 것을 의미한다. 예를 들어 창업계획서를 작성하면서 전반부에는 창업 초기 많은 고객 확보를 위해 기능을 최소화한 제품을 출시하고, 점진적으로 고급 기능과 다기능 제품을 출시하는 것으로 기술하고, 후반부에는 되도록 투자자금을 빨리 회수하기 위해 시장 출시 때 고가 전략을 사용하겠다고 기술하였다면 이는 주장의 일관성이 결여되어 있다. 전반부의 기능 최소화와 초기 많은 고객 확보 주장은 후반부의 고가 전략 추진과 상반된다. 따라서 사업 아이템에 대한 설명, 마케팅전략, 재무계획 등 각 부문 계획 간의 논리적 차이 즉, 일관성이 결여되지 않도록 세심한 주의가 필요하다.

둘째, 창업계획서는 객관적 근거를 기반으로 작성해야 한다. 객관성을 확보한다는 것은 추상적이고 개인적 의견이 아닌 객관적 데이터를 기반으로 사업 계획을 설명하는 것을 의미한다. 예를 들어, 1인 가구 소비자(싱글 소비자)를 위한 다기능 세탁기 상품을 개발한 창업자가 창업계획서에 '시장 규모가 커지고 있기 때문에 사업 성공 가능성이 큼'이라고 주장하는 것은 전혀 설득력이 없다. 이런 주장을 할 때는 '국내 1인 가구 2000년 5만 가구에서 현재 2016년 50만 가구로 증가하였고, 2025년에는 150만 가구로 증가할 것으로 예상됨(통계청 2021).' 또는 '1인 가구 소비자용 세탁기의 시장 규모는 매년 20%씩 증가하는 것으로 조사됨(산업경제연구원, 2021년 1인 가구 생활실태 보고서)' 등과 같이 객관적이고 신뢰성이 있는 대내외 자료를 제시하는 것이 적절하다.

셋째, 창업계획서를 독창적으로 작성할 필요가 있다. 창업계획서의 가장 중요한 목적 중 하나는 투자를 유치하는 것이기 때문에 기존 다른 창업계획서를 답습해 작성하는 것은 설득력이 떨어진다. 따라서 사업 아이템과 비즈니스 모델 등에서 기존 경쟁사보다 더 나은 차별점을 창의적으로 제시해야 한다. 사업 아이템이 기능의 우수성만으로 성패가 좌우되는 것도 아니고, 모든 요소에서 기존 경쟁사보다 우수할 필요도 없다. 또한, 기능적 측면에서 차별성이 없더라도 비즈니스 모델에서 차별성이 있으면 이미 독창적인 부분을 확보한 것이다. 모든 기능이 우수하지 않지만 단 한 가지의 영역에서 경쟁사보다 경쟁우위에 있다면 그 부분을 강조해야 한다.

넷째, 창업계획서는 자료를 활용하는 사람 관점에서 핵심 내용 중심으로 간결하게 작성한다. 너무 많은 내용을 장황하게 작성하거나 같은 내용이 계속 반복되면 계획서를 읽는 사람이 핵심 내용을 파악하지 못할 가능성이 있다. 특히, 투자받기 위한 대외용 창업계획서의 경우 평가자가 수많은 계획서를 평가하기 때문에 많은 시간을 할애할 가능성이 작다. 따라서 핵심 내용을 빨리 파악할 수 없는 계획서는 좋은 평가를 받기 어렵다. 따라서 창업 아이템의 필요성, 경쟁 제품과의 차별성, 시장성 및 수익성 등의 내용을 중심으로 간단명료하게 기술하는 것이 필요하다. 계획서를 작성할 때 또 하나 고려해야 할 점이 전문용어나 업계에서 통용되는 은어 등을 사용하지 않도록 하는 것이다. 창업계획서를 읽는 사람 중에는 해당 분야 전문가가 아닌 경우가 대부분이므로 전문용어를 자제해야 한다. 내용은 간결하게 하되 최대한 쉽고 이해하기 편하게 작성하는 것이 필요하다.

다섯째, 창업계획서에는 예상되는 문제점과 극복 방안을 기술하는 것이 필요하다. 창업계획서에 너무 긍정적이고 장밋빛 내용만을 포함하면 오히려 설득력이 떨어진다. 사업을 추진하는 과정에 발생할 수 있는 문제점과 극복 방안을 제시하여 설득력을 높일 필요가 있다. 또한, 창업계획서 작성은 한 번에 끝나는 것이 아닌 지속적 수정 및 보완이 필요하다. 계획서 작성 목적 중 하나는 창업 실패 가능성을 최소화하는 것이므로 이를 위해 창업 과정에 잠재된 문제점과 향후 발생 가능한 위험 요소를 분석하여 대응 방안을 수립하는 것이 창업 성공 가능성을 높이는 지름길이다.

좋은 창업계획서 작성은…, 칵테일 냅킨에 쓴 삼각형[150].

1971년 허브 캘러허와 롤린 킹은 미국의 휴스턴과 달라스, 샌안토니오를 연결하는 항로에 대한 그들의 생각을 구체화하고 있었다. 결국, 그 도시들을 연결하는 삼각 구도는 사우스웨스트 항공사의 사업 계획의 기초가 되었다. 그 두 명의 사업가들은 좀 더 구체적인 계획으로 사우스웨스트 항공사의 비전을 설명했고, 그것을 통해 수백만 달러의 자금을 모았으며, 이를 바탕으로 공식적으로 출범할 수 있었다. 얼마 후, 사우스웨스트 항공사는 텍사스를 목적지로 하는 3개 도시를 대상으로 사업을 시작하였다.

사우스웨스트 항공사는 매년 2천100대의 비행기로 24개 주 50개 도시를 비행하고 있으며, 38억 달러의 수입을 올리고 있다. 차별화된 저가 항공료와 많은 비행 횟수로 미국에서 다섯 번째로 큰 항공사가 될 수 있었다. 즉, 몇 개의 선을 원래의 삼각 구도에 추가 시킨다면, 이와 같은 전략의 칵테일 냅킨 지도가 만들어지는 것이다.

2. 창업계획서 작성 실무

2.1 창업계획서 작성 원칙

창업계획서는 목적이나 상황에 따라 내용과 범위가 다를 수 있지만, 기본적으로 포함되는 내용은 요약서, 사업 기회 및 사업성 분석, 마케팅 및 영업 전략, 재무계획, 기타 붙임자료 등이다.

첫째, 창업계획서 요약은 창업계획서의 요점을 정리한 것으로 가장 중요한 부분이다. 창업계획서 서두에 위치하는 경우가 일반적이다. 요약서가 중요한 이유는 창업계획서에 관심 있는 이해관계자(투자자, 각 지원기관 등)는 요약 부분을 읽고 구체적인 창업계획을 살펴볼 것인지를 판단하기 때문이다. 요약서 부분을 작성할 때는 사업의 기본내용(사업내용, 기존사업과 비교한 차별성, 시장성)에 대해 핵심적 요점이 간결하게(2페이지 이하) 기술되어야 한다. 창업계획서를 읽는 사람이 창업계획서를 끝까지 읽어보게 할 만큼 흥미를 유발할 수 있도록 독창성을 발휘해야 한다. 요약서는 창업계획서의 앞부분에 위치하지만, 작성은 다른 부분들을 다 완성한 다음에 마지막으로 쓰는 것이 바람직하다.

둘째, 사업 기회와 사업성 분석에서는 사업의 종류와 성격, 제품 및 서비스, 표적 시장, 시장성 및 경쟁자 분석 등을 기술한다. 기업과 창업자에 관한 내용을 기술하며, 기업명, 브랜드, 조직도, 창업자(또는 창업팀)를 소개한다.

셋째, 제품 및 서비스 내용을 기술한다. 계획서를 읽는 사람은 창업자의 사업 분야, 제품 및 서비스, 적용된 기술에 대해 전문가가 아닌 경우가 대부분이다. 따라서 난해한 기술 용어나 전문용어는 사용하지 않도록 한다.

넷째, 표적 시장과 사업성 분석에 포함되어야 할 내용은 주요 표적고객, 제품의 차별성, 시장성 또는 사업성 분석 결과, 경쟁자 분석, 비즈니스 모델 등을 이 부분에 기재한다. 표적 시장과 사업성 분석 부분을 작성할 때는 객관적 근거자료를 제시하여 창업자의 주장에 대한 신뢰성과 타당성을 확보하는 것이 중요하다.

다섯째, 마케팅 및 영업 전략은 제품 또는 서비스의 홍보 및 판매 활동에 관해 기술한 부분이다. 마케팅 및 영업 전략은 제품 또는 서비스를 어떻게 시장에 진출시킬 것인지에 대해 구체적인 전략을 제시하여 계획서를 이용하는 사람이 가질 수 있는 다음과 같은 의문에 답할 수 있어야 한다. '누가 고객인가?' 여러분의 제품 또는 서비스에 관심을 나타낸 고객의 종류에 대해 구체적으로 기술한다. 특히, 가망 고객에게 어떻게 홍보할 것인지 기술한다. '고객에게 어떻게 접근할 것인가?' 선정한 고객에게 접근하는 가장 효과적인 방법을 기술한다(인터넷, 전화, 직접 접촉 등). '제품 또는 서비스의 가격을 어떻게 정할 것인가?' 인센티브, 대량 판매가, 단체 판매가 등의 가격 전략에 관해 기술한다.

여섯째, 추정 재무계획에 대한 정보를 기술한다. 재무계획은 사업수행에 현금흐름과 수익 창출에 관한 객관적인 추정계획을 제시하는 것이다. 재무계획은 최초 1년간의 세부적인 매출과 비용 내역은 물론 향후 3~5년간에 대한 사업의 재무계획을 기술한다. 재무계획에 포함되는 주요 내용은 다음과 같다.

- 추정손익: 예상 매출에 입각한 예상 수익, 물품 및 용역 제공 비용, 간접비 등
- 추정 매출: 제품 또는 서비스 매출에 의한 예상 수입
- 현금흐름표 : 현금 잔고 및 최초 12~18개월간의 월 현금흐름 유형(운전자본, 급여 및 매출 포함)

이 외에도 외부 자금의 조달, 부채 상황계획, 수입구조, 각종 위험에 대한 대응 전략 등을 제시하는 것이 필요하다.

마지막으로, 붙임 자료를 작성한다. 붙임 자료는 필수적인 요소는 아니지만 창업계획서를 보강 또는 보충해줄 수 있는 자료들이다. 예를 들어, 실행계획서는 창업계획서의 여러 측면에 대한

예상 완료 일자, 사업의 목표, 성과 등을 기술한 자료이다. 또한, 각종 인허가증, 합의서, 계약서, 창업계획서의 내용을 증명하거나 보조하는 기타 서류 등의 자료를 포함한다.

2.2 창업계획서 작성 실무

2.2.1. 회사소개

　회사소개에서는 창업기업의 기본적인 세부 정보를 제시한다. 회사소개는 창업하려는 아이템의 수행 능력과 이미지를 형성하는데 필수적인 요소이다. 회사소개에서는 회사의 이름, 조직, 소유 구조, 사업실적 등을 간략하게 소개한다. 창업자들이 창업계획서를 작성하는 과정에서 소홀하게 다루는 것이 창업자(창업팀)의 역량에 관한 것으로 창업자가 계획서를 작성할 때 자신의 제품이나 기술의 우수성에만 집중하는 경향이 있다. 그러나 외부 투자자금 유치 목적으로 창업계획서를 작성할 경우에는 투자자들은 창업자 또는 창업팀의 기업가적 자질이나 열정, 사업수행 역량과 같은 창업자에 대한 평가를 중요시한다. 따라서 계획서의 작성 목적에 맞게 내용과 작성 방법을 구상하는 것이 필요하다.

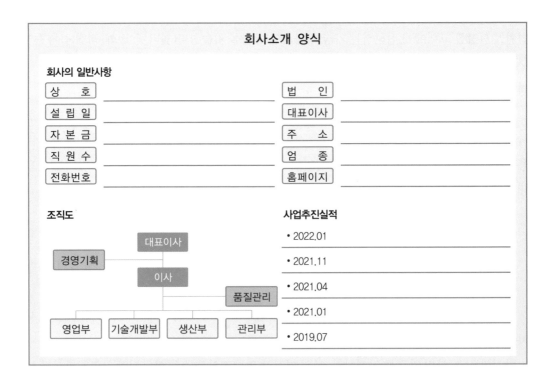

2.2.2. 사업내용

제품소개는 기본적으로 창업 아이템의 구체적인 형태를 중심으로 설명하고 표적고객이 얻게 되는 핵심적 기능과 편익을 제시해 주어야 하며, 다음 두 가지 요소가 반영되는 것이 중요하다.

첫째, 표적고객의 어떤 욕구(문제해결)를 충족시켜 주는가?

둘째, 제품이 어떤 새로운 가치를 창출하는가?

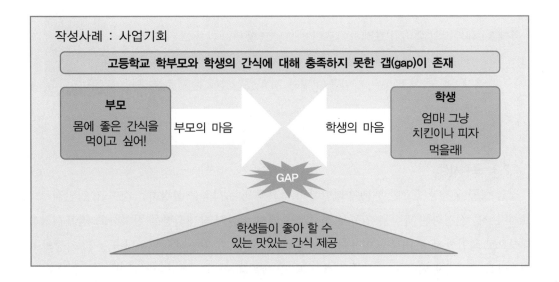

기업가는 사업을 정의할 때 사업의 본질을 정확하게 파악하는 것이 필요하다. 고 이건희 삼성 그룹 회장은 1990년대 초 한 사장단 모임에서 당시 신세계 사장에게 백화점은 무슨 산업인지를 물었다고 한다. 당시 신세계 사장은 "백화점은 상품 유통업"이라고 답했고, 이건희 회장은 "백화점은 부동산업"이라고 정의했다는 일화가 전해진다[151]. 이는 백화점의 입지가 사업의 성패를 좌우할 만큼 중요하다는 것과 겉으로 보이는 사업 표면보다는 본질을 이해해야 한다는 메시지를 담고 있다.

토의과제

1. 아래 (   )를 채우고, 그 이유를 토론해 보자[152]

주제 1 : 호텔은 (   )이면서 (   )이다[153].

주제 2 : 반도체는 (   )이면서 (   )이다.

2. 영화 '파운더(Founder)'를 보고 토론해 보자[154]

주제 3 : 세계적인 햄버거 프랜차이즈인 맥도날드의 탄생기를 그린 영화 '파운더' 보고 1954년 당시 52세 나이로 맥도날드를 실질적으로 창업한 레이 크록은 사업을 어떻게 정의했는지에 관해 토론해 보시오.

2.2.3. 표적시장

창업 성공에 가장 중요한 부분이 적합한 표적고객 또는 시장을 선정하는 것이다. 일반적으로 표적시장을 선정하는 과정은 우선 전체시장 중에서 실질적 잠재시장을 정의하고, 잠재시장을 대상으로 적합한 세 분 기준을 이용하여 시장세분화를 한 후, 최종적으로 하나 또는 그 이상의 표적시장을 선정하게 된다. 표적시장을 결정한다는 것은 우리의 고객이 누구이며, 어디에 살며, 어떻게 상품을 구매하고, 소비하는지, 그리고 그 과정에서 무엇을 원하는지에 대한 구체적이고도 상세하게 고객 지도를 그린다는 것을 의미한다. 이러한 고객정보는 창업전략을 수립하는 데 있어 기초자료가 된다.

표적시장 : 중·고등학생들을 위한 해피간식 서비스
- 1차 표적고객 : 울산지역 고등학생(점진적 지역 확대)
- 2·3차 표적고객 : 초등학생 및 중학생

구분	1차 표적시장	2차 표적시장
연령	16~19세	10~15세/기타
성별	여학생 중심	초등학생·중학생
구매동기	맛> 메뉴 다양성> 가격	가격> 맛
적정가격	4,000원~5,000원	2,000원~3,000원
정보 원천	YouTube, 네이버, 인스타그램	Tving, 다음, 페이스북

2.2.4. 소비자 분석

표적시장 소비자의 인구 통계적 특성, 구매동기 및 소비패턴, 시장동향(성장률, 기술 및 사회적 변화 등) 등에 관한 객관적 자료를 토대로 시장 규모를 예측한다. 간식 관련 트렌드나 소비자의 관심도는 네이버 데이터랩(Datalab)에서 '검색어트렌드'를 활용하는 방법이 있다.

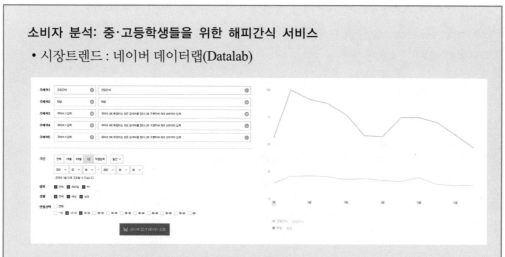

소비자 분석: 중·고등학생들을 위한 해피간식 서비스

- 시장트렌드 : 네이버 데이터랩(Datalab)

- 시장 규모 : 울산지역 초·중·고등학생 수 통계
- 학생 간식 소비 행동 : 국회도서관, 인터넷 자료, 식품의약품안전청 자료 등
- 조사내용 : 간식의 종류, 학생들이 선호하는 간식 유형, 간식비용, 간식 이용 빈도 등
- 조사방법 : 통계청 자료, 인터넷 검색, 한국언론진흥재단(www.kinds.or.kr) 등

2.2.5. 경쟁자 분석

경쟁자에 대한 정확한 이해 없이는 제대로 된 성공전략을 수립하는 것은 불가능하다. 경쟁자 분석은 자신의 제품이나 서비스를 차별화할 수 있는 요소를 찾아내고, 창업 과정에서 직면하게 될 위험 요소를 제거하거나 준비하는 데 목적이 있다. 경쟁자 분석에서 다루어져야 할 주요 내용으로 주요 경쟁자(브랜드) 파악, 주요 경쟁자의 제품, 시장점유율, 마케팅전략, 다른 회사와의 파트너십, 성장 추세 등에 대한 조사가 필요하다.

참고자료

경쟁자 분석 : 중·고등학생들을 위한 해피간식 서비스

- 경쟁자: 중·고등학생들을 위한 해피간식 서비스 업체
- 경쟁상품 : 패스트푸드, 길거리 간식(떡볶이), 죽, 샌드위치, 떡, 핫도그 등
- 경쟁자의 분포 : 상권분석(중기청 상권정보시스템 http://sg.smba.go.kr)
- 시장점유율 등 : 인터넷 검색, 협회 홈페이지, 업계지 등
- 조사 방법

  1. 정보 유형   2. 조사 방법
  3. 경쟁상품   4. 인터넷 검색, 한국언론진흥재단
  5. 경쟁분석(상권분석)   6. 중기청 상권정보시스템
  7. 시장점유율   8. 협회 홈페이지, 업계 잡지, 리서치 회사 등
  9. 기타   10. 국회도서관, 통계청, 연구소(삼성경제연구소 seri.org),
                          통계청 자료, 인터넷 검색, 상권정보시스템 등

2.2.6. 기술 분석

기술 분석은 창업 아이템 제품이나 서비스의 생산과 관련된 기술, 제조공정, 기계와 장비, 원자재 등을 고려하여 생산원가와 설비 투자 비용을 추정하는 데 그 목적이 있다. 기술 분석의 주요 내용은 제품 용도와 구체적인 제조공정, 사용되는 장비와 가격, 생산에 필요한 원자재 종류, 가격, 수량 및 공급자 등에 대한 예측이 포함된다. 또한, 특허실용신안, 디자인, 상표 특허 관련 정보는 특허정보 검색서비스(KIPRIS)나 구글 특허 검색서비스(Google Patent Search)를 활용한다.

2.2.7. 비즈니스 모델

비즈니스 모델은 기업이 수익을 창출하기 위한 구체적 방법을 서술하는 것을 말한다. 비즈니스 모델에서는 다음과 같은 요소들이 설명되어야 한다. 첫째, 제품, 서비스 및 정보의 흐름에 대한 청사진이 포함되어야 한다. 둘째, 다양한 비즈니스 주체들에 대한 잠재적 효익이 정의되어 있어야 한다. 셋째, 수익이 어디서 창출되는지 기술되어야 한다. 비즈니스 모델에는 누가 사업에

참여하고 이들에게 주어지는 대가는 무엇이며 또 어떻게 돈을 벌 수 있는가에 대한 내용이 포함되어야 한다.

참고자료

비즈니스 모델 사례: 그루폰의 소셜커머스 비즈니스 모델155)

지역 서비스 사업자와 소비자, 거래를 중개하는 사업자 모두에게 이익이 돌아갈 수 있는 것이 비즈니스 모델이다. 지역 서비스 사업자는 업소를 홍보하는 채널로 활용할 수 있고, 소비자는 매력 있는 서비스를 50% 이상 할인된 요금에 이용할 수 있다. 소셜커머스 사업자는 지역 서비스 업소와 소비자를 연결해주는 대가로 거래금액의 절반가량을 수수료 수입으로 획득하고 있다. 2008년 미국에서 그루폰(Groupon)이라는 회사가 소셜커머스 비즈니스 모델로 창립한 지 1년 반 만에 연 매출 3억 5천만 달러, 기업가치 13억 5천만 달러의 대기록을 달성하고, 현재 미국 76개 도시, 해외 20개국에 진출하며 소셜커머스 시장의 성공 신화를 창출하였다.

2.2.8. 마케팅 및 영업 전략

마케팅 및 영업 전략은 환경 분석과 STP 전략을 기반으로 마케팅 믹스전략에 대해 기술한다. SWOT 분석과 포지셔닝 맵을 활용하여 자신의 경쟁 포지션을 설정하고, 이를 토대로 4P 전략을 구체적으로 제시한다.

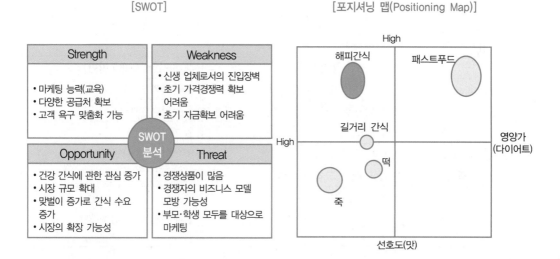

[SWOT]   [포지셔닝 맵(Positioning Map)]

[마케팅 믹스(Marketing Mix)]

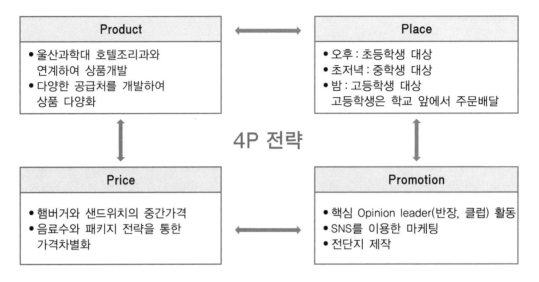

2.2.9. 재무계획

재무계획은 시장분석과 기술 분석을 토대로 사업의 예상 매출액과 목표매출 달성에 필요한 총 소요자금을 추정하고, 이를 근거로 자금조달계획을 수립하는 데 그 목적이 있으며, 주요 내용으로 매출액 추정, 소요자금, 추정재무제표 작성 등이 있다. 시장분석을 통해 고객수요, 고객의 재구매 주기, 1회당 구매액 등을 토대로 매출액을 추정할 수 있다.

[표 11-2] 시장성 분석의 기초자료 사례[156]

구분	내용	비고
창업 아이템	창업 아이템	
투자금액	조달 가능한 창업자금	부채 총자금의 30% 미만
월평균 목표수익	경쟁자·유사 제품 투자수익률	투자금액의 3~5%
월평균 매출목표	경쟁상품·경쟁자의 매출 참조	매출수익의 3배수
일 목표매출	월 매출액을 영업일 수로 나눔	휴일 제외
고객당 매출	고객당 1회 구입액	경쟁기업 또는 시장조사
1일 고객 수	일 목표매출 / 고객당 매출	금액
재구매 주기	고객이 재구매하는 주기일 수	일수
확보 고객 수	1일 고객 수	목표매출 달성을 위해 확보해야 할 고객 수

[표 11-3] 수익성 분석사례: 중·고등학생들을 위한 해피간식 서비스

구분	예시	비고
창업 아이템	해피간식	
투자금액	30,000,000원	이동식 차량
월평균 목표수익	1,500,000원	목표수익 5%
월평균 매출목표	4,500,000원	
일 목표매출	225,000원	
고객당 매출	2,500원	
1일 고객 수	90명	일 목표매출/고객당 매출
재구매 주기	3일	
확보해야 할 고객 수	270명	1일 고객 수×구매 주기일 수

손익분기점은 비용과 수익이 일치하는 시점의 매출액과 매출량을 의미한다.

[표 11-4] 손익분기점 분석사례

과목	금액(원)	비고
고정비	2,000,000	
판매가격	2,500	단위당
매출원가	1,500	단위당 변동비
손익분기점 매출량	2,000	고정비/(판매가격-판매원가 또는 단위당 변동비)
손익분기점 매출액	5,000,000	손익분기 판매량×판매가격(단위당)
목표수익 매출량	3,500	1,500,000원 수익목표
목표수익 매출액	8,750,000	목표수익 매출량×판매가격(단위당)

추정손익계산서는 창업기업이 사업 활동을 통하여 벌어들일 것으로 예상되는 총수익과 그 수익을 실현하는데 소요된 총 예상 비용을 비교·정리한 보고서이다.

[표 11-5] 추정손익계산서 기초자료

과목	내용	금액(원)	비고
매출액	해피간식	4,500,000	단가: 2,500원 수량: 1,800개
매출원가	해피간식 생산원가	2,700,000	재료비, 인건비
매출총이익		1,800,000	매출액-매출원가
일반관리비	차량 유지비, 임차료, 감가상각비	500,000	
판매관리비	광고 홍보비	150,000	
지급이자	대출금 이자	100,000	1,000,000원 10%(12개월)
순이익	-	1,050,000	매출총이익-(일반관리비+판매관리비+지급이자)

[표 11-6] 추정손익계산서 : 중·고등학생들을 위한 해피간식 서비스

(단위 : 원)

항목	1월	2월	3월	4월
매출액	4,500,000	4,950,000	5,445,000	5,989,500
매출원가	2,700,000	2,916,000	3,149,280	3,401,222
매출총이익	1,800,000	2,034,000	2,295,720	2,588,278
일반관리비	500,000	540,000	583,200	629,856
판매관리비	150,000	165,000	181,500	199,650
지급이자	100,000	100,000	100,000	100,000
순이익	1,050,000	1,229,000	1,431,020	1,658,772

3. 창업지원 사업계획서 작성

3.1 사업계획서 작성 개요[157]

　창업자들이 사업 아이템을 개발하여 사업화에 성공할 수 있도록 도와주는 다양한 정부 지원 프로그램이 있다. 예비창업자 또는 창업팀이 창업지원 프로그램을 신청하기 위해서는 사업계획서를 작성해야 한다. 본 장에서는 정부 지원 사업에서 공통적으로 요구하는 사업계획서 내용과 작성방법을 검토한다. 사업계획서는 일반현황, 창업제품(서비스) 개요, 본문으로 구성되어 있다. 일반현황은 창업자와 창업기업의 기본 정보에 관한 내용을 작성하는 부분이고, 제품 및 서비스 개요는 창업 아이템에 관한 내용을 요약한다. 본문에서는 PSST(Problem-Solution-Scale up-Team) 방법을 활용하여 사업 아이템에 관한 내용을 작성한다.

　PSST의 구체적인 작성 내용은 다음과 같다. 문제정의(Problem)는 창업기업이 아이템을 개발하는데 표적고객과 경쟁자 분석을 기반으로 문제점을 찾아내고, 차별성 차원에서 해결 요소가 무엇인지를 파악하는 것이다. 실현 가능성(Solution)은 해결해야 할 문제들을 어떻게 해결할 것인지에 대한 방안을 도출하고 해결을 위한 자원과 프로세스를 작성하는 것이다. 성장전략(Scale up)은 솔루션을 통해 만들게 된 사업 아이템을 통해 예상되는 매출은 얼마인지를 추정하고 이를 실현하기 위해 필요한 소요자금과 자금조달 방안에 대하여 작성한다. 팀 구성(Team)은 사업목표를 달성하는 데 필요한 인력(팀원과 파트너 등)에 대한 실행계획을 작성하는 부분이다.

3.2 사업계획서 작성 방법

3.2.1. 일반사항

　일반사항은 창업제품 또는 서비스명을 작성한 후 창업자와 창업기업에 대한 기본 정보를 작성하는 것으로, 기업명, 기술 분야, 사업자 구분, 대표자, 서비스명, 인력구성 등이 포함된다. 제품(서비스)명은 창업기업이 제공하는 제품이나 서비스의 컨셉을 표현할 수 있도록 작성하는 것이 중요하다. 컨셉은 고객에게 제공할 혜택과 경쟁자와 차별화할 수 있는 제품의 기능이나 성능의 기반이 되는 독특한 기술을 표현하는 것을 의미한다. 다음 그림은 사업계획서 작성양식이다.

□ 일반현황

※ 개인사업자는 '개업연월일', 법인사업자는 '회사성립연월일'을 기재

기 업 명					기 본 분 야			*제조 / 지식서비스*	
기 술 분 야	공예·디자인 □	기계·소재 (기계·재료) □		바이오·의료 (생명·식품) □		에너지·자원 (환경 에너지) □		전기·전자 (전기·전자) □	
	정보·통신 (앱) □	정보·통신 (제조) □		정보·통신 (SW) □		화학 (화공·섬유) □			
사업자 구분	*개인 / 법인*				개 업 연 월 일 (회사성립 연월)			*2000. 00. 00*	
대 표 자 명	*공동·각자대표 모두 기재*				생 년 월 일			*1900. 00. 00*	
제품(서비스)명									

인력구성 (대표자 제외, 공동·각자대표 포함)

순번	직급	성명	담당업무	주요 경력
1	*개발 이사*	○ ○ ○	*S/W 개발 총괄*	*OO 학과 교수*
2	*대리*	○ ○ ○	*해외 영업*	*OO대 경영학 전공*
3	…	…		

혁신 기술 분야(중복 선택 가능, 해당 항목 v 체크)

빅데이터 □	블록체인 □	5G + □	인공지능 □
서비스 플랫폼 □	실감형 콘텐츠 □	드론 □	지능형 로봇 □
스마트제조 □	자율주행차 □	시스템반도체 □	재난·안전 □
스마트시티 □	IoT □	바이오 □	의료기기 □
전기·수소차 □	신재생에너지 □	친환경·자원 순환 □	이차전지 □

• 작성 사례

사업명은 '역제안(reverse recommendation) 머신러닝 기반의 개인 맞춤형 패션 추천 플랫폼 개발'이다. 고객이 자신이 원하는 패션 스타일 정보를 등록하면 판매업자들이 그 정보를 기반으로 상품을 제안하고 고객이 이를 선택하는 플랫폼 서비스를 제공하는 사업이다.

□ 일반현황

※ 개인사업자는 '개업연월일', 법인사업자는 '회사성립연월일'을 기재

기 업 명	우즈고(UZGO)				기 본 분 야		지식서비스	
기 술 분 야	공예·디자인	□	기계·소재 (기계·재료)	□	바이오·의료 (생명·식품) □	에너지·자원 (환경 에너지) □	전기·전자 (전기·전자)	□
	정보·통신 (앱)	☑	정보·통신 (제조)	□	정보·통신 (SW) □	화학 (화공·섬유) □		
사업자 구분	법인				개 업 연 월 일 (회사성립 연월)		2021. 12. 15.	
대 표 자 명	고*준				생 년 월 일		198*.07.0*.	
제품(서비스)명	역제안 머신러닝 기반의 개인 맞춤형 패션 추천 플랫폼 개발							

인력구성 (대표자 제외, 공동·각자대표 포함)

순번	직급	성명	담당업무	주요 경력
1	개발팀장	남*혁	S/W 개발	컴퓨터공학과 교수
2	기획팀	서*혁	해외 영업	울산과학대 글로벌 비즈니스 학과
3	사원	린 카	해외 영업	사가여자대

혁신 기술 분야(중복 선택 가능, 해당 항목 v 체크)

빅데이터	☑	블록체인	□	5G+	□	인공지능	□
서비스 플랫폼	☑	실감형 콘텐츠	□	드론	□	지능형 로봇	□
스마트제조	□	자율주행차	□	시스템반도체	□	재난·안전	□
스마트시티	□	IoT	□	바이오	□	의료기기	□
전기·수소차	□	신재생에너지	□	친환경·자원 순환	□	이차전지	□

3.2.2. 제품·서비스 개요

제품이나 서비스를 사용할 고객과 이용 방법에 대하여 설명하고 핵심 기능도 함께 작성한다. 경쟁사와 비교하여 제품이나 서비스의 기능, 성능의 차별성을 중심으로 기술하고, 시장 규모도 추정하여 작성하는 것이 좋다.

□ **제품·서비스 개요(요약)**		
제품(서비스) 소 개	※ 핵심 기능, 소비자층, 사용처 등 주요 내용을 중심으로 간략히 기재	
제품(서비스) 차 별 성	※ 창업제품(서비스)의 현재 개발단계를 기재 예) 아이디어, 시제품 제작 중, 프로토타입 개발 완료 등	
국 내 외 목 표 시 장	※ 국내 외 목표시장, 판매 전략 등을 간략히 기재	
이 미 지	※제품(서비스)의 특징을 나타낼 수 있는 참고 사진(이미지) 또는 설계도 삽입	※제품(서비스)의 특징을 나타낼 수 있는 참고 사진(이미지) 또는 설계도 삽입

서비스 소개는 사업 제품이 제공하는 핵심 기능 등을 제시하고 이를 사용할 고객층과 사용 방법 등에 대하여 작성한다. 핵심 기능이란 고객에게 제공하는 기능이나 서비스이다. 예를 들어 카카오톡의 제공서비스는 문자 발송 기능, 보이스 기능, 게임 기능 등이다. 서비스 차별성은 제품과 유사한 경쟁기업의 경쟁 제품에 대하여 간단히 설명하고, 경쟁 제품과의 차별적 기능이나 성능에 대하여 작성한다. 마지막으로 국내·외 목표시장의 시장 규모, 시장 성장성과 동향 등을 작성하고, 필요한 경우 관련 이미지를 함께 제시한다.

• 작성 사례

☐ **제품·서비스개요(요약)**

제품(서비스) 소 개	• 소비자가 개인 취향을 기반으로 머신러닝에 자신의 정보를 제공하면 이를 기반으로 패션 스타일을 추천하는 웹 기반 플랫폼 • 패션에 관심이 많은 20·30대 MZ세대 대상으로 '오늘 뭐 입지?', '어떤 옷을 살까?'에 답할 수 있는 기능 구현
제품(서비스) 차 별 성	• 단순히 다양한 종류의 의류 아이템을 소개하는 것이 아니라 최근 트렌드와 개인의 취향을 기반으로 수집된 의류 DB를 기반으로 기계학습을 통해 가장 잘 어울리는 패션 추천 • 소비자의 개인 패션 스타일 취향에 맞게 판매자가 상품을 역으로 추천하는 플랫폼 서비스 제공 • 소비자-판매자 양면 시장 비즈니스 플랫폼 서비스 기획 완료
국 내 외 목 표 시 장	• 광고 수입, 의류 전문 오픈마켓에서 패션 추천을 통한 거래 수수료, 인터넷 의류 쇼핑몰에 개인 맞춤형 패션 추천 솔루션 판매 수익 • K-fashion 플랫폼을 기반으로 국내 및 해외 패션 추천 솔루션을 통한 수익 창출 • 패션 플랫폼인 무신사의 기업가치는 2조5,000억~3조5,000억 원 규모로 예상
이 미 지	

3.2.3. 본문

(1) 문제 인식(Problem)

창업자나 창업기업가 제품개발을 어떻게 할 것인지, 고객 요구(문제점, 불편한 점 등)는 무엇이고 이를 어떻게 반영할 것인지, 그리고 경쟁자에 비해 어떤 점에서 경쟁우위를 확보할 것인지에 대하여 객관적 근거를 토대로 작성한다.

• 작성 사례

1. 문제 인식 (Problem)

1-1. 창업 아이템의 개발 동기

❶ On-line 쇼핑의 불편함

On-line 쇼핑 시 이미지와 상품이 달라 반품 발생 빈도 증가 & 구매 만족도 저하

❷ Off-line 매장 재고 비용 증가

On-line 쇼핑에 밀려 상품 판매가 어려워지고, 구매자의 취향 파악이 불가해 다양한 상품을 유지해야 함으로 재고 비용 증가

❸ On-line 소비자와 Off-line 판매자 연결

On-line에서 추천 받은 상품에 대해 Off-line 매장에서 확인할 수 있는 지역기반 추천 플랫폼을 통해 디지털 기반 고객유지 및 이를 통한 신상품 소개 등 소비자와 판매자를 직접 연결하는 플랫폼 필요성 대두

1-2. 창업 아이템의 목적(필요성)

• 사업 필요성

온라인의 장점과 오프라인의 장점을 같이 가져올 수는 없을까?	아이디어

온라인 쇼핑몰

＋

오프라인 옷가게

온라인 쇼핑몰	오프라인 옷가게
1. 가성비 2. 편리성 3. 다양한 상품종류 실물, 실착 불가능 반품 문제	1. 실물, 실착 가능 2. 패션 피드백, 추천 가능 3. 낮은 반품률 직접 방문의 불편함 적은 상품 구색

• 기대효과

지역 기반 의류 판매 소상공인들의 매출 증가

구매자의 상품 및 가격 만족도 증가

개인 패션 취향 DB 구축을 통해 target marketing 효과 증대

향후 부가서비스로 개인 디지털 옷장, 패션 코디 추천 제공 가능

(2) 실현 가능성(Solution)

창업기업이 개발하고자 하는 서비스에 대하여 창업자나 창업기업이 제품개발에 따른 해결과제, 고객이 원하는 혜택을 제공하는 데 필요한 해결과제, 시장이나 경쟁기업과의 차별성을 도출하는 데 필요한 해결과제를 설명한다.

• 작성 사례

2. 실현 가능성(Solution)

2-1. 창업 아이템의 사업화 전략
• 제품의 구현

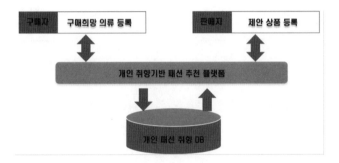

☞ 사용자가 성별, 계절, 상. 하의, 재킷, 외투, 원피스, color 등 범주화를 통해 DB 구축

☞ 인터넷 쇼핑몰의 의류 관련 정보를 crawling하여 범주화하여 DB 구축

☞ 머신러닝 알고리즘을 이용하여 사용자가 원하는 옷을 사용자의 취향 등 유사도에 근거하여 순위를 부여하여 추천

☞ '오늘 뭐 입지?' 개인 의류 DB에서 추천받을 수 있도록 사용자 인터페이스 구성

• 서비스 프로세스

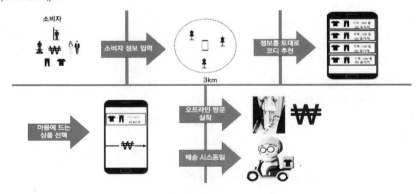

  • 플랫폼 구축 환경

    ☞ 서버 운영체제(Microsoft windows Server), 클라이언트 운영체제(안드로이드)

    ☞ DBMS(Maria DB), 개발 환경(Java, Python, Java Script)

• 사업추진 일정

추진내용	추진 기간	세부 내용
사용자 인터페이스 및 서버 구현	2021.9.~2021.12.	개인 DB 및 쇼핑몰 의류 DB 정보 기반 추천 기능 인터페이스 구현
개인 및 웹 의류 DB 설계	2021.10.~2021.12.	각 카테고리별 매칭 DB 설계
웹의류 DB 구축용 웹 정보 crawling	2021.12.~2022.2.	코디 북, 룩핀, 스타일 닷컴의 의류 정보를 crawling
머신러닝 엔진 구현 및 학습	2022.1.~2022.5.	Supervised learning 알고리즘 학습

(3) 성장전략(Scale-up)

창업기업이 개발하고자 하는 서비스 개발(개선)을 위한 소요자금과 조달 방법과 제품을 통한 매출액 등을 작성한다.

• 작성 사례

3. 성장전략(Scale-up)

3-1. 자금소요 및 조달계획

연도	자금 소요 분야	조달계획
2021	서비스 기획 및 개발, 5천만 원	개인 투자, 정부 지원 자금
2022	마케팅, 유료 서비스 비용 2천만 원	VC 투자
2023	서비스 안정화, 유지 비용 1천만 원	엔젤 투자, 사업 수익금

3-2. 시장진입 및 성과 창출 전략

☞ 1차 연도(2022)에 우즈베키스탄 launching 계획(10억)

☞ 2차 연도(2023) 3개국(중국, 영국, 미국) 이상 launching 계획(50억)

• 글로벌 진출 계획

    ☞ 우즈베키스탄 20대 50명 대상 본 플랫폼 유효성 조사

☞ 1차 연도(2022) 우즈베키스탄어 적용

☞ 2차 연도(2023) 중국어, 스페인어 적용

☞ 3차 연도(2024) 일본어 적용

3.2.4. 팀 구성(Team)

제품이나 서비스의 개발에 필요한 인적자원과 기술에 대하여 자사가 보유한 역량과 보유해야 하는 자원을 어떻게 확보할 것인가에 대한 방안을 작성한다.

• 작성 사례

4. 팀 구성(Team)

4-1. 대표자 역량

☞ 울산**과학대학교 글로**학과 졸업

☞ 2021 울산 대학생 Start-up 경진대회 장려상

☞ 2021 창업클리닉 아이디어 대회 우수상

4.2 팀원 현황 및 구성

순번	성명	주요 담당업무	경력 및 학력(보유역량)
1	남*혁	전략기획	울산**대학교 무역영어 자격증, 비즈니스 통역 2급
2	조*우	DB 구축	필리핀 Don Bosco Academy 졸업, 전산회계 자격증 1급
3	자이토브 압**드	플랫폼 관리	우즈베키스탄 IT 졸업 한국어 능력시험 토픽 6급
4	사**바 알*나	해외 영업	우즈베키스탄 TPCIT 졸업, IELTS 6.5
5	시로*딘	솔루션 개발	우즈베키스탄 TPCIT 졸업 울산**대학교 재학

핵심주제 확인학습

아래의 주제들에 대해 자신의 견해를 정리하고, 다른 팀원들과 토론해 보시오.

자신의 잠재력에 관하여 다시 생각하기	자신의 창업계획서를 작성해 보자. 취업을 희망하는 회사와 담당 직무의 본질적 특성을 정의하고 친구들과 비교해 보자.
본문 내용 확인하기	맞으면 T, 틀리면 F 하시오. ( ) 창업계획서는 창업자의 주관적 주장을 중심으로 작성해야 한다. ( ) 창업계획서 요약서를 가장 먼저 작성하는 것이 좋다.
본문 내용 파악하기	아래 질문에 대해 간략하게 대답하시오. 01_ 병원의 사업 정의를 '아픈 사람을 치료하는 곳'으로 했을 경우와 '건강의 지켜주는 곳'으로 정의했을 때의 차이점에 대해 발표해 보시오.
의견 발표하기	팀별로 다음 주제를 토론해 보시오. 01_ 경쟁자가 적은 것이 항상 좋은가? 아닌 경우가 있다면 사례를 찾아 발표해 보시오.
평가해 보기	01_소매점포를 모집하는 아래 광고를 보고 문제점을 제시해 보고 수정된 광고문구를 제시해 보자. 의류 소매 점주 모집[158] 의류 전체 라인, 좋은 입지에 높은 수익보장 합리적인 점포 임대료와 계약조건!!! 관심 있으신 분 메모 남기세요 수정된 광고[159]

창업마케팅

- 창업마케팅이 중요한 이유를 설명할 수 있다.
- STP 전략을 설명할 수 있다.
- 마케팅 믹스전략을 설명할 수 있다.

1. 창업마케팅의 개념

1.1. 창업마케팅의 중요성과 개념

성공적인 기업가가 된다는 것은 인사 관리, 재무, 생산관리와 같은 비즈니스의 다양한 경영역량에 균형을 갖추고 있음을 의미한다. 그중 성공적인 기업가가 갖추어야 할 가장 중요한 역량은 마케팅이다. 창업기업이 제공하는 신제품에 대해 소비자가 관심을 가지지 않으면 어떻게 성공할 수 있을까? 마케팅 리서치 회사인 CB Insights에 따르면 실패한 기업을 대상으로 한 설문조사에서 14%가 마케팅 실패를 원인으로 뽑았다[160]. 마케팅은 기업이 이익을 달성하기 위해 소비자를 식별하고 구매자로 전환하는 데 사용하는 활동을 포괄하는 개념이다.

마케팅은 기업의 규모와 관계없이 창업기업이 표적고객을 파악하고 서비스를 제공하는 방법에 대한 기틀을 제공한다. Apple과 같은 글로벌 기업이든 동네식당 또는 카페이든 마케팅은 기업이 고객을 유인하고 판매하기 위해 사용하는 핵심 전략이다. 하지만 기업가가 신제품을 마케팅하는 방식은 대기업이 기존 브랜드를 마케팅하는 방식과 다를 수 있다. 이는 전통적 마케팅과 기업가적 마케팅이 다를 수 있음을 의미한다. 삼성, 애플, 코카콜라와 같은 대기업은 기존 마케팅 프로그램과 브랜드를 관리하고 성장시키는 데 초점을 맞추는 경향이 있다. 이들 기업은 마케팅 자원과 전문가가 확보되어 있고, 기존 제품이나 브랜드를 관리하는 것을 마케팅의 전략목표로 삼는다. 이에 반해 창업기업은 자원이 부족하기 때문에 기업가의 창의성과 노력에 의존한다. 자원 부족에도 불구하고 창업기업이 가질 수 있는 강점은 기존 경쟁업체보다 더 유연하고 민첩하게 마케팅 문제에 대응할 수 있다는 점이다. [표 12-1]은 기업가적 마케팅과 전통적 마케팅의 차이를 정리한 것이다.

[표 12-1] 전통적 마케팅과 기업가적 마케팅[161]

전통적 마케팅	구분	기업가적 마케팅
풍부한 마케팅 자원	마케팅 자원	자원 부족, 창업자 역량에 의존
기존 브랜드 관리, 상기 광고	마케팅 초점	독창적·지속적 브랜드 개발을 통한 신뢰 구축
재무 및 시장 점유율	마케팅 목표	만족도 및 인지도 제고
기존 고객 관리	고객 관리	신규고객 확보, 고객 기반 장기적 관계 구축
기존 제품, 판촉, 가격, 배치, 사람, 물리적 환경, 프로세스 관리	마케팅믹스	신제품, 가격대, 채널, 커뮤니케이션, 프로세스, 교육 및 디자인 개발
효과성 중심의 업무처리	업무방식	시행착오, 시장 테스트
표준화된 일방향 커뮤니케이션	커뮤니케이션	고객과 유연한 쌍방향 커뮤니케이션

1.2. 마케팅의 개념

마케팅은 소비자들의 필요와 욕구를 만족시킬 수 있는 제품이나 서비스를 제공하는 일련의 노력과 활동을 의미한다. 코틀러(Philip Kotler)는 개인이나 집단이 다른 이들과 더불어 제품과 가치를 창출하여 서로 교환하고 자신이 필요로 하는 것을 획득하는 과정으로 정의하였고, 미국마케팅학회(1985)에서는 개인이나 조직의 목적을 달성시킬 교환을 창출하기 위해 재화, 서비스, 아이디어 등을 실행하는 과정이라 하였다. 마케팅에 대한 다양한 정의를 종합하면 마케팅이란 조직이나 개인이 자신과 이해관계자의 목적을 달성시켜 주는 교환(exchange)을 창출하고, 그 관계를 강화하기 위해 제품, 서비스, 아이디어 등 일체의 해결책(solution)을 제공하는 과정이라고 할 수 있다.

마케팅과 관련하여 피터 드러커(Peter Drucker)는 판매를 불필요하게 만드는 것이라 하였는데, 이는 판매와 마케팅이 같은 개념이 아님을 강조하였다. 이는 마케팅이 궁극적으로 지향하는 것은 고객을 이해하고 고객의 문제를 해결해 주는 제품과 서비스를 제공함으로써 저절로 팔리도록 하는 것임을 시사하는 것이다. 이런 관점에서 마케팅의 출발점은 고객이 무엇을 원하고 바라는가를 파악하는 것이다. 고객이 부족함을 느끼는 본질적인 그 무엇을 필요(needs)라고 하며, 고객들의 필요를 충족시켜 줄 수 있는 구체적인 수단이나 방법을 욕구(wants)라고 한다. 배가 고플 때 라면이 먹고 싶은 사람도 있고, 자장면을 먹고 싶은 사람도 있다. 배가 고프다고 느끼는 것은 필요이고, 배고픔을 충족시켜주는 구체적인 수단(라면, 자장면)은 욕구가 된다. 구매력이 뒷받침되는 필요나 욕구를 수요(demands)라 한다.

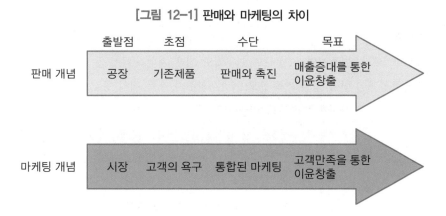

[그림 12-1] 판매와 마케팅의 차이

2. 마케팅 STP 전략

기업가의 마케팅 수행은 잠재고객의 다양한 욕구를 발견하기 위해서는 먼저 시장세분화를 통해 예상 고객층이 존재하는 표적시장을 선정하는 과정이 요구된다. 선정된 표적시장의 고객 특성이 파악되면 다음으로 자사의 제품이나 브랜드를 포지셔닝 하는 과정으로 이어진다. 이런 일련의 과정을 STP 전략 수립과정이라고 한다.

STP 전략은 시장조사와 분석 통해 시장세분화(Segmentation)를 하고, 세분시장의 매력도 평가를 통해 표적시장을 선정(Targeting)한다. 이후 각 세분시장에 대응하는 포지셔닝(Positioning)을 개발하게 되고, 포지셔닝 맵을 통해 자사가 선점해야 할 위치를 결정한다.

2.1. 시장세분화 (Segmentation)

시장세분화는 일정 기준에 의해 시장을 세분시장으로 나누고 자사의 표적고객 대상을 좁혀가는 것을 의미한다. 특정 시장을 공략하기 위한 선행 작업으로 각기 다른 욕구(needs)를 가진 다양한 고객(customer)을 특정한 제품군에 대한 태도, 동기, 행동 등에서 비슷한 성향을 지닌 집단으로 묶는 것을 말한다. 시장세분화의 기준으로는 인구통계학(성별, 소득, 연령 등), 소비심리, 구매 행동, 추구효용, 사용량, 가치관 등이 있다.

[표 12-2] 세분화 변수

기준변수	구체적 변수
지리적 특성	거주지역, 도시 규모, 인구밀도, 기후, 지형적 특성 등
인구 통계적 특성	연령, 성별, 가족 규모, 가족생활주기, 소득, 직업, 종교, 교육 수준 등
심리 분석적 특성	사회계층, 라이프스타일, 개성 등
행동적 특성	구매계기, 추구하는 편익, 사용경험 여부, 사용량, 상표충성도, 상품구매단계, 가격 민감도, 제품 태도 등

[표 12-3] 시장세분화 사례(화장품)

구분	고객 특성	구매력	특징
세분시장 1	10대 후반 여성	낮음	중고가, 수분 보습 강화
세분시장 2	30대 초·중반 여성	중상	청정자연 원료 선호, 색조 부분 초점
세분시장 3	40대에서 50대 여성	상	피부 중점, 노화 방지에 초점

시장을 세분화 기준을 적용하여 나눈 후에는 적절하게 세분화가 되었는지에 대한 평가가 필요하다. 시장세분화 평가 기준으로 4가지로 적용할 수 있다. 첫째는 접근성(accessibility)이다. 기업이 고객에게 접근할 수 없는 시장이라면 세분화의 대상으로 의미가 없다. 세분 시장 내 소비자에게 적은 비용과 노력으로 유통경로나 프로모션이 가능해야 한다. 둘째는 측정 가능성(measurability)이다. 세분화된 시장의 크기가 얼마이고 그 시장의 구매력이 얼마나 되는지를 측정할 수 있어야 한다. 표적시장을 선정하기 위해서는 각 세분시장의 매력도(시장 규모, 성장 속

도, 성장 가능성)가 측정될 수 있어야 한다. 셋째는 시장 규모 적절성(substantiality)이다. 세분시장은 수익을 확보할 수 있는 정도의 시장 규모가 되어야 한다. 고객의 과도한 세분화는 막대한 마케팅 비용을 증가시킬 수 있으므로 유사한 요구를 하는 고객집단으로 묶는 것이 중요하다. 네 번째는 차별성(differentiability)이다. 서비스에 대한 고객의 요구가 이질적인 경우, 서로 다른 세분시장으로 구분할 필요가 있다.

2.2. 표적시장 선정(Targeting)

시장을 세분하고 나면 세분된 시장 가운데 진출할 시장을 선정해야 한다. 세분시장 하나하나가 모두 차별적으로 공략할 만한 가치가 있는지를 평가하는 것이 필요하다. 세분시장의 평가는 크게 두 가지 차원에서 이루어진다. 첫째는 수요 측면에서의 매력도로 시장 규모, 성장잠재력, 안정성, 가격탄력성, 구매자 파워 등을 들 수 있다. 둘째는 세분시장의 경쟁구조로 경쟁자의 수, 점유율 분포, 대체상품, 공급자의 파워 등을 들 수 있다. 표적시장 선정 방법은 시장에 대한 접근 방법에 따라 아래의 그림과 같이 3가지 형태로 구분할 수가 있다.

[그림 12-2] 표적시장 선정전략의 유형

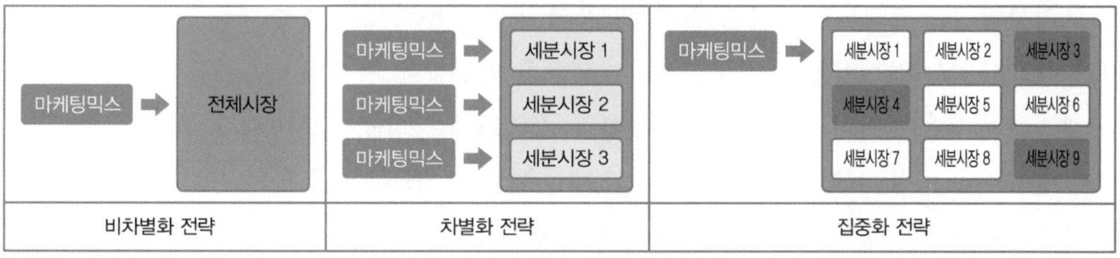

마케팅믹스 → 전체시장	마케팅믹스 → 세분시장 1 마케팅믹스 → 세분시장 2 마케팅믹스 → 세분시장 3	마케팅믹스 → 세분시장 1 세분시장 2 세분시장 3 세분시장 4 세분시장 5 세분시장 6 세분시장 7 세분시장 8 세분시장 9
비차별화 전략	차별화 전략	집중화 전략

첫째, 비차별화 마케팅(Undifferentiated Marketing)이다. 세분시장 간의 차이를 무시하고 하나의 제품으로 전체 시장을 공략하는 전략으로 소비자들 간의 차이보다는 공통점에 중점을 두며, 대량 유통과 대량 광고 방식을 채택한다. 이 전략은 소비자 간 욕구 차이가 그다지 크지 않고 단일 마케팅 믹스의 사용으로 인한 비용 절감 효과가 클 때 사용한다. 일관된 마케팅 믹스를 추구하므로 생산, 재고, 물류비용을 절감 할 수 있어 경제성을 갖는 장점이 있지만, 소비자의 다양한 욕구를 만족시키기 어려워 소비자를 경쟁사에 뺏길 가능성이 크다는 단점을 갖고 있다.

둘째, 차별화 마케팅(Differentiated Marketing)이다. 여러 개의 표적시장을 선정하고 각각의 표적시장에 적합한 마케팅 전략을 개발하는 전략으로 제품과 마케팅 믹스의 다양성을 통해 각 세분시장 안에서 높은 판매고와 강력한 위치의 구축이 가능하다. 각 세분시장에 맞는 시장별 마케팅 프로그램 비용, 제품개발 비용, 관리비용, 마케팅 조사비용 등이 추가로 소요되며 마케팅 전략실행에 큰 비용이 들어가기 때문에 소요될 비용을 고려한 예상 수익을 고려해야 한다. 이 전략은 비용의 상승보다 매출액의 상승과 전체 수익률 증가가 예상될 때 실행이 가능하다. 차별화 마케팅은 소비자 만족도 향상, 매출액 상승의 장점을 갖고 있지만, 복수의 마케팅 실행으로 마케팅 비용이 증가한다는 단점이 있다.

셋째, 집중 마케팅(Concentrated Marketing)이다. 기업의 자원이 제한된 경우, 큰 시장에서 작은 점유율을 누리기보다는 하나 혹은 소수의 작은 시장에서 높은 시장 점유율을 누리기 위한 전략이다. 특정 시장에 속한 소비자의 특성을 잘 알고 있기 때문에 강력한 위치의 획득이 가능하나 소비자들의 구매 행동이 변화하면 그 시장의 시장성은 사라지는 위험이 존재한다. 한정된 자원으로 세분시장을 잘 선정하여 기업의 마케팅 전략 집중화를 통해 높은 수익률 획득이 가능하나 극소수의 시장에 매달리므로 시장의 기호 변화, 강력한 경쟁사의 참여에 따라 위기에 직면할 수 있다. 집중 마케팅의 장점으로 시장 점유율과 수익률 향상, 마케팅 비용 절감, 소수 세분시장 집중 등이 있으며, 단점으로는 소비자 기호의 변화, 강력한 경쟁사 도전 등의 위험이 있다.

2.3. 포지셔닝 (Positioning)

포지셔닝이란 고객들의 마음속에 경쟁제품과 관련하여 자사의 특정 제품 컨셉을 개발하고 유지하고자 하는 마케팅 관리자의 결정이나 활동을 의미한다. 자사의 제품 혹은 경쟁적 위상을 고객들의 머릿속에 인식시키는 것을 의미한다. 스마트폰 시장에서 소비자가 제품을 선택할 때 가장 중요시하는 평가 요소가 카메라 화질과 제품의 슬림 정도라고 할 때 두 가지 평가 요소를 축으로 소비자의 의식상에 기존 브랜드의 위치를 매핑할 수 있다.

[그림 12-3] 신규브랜드 포지셔닝 맵

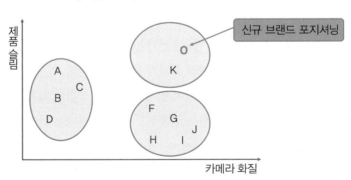

포지셔닝 맵(Positioning Map)을 통해 브랜드를 몇 개의 집단으로 그룹화가 가능하다.

첫째, 기존 브랜드 포지셔닝을 분석한다. 포지셔닝 맵 상 기존 브랜드의 위치를 살펴보면, 대체로 카메라 화질이 좋으면 제품의 슬림 정도가 떨어지거나 제품 슬림 정도가 높으면 화질이 떨어지는 경향을 볼 수가 있다. 둘째, 소비자의 선호를 나타낸 포지셔닝 맵을 보면, 화질이 좋고 슬림한 제품을 원하는 소비자가 많다는 것을 알 수가 있다. 셋째, 브랜드 포지셔닝과 소비자 선호 맵을 합해보면 브랜드 간의 경쟁상태가 명확해짐을 알 수가 있다. 화질이 좋고 제품이 슬림한 기종을 원하는 소비자가 많으나 기술적인 어려움 때문에 경쟁사는 K밖에 존재하지 않는다. 이에 신규브랜드 O를 K 주변에 포지셔닝 하는 것이 바람직한 전략이 될 것이다.

기업이 제품 포지셔닝 전략을 수립하기 위해서는 우선 자사 제품과 경쟁사 제품들이 시장에서 각기 어떻게 포지셔닝 되고 있는지를 파악해야 하는데, 이를 위해 사용되는 방법이 포지셔닝 맵인 지각도(Perceptions)이다. 지각도는 여러 제품에 대한 소비자들의 지각에 바탕을 두고 2차원 또는 3차원의 도면 위에 신제품이나 기존 제품을 위치화 시킨 것이다.

기업이 포지셔닝 맵으로 차별화 포인트를 발견하면 이를 기반으로 포지셔닝 방법을 결정해야 한다. 기업이 선택할 수 있는 대표적인 포지셔닝 방법과 사례는 [표 12-4]와 같다.

[표 12-4] 포지셔닝 유형과 사례[162]

유형	사례
디자인 포지셔닝	• 애플(Apple)의 세련된 디자인 • 재규어(Jaguar)의 볼륨감 있는 차량 디자인의 고급스러움
가격 포지셔닝	• 도요타(Toyota)의 렉서스 벤츠와 BMW 보다 낮은 가격
편익 포지셔닝	• 할리데이비슨 '제품을 팔다'가 아닌 '타는 즐거움을 판다', 라이프스타일 제안
기능적 포지셔닝	• 유니레버의 바세린 인텐시브레스튜 바디로션 피부 내 수분 3배 증가
사용 상황 포지셔닝	• 지프의 체로키(Grand Cherokee) '산악지형에 사는 사람보다 더 기동성이 있다' 언덕을 넘을 때, 뛰어다니는 것을 보여줌
사용 그룹 포지셔닝	• 닌텐도의 DS 게임 초보자들도 쉽게 사용할 수 있음
서비스 차별화 포지셔닝	• 쿠팡의 로켓배송 • 마켓컬리의 새벽 배송
차별적 이미지 포지셔닝	• 에비앙의 고급 미네랄 워터 이미지 • 제주 삼다수의 화산 현무암층 천연수 이미지

조사해보기

1. 각자 상품 아이디어를 1개를 정하고, 점포마다 가격을 조사해 보시오.

2. 국내 커피 브랜드 시장점유율 상위 5개 브랜드 아메리카노의 ml당 가격을 조사하고, 시장점유율과 가격을 기준으로 포지셔닝 맵을 작성해 보시오.

3. 마케팅 믹스 전략

3.1. 마케팅 믹스 전략의 개념

일반적으로 마케팅에 대해 가지고 있는 가장 큰 오해 중 하나는 마케팅을 판촉, 판매, 광고하는 방법에 관한 것으로 생각하는 것이다. 판촉이나 광고는 여러 마케팅 방법 중 하나이다. 마케팅 믹스는 마케팅 담당자가 목표시장을 식별하고 도달하기 위해 사용하는 기본 전략 및 접근 방식을 포괄하는 개념이다.

제품 및 서비스에 대한 마케팅 믹스의 구성요소에는 제품(Product), 가격(Price), 유통(Place), 프로모션(Promotion)이 있으며, 이를 마케팅 4P라고 한다. 마케팅 믹스 각 요소는 표적고객을 중심으로 서로 가장 효과적인 가치 창출을 하는 방향으로 상호조정 및 협력하는 특징을 보인다. 예를 들어 가격에 민감한 소비자를 대상으로 피자점을 창업한다고 가정해 보자. 소비자가 수용할 수 있는 가격이 되기 위해서는 경쟁자보다 저렴해야 할 것이다. 이에 마케팅 전략은 원가를 최소화하는 쪽으로 마케팅 믹스가 구성될 것이다. 따라서 식재료의 양과 질을 조절하여 원가를 낮추고, 광고나 할인행사도 제한적으로 진행할 수밖에 없다. 또한, 유통비용을 줄이기 위해 점포세가 저렴한 외곽지역에 입점하고 배달을 중심으로 운영하는 전략이 효과적일 것이다.

[그림 12-4] 마케팅 믹스 요소

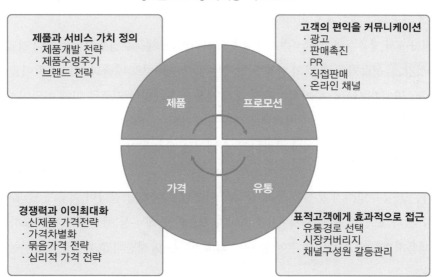

3.2. 마케팅 믹스(Marketing Mix)

3.2.1. 제품(Product)

제품은 고객의 요구나 욕구를 충족시키는 가치 덩어리(bundle of value)로 정의할 수 있다. 창업기업이 제공하는 상품에는 TV, 스마트폰, 자동차, 의류 등과 같이 만지고, 냄새를 맡고, 듣고, 볼수 있는 유형제품과 의료서비스, 교육 서비스, 법률 컨설팅과 같이 보이지 않는 서비스로 구분된다.

제품은 수준에 따라 핵심제품, 유형제품, 확장제품으로 구분된다. 핵심제품은 소비자가 제품을 추구하는 본질적 혜택을 의미한다. 예를 들어 소비자가 음료수를 마시는 궁극적인 목적은 갈증을 해소하는 것인데 이것이 핵심제품이다. 유형제품은 제품의 물리적 실체를 의미하는 것으로 자동차는 외장, 핸들, 브레이크 등의 물리적 속성의 집합이다. 일반적으로 유형제품을 제품으로 지칭한다. 확장제품은 품질보증, 사후 서비스, 배송 등의 주변 요소를 의미한다.

창업기업이 경쟁우위를 가지기 위해서는 고객에게 제공할 제품의 가치를 정확하게 정의하는 것이 중요하다. 기존 제품으로 충족되지 못한 소비자의 욕구를 파악하고, 이를 충족시킬 가치를 제안 해야 한다. Under Armour 창업자 케빈 플랭크(Kevin Plank)는 운동선수들이 땀에 흠뻑 젖은 운동복을 자주 갈아입는 것을 보고, 기존 스포츠웨어가 해결해 주지 못한 기회를 발견하였다. 그는 땀으로부터 운동복을 뽀송뽀송하게 유지시켜 줄 수 있는 특수극세사 소재로 운동복을 만드는 회사를 창업하였다. 언더아머는 운동선수를 젖은 땀에서 해방시키는 편익을 제공함으로써 Nike의 강력한 경쟁자가 되었다[163].

　제품전략에서 제품수명주기는 중요한 요소의 하나이다. 제품수명주기는 시간이 지남에 따라 도입기, 성장기, 성숙기, 쇠퇴기의 단계를 거치는데 각 단계별로 매출과 이익에 차이를 보인다. 도입기에는 판매가 서서히 증가하지만 막대한 제품 연구개발비 지출로 인해 이익이 발생하지 않는 단계이고, 성장기는 매출과 이익이 급속하게 증가하며, 성숙기는 시장이 성숙하여 매출 성장이 둔화하고 이익은 정체되거나 하락하고, 쇠퇴기는 매출과 이익이 모두 감소하는 경향을 보인다.

　기업가는 제품수명주기 분석을 통해 성장의 단계별로 마케팅 전략이 어떻게 달라지는지를 파악할 수 있다. 도입기 단계에서는 신규 소비자 확보와 함께 유동 채널 확보가 중요하고, 성숙기에는 제품차별화에 초점을 맞추어야 하며, 쇠퇴기에는 마케팅의 효율성을 확보하는 전략이 중요하다.

토의과제

누가 나의 고객일까요?

　지수의 사랑하는 애견 '땡구'가 많이 아픈가 봅니다. 주위에 동물병원이 많이 있지만 제일 가까이 있는 A동물병원은 주차장도 있고 병원비도 저렴하지만, 고객 리뷰가 그리 좋지는 않습니다. 자동차로 20분이 걸리는 조금 먼 곳에 있는 B동물병원은 주차장도 없고 병원비도 비싸지만, 지수가 병원리뷰를 검색해 본 결과 병원 서비스에 대한 만족도가 높아 입소문이 나 있는 병원이었습니다. 엄마는 치료비도 저렴하고 가까운 동물병원을 가라고 합니다. 지수와 아빠는 병원에 가기 위해 집을 나섭니다.

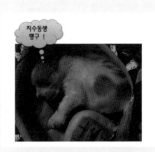

1. 땡구의 실질적인 견주인 지수는 어느 병원을 선택할까요?
2. 여러분이 동물병원 원장입니다. 여러분의 고객은 누구인가요? 그렇게 생각한 이유는 무엇인가요?

3.2.2. 가격(Price)

가격이란 소비자가 제품 혹은 서비스의 소유나 사용으로 얻게 될 편익에 대한 반대급부로 지불하는 대가를 의미한다. 가격은 창업기업의 매출과 수익에 직접적인 영향을 주고 고객이 시장에서 제품의 상대적 지위를 평가하는 데 영향을 미치기 때문에 매우 중요하다. 소비자는 제품에 대한 사용경험이나 정보가 부족한 신제품일수록 가격을 품질과 연결하는 경향이 강하다. 기업가는 가격전략을 수립할 때 소비자가 제품의 효용가치를 기준으로 합리적 구매 결정을 하는 경우도 있지만, 충동구매와 같이 심리적 요인에 의해 영향을 받는다는 점을 고려해야 한다.

기업가는 신제품 가격전략으로 초기고가전략과 시장침투가격전략을 고려할 수 있다. 초기고가(skimming pricing)전략은 초기에 제품 연구개발비와 기타 투자자금을 회수하거나 이익을 확보할 목적으로 신제품을 출시할 때 처음부터 상대적으로 가격을 높게 설정하는 전략이다. 일반적으로 혁신제품의 혜택을 원하는 얼리어답터(early adopter) 층은 높은 가격을 수용하는 경향이 있다. Apple의 아이폰은 초기고가전략을 사용하였다. 반면 시장침투 가격(penetration pricing)전략은 시장점유율을 확대하기 위해 신제품의 도입단계에서 낮은 가격을 설정하여 대량판매를 통해 이익을 확보하는 전략이다.

기업가가 활용할 수 있는 가격전략에는 가격차별화 전략, 묶음 가격전략, 심리적 가격전략 등이 있다. 가격차별화 전략은 수요에 기반하여 수요가 많을 때는 높은 가격을 수요가 적을 때는 낮은 가격을 책정하는 전략이다. 영화의 조조할인, 철도 주중 할인, 호텔과 항공사의 비수기와 성수기 가격차별화가 대표적인 예이다. 묶음가격전략은 제품과 선택사양 등을 묶어 하나의 가격으로 제시하는 전략이다. 맥도날드의 세트 메뉴나 컴퓨터와 프린터를 묶음 가격으로 판매하는 것이 대표적인 예이다. 심리적 가격전략은 고객의 지각 특성을 고려하는 것을 의미한다. 대표적인 사례가 단수가격이다. 단수가격이란 제품 가격의 끝자리를 단수로 표시하여 소비자들이 저렴하다고 인지하는 가격을 의미한다. 10,000원짜리 제품을 9,990원에 판매하면 가격은 단지 10원 차이가 나지만, 소비자가 인식하는 두 가격의 차이는 10원 보다 더 크다.

3.2.3. 유통(Place)

유통은 창업기업의 제품이나 서비스를 어떤 유통경로를 통해 표적시장이나 고객에게 제공할 것인가를 결정하고 새로운 시장기회와 고객가치를 창출하는 일련의 활동이다. 창업기업이 새로운 시장을 개척할 때 극복하기 가장 어려운 문제가 적절한 유통채널을 확보하는 것이다. 예를 들어, 새로운 아이스크림을 출시하려는 창업기업이 기존 소매점포 냉장고에 자신의 제품을 진열하는 것은 매우 어려운 일이다.

기업가가 선택할 수 있는 유통경로는 직접유통, 간접유통, 혼합유통으로 구분할 수 있다. 직접유통 방식은 제품을 온라인 쇼핑몰 또는 오프라인 직영소매점에서 고객에게 직접 판매하는 방식이다. 간접 유통 방식은 도매상이나 소매상과 같은 중간 유통업자를 개입시켜 제품을 유통하는 것이고, 혼합방식은 직접방식과 간접방식을 혼합하여 사용하는 방식이다. 기업이 혼합이나 멀티유통채널을 활용할 경우에 고객발굴 비용 절감, 소비자에게 다양한 선택옵션 제공, 고객정보 획득, 복수 세분시장에 접근 용이성, 마케팅 도구 간 시너지 효과 달성 등의 이점이 있다. 하지만 다채널 유통전략은 창업기업이 부족한 자원으로 운영하기에 복잡하고, 인력과 재원 등 추가 자원이 필요하므로 기업의 역량과 자원 수준을 고려하여 선택하는 것이 필요하다.

[그림 12-5] 유통경로 유형

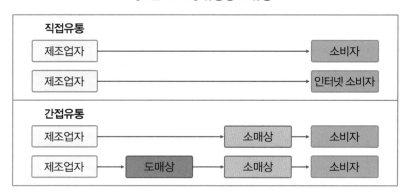

창업기업이 유통경로를 설계할 때 시장커버리지(market coverage)정도에 따라 개방적 유통경로, 선택적 유통경로, 전속적 유통경로 전략을 선택할 수 있다. 어떤 전략이 적합한지는 제품이나 서비스의 특성에 따라 달라질 수 있다. 개방적 유통경로는 모든 판매업자에게 제품 판매를 허용하는 전략으로 편의품과 같이 구매회전이 빠른 제품에 적합하다. 식료품, 기호품, 생활필수품 등이 좋은 예이다. 탄산음료의 경우 슈퍼마켓, 편의점, 식당, 자판기, 패스트푸드 매장 등 다양한 장소에서 판매된다. 전속적 유통경로는 특정 지역이나 시장에 한하여 도매상 또는 소매상에게 독점적 권한을 부여하여 그들에게만 제품을 유통하는 전략이다. 보통 명품가방, 자동차, 고급가구 등과 같은 고가의 럭셔리 제품이나 전문품에 많이 활용된다. 선택적 유통은 개방적 유통경로와 전속적 유통경로의 중간 형태로 다수의 중간상 중 일부에게 선택적으로 판매 권한을 부여하는 전략으로 특정 유통업자를 통해 진행하는 유통 방식이다. 일반적으로 의류, 가구, 일반 가전제품 등과 같은 선매품에 활용된다.

3.2.4. 프로모션(Promotion)

프로모션은 창업기업이 자사의 제품과 서비스에 대한 메시지를 소비자에게 알리고 구매를 설득하는 마케팅 커뮤니케이션 과정이다. 프로모션 도구도 마케팅 믹스와 같이 상황에 따라 다양한 믹스전략이 가능하다. 예를 들어 사업 아이템이 화장품이나 스마트폰처럼 소비재인 경우에는 광고나 가격할인 같은 판매촉진이 효과적이지만, 산업용 3D 장비 같은 고가의 산업재는 영업사원이 직접판매 방법을 사용한다. 프로모션에서 활용되는 도구는 광고, 판매촉진, PR, 직접판매, 온라인 채널 등이 포함된다[164]. 광고는 라디오, 신문, 잡지 등을 통한 대중매체를 활용하여 간접적으로 고객에게 제품 또는 서비스의 내용을 전달하고 구매를 설득하는 것이다. 판매촉진은 직접적인 제품구매를 유도하기 위해 무료 증정, 샘플 증정, 사은행사 등의 이벤트를 기획하여 수행하는 것을 의미한다. PR(Public Relations)은 특허나 수상실적 등과 같은 사건을 뉴스화하여 기업에 대한 긍정적인 이미지를 구축하여 장기적으로 제품이나 서비스 판매를 유도하는 활동을 의미한다. 직접판매는 판매원을 통해 직접 고객과 대면하여 판매하는 방식으로 카탈로그, 우편, 전화, 직접 방문 등을 활용할 수 있다. 온라인 채널 전략은 인터넷이나 페이스북 같은 모바일을 사용하여 프로모션을 전개하는 전략이다.

핵심주제 확인학습

아래의 주제들에 대해 자신의 견해를 정리하고, 다른 팀원들과 토론해 보시오.

자신의 잠재력에 관하여 다시 생각하기	마케팅과 판매의 차이점을 토론해 보자
본문 내용 확인하기	맞으면 T, 틀리면 F 하시오. ( ) 전통적 마케팅과 기업가적 마케팅은 같다. ( ) 마케팅 믹스의 4P는 제품, 프로모션, 가격, 사람이다.
본문 내용 파악하기	아래 질문에 대해 간략하게 대답하시오. 01_ 마케팅의 STP 전략이란 무엇인가?
의견 발표하기	팀별로 다음 주제를 토론해 보시오. 01_ 피터 드러커(Peter Drucker)는 마케팅은 '판매를 필요 없게 만드는 것'이라고 했다. 이 말의 의미에 대해 토론해 보시오. 02_ 맥도날드의 경쟁자는 누구인가?
추론하기	다음 제품의 본질적 니즈(needs)는 무엇인가? 표 아래 참조

다음 제품의 본질적 니즈(needs)는 무엇인가?

상품	니즈	상품	니즈
비행기		드릴	
초밥		사이다	
책		지하철	
연필		화장품	

제13장

창업팀 구축과 관리

학습목표

- 창업팀 구성이 필요한 이유를 설명할 수 있다.
- 효과적으로 창업팀을 구축하고 관리하는 방법을 설명할 수 있다.

1. 창업팀 구축

1.1. 창업팀 구축의 중요성

창업의 3대 구성요소는 우수한 아이디어, 자본, 탁월한 인력으로 구성된 창업팀이다. 모든 요소가 중요하지만, 창업기업을 실질적으로 움직이는 인력의 중요성은 아무리 강조해도 지나치지 않다. 성공 가능성이 높은 좋은 아이디어도 사람에게서 나오고, 아이디어를 상품화로 구현해 내는 것도 결국 사람인 창업팀이다. 한국은 물론 세계적으로 창업에 성공한 기업의 공통점 중 하나는 우수한 팀원이 있었다는 것이다. 스티브 잡스와 스티브 워즈니악, 휴렛과 팩커드, 빌 게이츠와 폴 앨런, 레리 페이지와 세르게이 브린은 창업팀을 구성하여 함께 일할 인력을 확보하였다는 공통점이 있다.

오늘날과 같이 창업환경의 복잡성과 불확실성이 증가할수록 팀 창업의 필요성은 증가한다. 이는 전문성을 지닌 큰 인력집단일수록 복잡한 문제를 보다 효과적으로 해결할 가능성이 크기 때문이다. 큰 조직이 문제를 보다 효과적으로 해결하는 이유는 더 많은 정보를 흡수하고 재생산 할 수 있고, 추정과 분석을 통해 오류를 더 많이 수정할 가능성이 크며, 더 많은 문제 해결 대안을 고려하는 한편, 더욱 폭넓은 관점에서 문제를 조명하기 때문이다. 따라서 개인보다는 전문지식으로 무장한 창업팀이 창업기업의 성장과 생존율을 높일 가능성이 크다[165]. Timmons와 Spinelli는 "지금은 기술과 사업가, 돈, 벤처 캐피탈 회사가 넘쳐나는 시대이다. 단지 부족한 것은 훌륭한 팀이다. 창업자가 수행해야 할 가장 큰 도전은 훌륭한 팀을 구성하는 것이다"라며 창업팀의 중요성을 강조하였다[166].

우리 사회는 동업(同業)은 절대로 하지 말라는 것이 금언(金言)으로 되어 있다. 사회 전반적으로 신뢰 자본이 축적되어 있지 않았을 때는 적절한 금언인지 몰라도 경제 수준이 선진국 문턱에 있는 현재 상황에선 꼭 맞는 말이라고 보기 어렵다. 무리한 '나홀로'보다는 위험 부담을 줄이면서 전문지식과 각기 다른 경험을 충분히 활용할 수 있는 팀 창업은 경쟁력이 있다. 특히, 청년층의 열정과 패기 그리고 장년층의 자본과 경험이 결합한 세대 간 협업(協業) 창업은 성공 확률을 높이는 대안이 될 수 있다.

> **참고자료**
>
> **스티브는 잡스 혼자가 아니다!**
>
> 잡스와 워즈니악은 고등학교 시절 전자 관련 동아리에서 처음으로 만난 선후배 사이이다. 잡스와 워즈니악은 블루박스(Blue Box)를 개발하였고, 1975년 컴퓨터의 주요 부품 중 하나인 인쇄회로기판(PCB)을 개발한 후 '애플 I'의 사업 가능성을 확인하게 된다. 스티브 잡스는 워즈니악에게 창업을 제안하였다. 이들은 각자의 역량을 충분히 발휘하여 성공적인 사업성과를 달성한다. 워즈니악은 기술개발에 집중하고, 스티브 잡스는 경영과 마케팅 업무를 맡았다.

1.2. 팀 창업의 장점

팀 창업은 창업 성공의 중요한 영향 요소 중의 하나이다. 실제로 팀 창업이 1인 창업보다 좋은 성과를 내고 있다. 중소기업청의 창업기업 실태 조사에 따르면 팀 창업(동업)이 1인 창업보다 자본금과 이익은 더 높고 부채는 줄일 수 있으며, 고용 효과는 더 높은 것으로 나타났다[167]. 초기 투자금은 동업이 평균 3억 5천만 원으로 1인 창업 2억 4천만 원보다 1억 천만 원 이상 많았다. 반면 부채는 창업팀(동업)이 2억 3천 4백만 원으로 1인 창업 2억 6천 9백만 원보다 3천 5백만 원 적었다. 창업 성과 측면에서도 팀 창업의 경우 영업이익이 4억8천만 원으로 1인 창업 4억2천만 원보다 6천만 원 더 많았고, 고용 창출 효과 측면에서도 팀 창업이 평균 3.7명인 데 반해, 1인 창업은 3.2명으로 나타났다.

창업팀 빌딩(startup team building)은 나홀로 창업보다 많은 장점을 가지고 있다.

첫째, 창업에 필요한 초기 비용을 절감할 수 있다. 충분한 창업자금이 확보된 상황에서 창업을 하는 경우는 거의 없다. 대부분의 창업자는 각종 임대료와 공과금, 비품 구매, 신제품 개발과 생산, 영업비용 등으로 초기 창업자금 운용에 어려움을 겪게 된다. 창업자가 자금운영과 관련하여 가장 부담되는 부문이 인건비이다. 기업의 초기 비용 중 가장 큰 비중을 차지하는 것이 인건비이기 때문이다. 창업팀으로 창업을 하게 되면 조달 가능한 자금 상황에 맞추어 급여 수준을 결정하거나 자금 사정이 정말 어려운 경우 최소한의 급여만으로도 인력을 운영할 수 있기 때문이다. 경력이 5년 이상인 3명의 팀원으로 창업팀을 구축한 후, 임금 대신 스톡옵션을 받기로 하였다고 가정해 보자. 이럴 경우 최소 1~2억 원 자금을 유연성 있게 활용할 수 있다. 또한, 수익을 내지 못하는 최악의 상황에 직면하더라도 사업성과에 대한 공동책임 공감대가 작동하여 최소한의 비용으로 운영될 가능성이 높다. 통계자료에 의하면 우리나라의 경우 팀 창업(팀구성원 평균 2.9명) 시 1인당 창업비용이 1억 2천만 원으로, 나홀로 창업 2억 4천만 원의 절반 수준이었다. 부채는 팀 창업이 1인당 8천만 원으로, 나홀로 창업 2억 7천만 원의 3분의 1에 불과했다[168].

둘째, 팀원 간 시너지효과를 낼 수 있다. 창업팀 구축의 핵심요인은 팀원 각자가 업무의 중복이 없고 상호보완적이어야 한다. 전문성이 없는 사람으로 창업팀을 구성한다면 실패확률이 높다. 이러한 이유로 창업팀을 각기 다른 전문지식을 가지고 있는 구성원으로 형성하는 경우가 대부분이다. 사업 아이템의 특성이나 사업 형태에 따라 차이가 있겠지만 이상적인 형태는 사업아이템의 기술개발, 기획 및 영업, 디자인 등의 각 분야 구성원으로 팀을 구성하는 것이다. 이에 비해 나 홀로 창업자의 경우 창업자 기대수준에 맞는 팀원을 구하기가 쉽지 않다. 예를 들어, 실패위험이 크고 임금이나 복지 혜택도 열악한 스타트업 기업에 우수한 인재가 미래의 기회만을 보고 입사하는 경우는 많지 않다.

[그림 13-1] 팀 창업과 1인 창업 비교

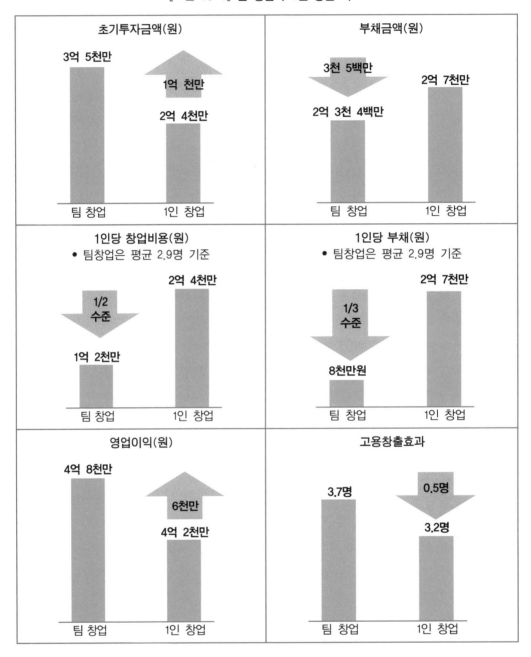

셋째, 팀 창업은 나 홀로 창업에 비해 창업자금을 유치하는데 유리할 수 있다. 투자자들은 사업아이템의 우수성보다는 실질적으로 아이디어를 상품으로 구현하는 우수한 팀에게 관심이 높기 마련이다. 엔젤투자자 중 한 사람인 요시 바르디는 비즈니스 모델과는 상관없이 창업자들의 면면만 보고 그 자리에서 투자를 결정한다고 하였고, 실리콘 밸리 투자전문가 론 콘웨이도 "투자에서 가장 중요한 요소는 시장의 크기와 창업자의 능력이지만, 결국 시장의 크기는 창업자가 극대화할 수 있다"고 하였다[169]. 일반적으로 사업 기회의 타당성을 평가할 때 고려되는 시장환경, 성장 가능성, 수익성, 경쟁력 여부 등은 불확실한 경우가 대부분이다. 따라서 투자자는 확실한 근거가 되는 창업자 또는 창업팀의 역량을 바탕으로 투자할 수밖에 없다. 나 홀로 창업자의 경우 과거에 풍부한 사업관련 경력이 있거나 창업에 성공한 경험이 있는 경우가 아니면 투자를 유치하기가 창업팀보다 어려운 것이 현실이다.

넷째, 창업팀 구성원은 유효한 자산이 될 수 있다. 창업이 성공적인 결과로 이어지는 경우는 많지 않다. 창업팀 구성원으로 함께 활동하면서 많은 시간을 같은 목표를 위해 함께 보낸다. 이는 설령 창업에 실패하더라도 팀원은 훌륭한 인적자산으로 남게 된다. 창업에 함께 한 팀원은 일반 직장생활에서의 동료와는 비교할 수 없는 가치를 가진다.

2. 창업팀 구축과 관리

2.1 창업팀 구축 시 고려요인

창업 초기의 팀 구성은 사업의 성패를 결정하는 중요 요인이다. 팀 창업이 중요하다고 하더라도 항상 정답이 되는 것이 아니기 때문에 팀 창업이 적절한지를 평가해 보는 것이 필요하다. 와서먼은 창업자의 딜레마를 통해 팀 창업과 1인 창업을 결정할 때 고려해야 할 요인들을 제시하였다[170]. 우선 창업자는 창업에 필요한 인적자본(인맥), 사회적자본(경험) 그리고 창업 자본을 자신이 보유한 자본과 비교하여 부족한 정도를 기준으로 팀 창업과 1인 창업을 선택할 수 있다. 즉, 필요한 자본이 충분할 때 1인 창업을 선택할 수 있지만, 어느 한 부분이라도 부족하다면 팀 창업을 고려해야 한다. 예를 들어 복잡한 의료기기를 설계에서부터 개발과 테스트, 특허 확보, 법규, 영업 및 판매계획 수립 등의 모든 과정을 수행한다면 팀 창업이 필요하지만, 의료기 유통 회사를 설립하는 정도의 창업이라면 1인 창업도 고려될 수 있다.

창업자가 기업에 대해 추구하는 가치도 중요한 고려요인이다. 창업자가 지배력을 우선시하는 경향이 강할수록 1인 창업을 선호할 것이고, 창업의 가치를 추구할수록 팀 창업이 적절할 것이다. 창업기업이 직면한 환경도 팀 창업 여부에 영향을 미칠 수 있다. 창업환경이 복잡하거나 빠르게 변화하는 경우 제품 개발과 고객 확보 경쟁이 치열하므로 팀 창업의 필요성은 증가한다[171].

[표 13-1] 팀 창업과 1인 창업 고려요인

팀 창업	1인 창업
• 인적자본(인맥), 사회적자본(경험), 금융자본 부족함 • 창업 초기에 발생하는 업무를 창업자가 혼자 처리하고 싶지 않음 • 타인과 협력 스타일 • 창업자에게 지원이나 검증이 필요함 • 산업의 변화 속도가 빠르고, 특히 선도업체에 유리하거나 연계 효과가 있는 사업임	• 인적자본, 사회적자본, 창업자본이 충분함 • 의사 결정권 소유 경향이 강함 • 창업자가 지원이나 검증의 필요성을 원하지 않음 • 사업 규모가 작고 산업의 변화 속도가 느림

둘째, 창업 진행 단계별로 창업팀 구성 멤버를 조정하는 것을 고려해야 한다. 창업 초기 단계에서는 제품개발에 주력하기 때문에 마케팅이나 기획자를 팀원으로 구성하는 사례는 이상적이지 않다. 제품도 없는 상태에서 그들의 역할이 당장 필요치 않기 때문에 인적자원을 효율적으로 활용하지 못할 가능성이 크다.

셋째, 팀원 간 많은 시간을 함께하기 때문에 전문성 위주로 신중하게 구성해야 한다. 창업은 힘들고 지루한 과정이기 때문에 강력한 팀워크가 요구된다. 만약 사업 중간에 이탈자가 생길 경우 사업에 부정적인 결과를 가져올 수 있다. 창업분야의 특성에 맞게 팀원을 구성하는 것이 바람직하다. 모바일 분야의 기술창업이라면 창업팀에 반드시 기술에 대해 잘 이해하는 엔지니어가 포함되어야 한다. 서비스분야 창업이나 기존 제품을 판매하는 창업의 경우에는 영업 또는 마케팅 전문가를 참여시키는 것이 좋다.

넷째, 창업팀을 구성할 때 누구와 함께 하는 것이 가장 좋은지에 대한 고려도 필요하다. 가족이나 친구는 신뢰가 돈독하고 창업에 강한 열정을 보일 수 있다. 소규모 카페나 음식점 창업의 경우에는 가족이나 친구가 좋은 창업멤버가 될 수 있다. 하지만 기술창업이나 벤처창업의 경우는 한번 생각해 볼 필요가 있다. 가족이나 친구에게 업무처리 역량과 같은 민감한 얘기를 공식적으로 이야기하기는 쉽지 않다. 극단적인 경우 해고를 하고 싶어도 못하는 경우가 생긴다. 이는 친구와 가족의 경우 지금까지의 신뢰가 무너질 것을 두려워해 공식적으로 협의해야 하는 이슈들에 대해 덮고 넘어가는 경우가 많기 때문이다. 특히, 우리나라 사람들은 무언의 언어를 중시하기 때문에 민감한 문제를 공개적으로 대화 나누는 것을 꺼리는 경우가 더 많다. 가족이나 우정만 믿고 친구와 기술창업을 시작한다면 친구와 사업을 모두 잃을수도 있다. 트위터 창업자인 에번 윌리엄스는 1990년대 중반 여자 친구와 함께 블로거(blogger)를 창업하였다. 그러나 그와 경영권 갈등을 겪으며 여자 친구는 물론 여자 친구가 영입한 직원들까지 모두 잃었다.

> **토의과제**
>
> • 다음중 공동 창업자로 가장 적합한 사람은? 그 이유는?
>   ① 친한 친구　　② 가족　　③ 예전 직장동료　④ 외부 전문가
>
> 참고 : 예전 직장동료가 공동 창업자로 좋은 이유로는 우선 같은 직장에서 오랜 시간 일한 경험이 있어 서로의 장단점을 잘 파악하고 있을 가능성이 높고, 적당한 위계질서가 정립되어 있으며, 공동의 목표를 향한 열정도 공유할 가능성이 높기 때문이다.

다섯째, 갈등관리 시스템을 미리 구축할 필요가 있다. 창업 활동과정에서 팀 구성원 간 갈등이 발생할 경우를 대비하여 준비가 필요하다. 하나의 해결 대안으로 팀 구성원 간 기본적인 사항들에 대해 합의된 계약서를 작성해 두는 것이다. 계약서에는 구성원들의 역할과 책임, 구성원 간의 지분율과 주식발행 여부 결정, 자금관리에 관한 기본사항, 퇴직 시 보유지분의 처리와 인수인계에 관한 건, 퇴직 시 금전적 책임에 관한 내용 등이 포함될 수 있다. 특히, 퇴직 시 문제가 발생하는 경우가 많기 때문에 평소 팀원과 관계가 좋을 때 담당 업무에 대한 자세한 직무 설명서를 받아둘 필요가 있다. 극단적인 경우 팀원이 나가면 구성원 중 누구라도 업무를 수행할 수 있을 정도로 자세한 직무 설명서를 작성해 두는 것이 필요하다.

여섯째, 글로벌 창업의 경우 팀 구성을 다양화 하는 것이 필요하다. 한국 사람 보다는 현지 시장과 문화에 익숙한 다양한 인력이 합류되어야 좋은 팀이다. 좋은 기술을 가지고 있지만 글로벌화가 안 되는 주된 이유는 팀 구성이 다양하지 못한데 있다. 특히 창업 대국이라 할 수 있는 이스라엘과 중국의 창업 관련 기관은 다양한 인적교류를 통해 미국에서 성공의 기회를 잡는 반면 한국 창업자는 다양성 보다는 한국인으로 팀을 구성되는 경향이 있어 글로벌 시장을 타켓으로 하는 창업에 한계를 드러내고 있다.

일곱째, 창업팀을 구축할 때 너무 많은 멤버로 구성하지 않도록 한다. 초기에 아무리 의기투합하여 팀을 구성하더라도 시간이 지날수록 서로 다른 의견이 표출되기 마련이다. 의견충돌이 모두 의미 없는 것은 아니지만 일이 비효율적으로 진행될 가능성이 크다. 멤버가 많을수록 사소한 의견차이가 파벌형성과 감정싸움으로 확대되어 결국 팀의 해체로 이어질 가능성이 높다. 주요 업무 영역의 업무가 과다할 때 그것을 줄여주기 위해 멤버가 필요하지만 팀 구성원이 많아지면 복잡도가 기하급수적으로 증가한다는 점도 간과해서는 안 된다.

2.2 창업팀의 기업가 역할

창업기업의 경우 사업 초기에는 기업가의 역량에 따라 기업의 성공과 실패가 좌우되는 정도가 높다. 따라서 기업가의 리더십은 팀원들의 기업에 대한 몰입, 직무만족, 기업성과에 이르기까지 광범위하게 영향을 미친다. 기업가는 선장과 같이 거친 바람과 풍랑을 만나도 배를 목적지에 안전하게 이끌어가는 역량이 필요한 사람이다[172]. 이는 창업팀을 이끌어가는 기업가 역할이 그만큼 중요함을 의미한다. 창업팀을 효과적으로 이끌기 위해 창업가에게 요구되는 역할은 다음과 같다.

첫째, 창업팀을 이끌어 가는 리더십과 함께 팀원과 비전을 공유할 수 있어야 한다. 리더로서 구성원들에게 성장 비전을 제시한다는 것은 구성원들에게 기업목표를 되도록 정량화된 방법으로 명확하게 표현하고, 멤버들에게 높은 기대감과 확신을 보임으로써 적극적인 동기유발을 꾀하는 것이다. 또한, 기업의 인재상과 비전, 가치를 공유할 수 있는 소통의 장을 만들어야 한다는 것을 의미한다. 복잡하고 어려운 환경에서 명확한 미래 비전을 제시해 주는 기업가를 믿고 팀원이 따라갈 때 원하는 목표에 도달 할 수 있다.

둘째, 팀원의 조직 몰입도를 높이기 위해 공정한 평가와 보상체계를 갖추어야 한다. 즉, 멤버들의 성과를 공정하게 평가하는 시스템 구축과 함께 그에 부합하는 보상을 제공하며 높은 성과를 낸 구성원에게는 파격적인 보상을 제공하는 차별화 전략을 병행할 필요가 있다.

셋째, 기업의 대표로서 외부 고객과 원활한 커뮤니케이션, 문제 해결 능력, 투자유치 등 조직의 장으로서 능력이 요구된다. 특히 창업기업은 자금조달에 어려움을 겪는 경우가 많다. 창업초기 시드머니(seed money) 확보를 위해 엔젤투자자에 투자를 요청하는 경우에도 투자자는 기업가의 역량을 보고 투자하는 것이 일반적이다.

넷째, 링겔만 효과가 일어나지 않도록 관리가 필요하다. 시너지 효과는 전체적 효과에 기여하는 각 기능이 상호 호혜적인 협력이 발휘되어 기대 이상의 효과를 내는 것을 의미한다. 하지만 자칫 잘못 운영되면 링겔만 효과를 야기할 수도 있다. 링겔만 효과는 집단 속에 참여하는 개인의 수가 늘수록 성과에 대한 1인당 공헌도가 오히려 떨어지는 현상을 의미한다. 창업팀 구성을 잘못할 경우 이와 같은 사회적 태만(social loafing), 방관자 효과를 낳는 책임감 분산 현상이 나타날 수 있기 때문에 창업자는 이에 대한 주의가 필요하다.

　다섯째, 창업자는 창업팀을 구성할 때 적절한 인원 수준을 결정해야 한다. 창업기업은 체계적으로 시스템화 되어 있는 일반기업과 달리 규모가 클수록 커뮤니케이션 문제가 발생하거나 업무처리 속도가 지연되기 쉽다. 실제로 창업에 성공한 페이스북, 링크드인, 드롭박스와 같은 기업 중에서 4명 이상이 공동창업을 한 경우는 거의 없다.

[표 13–2] 우수한 팀과 기업가형 리더의 특성[173]

우수한 팀	창업가형 리더
• 관련 분야의 경험과 경력 보유 • 헌신적 태도, 결단력, 투지 • 창의력, 적응력 • 팀 중심의 의식 • 남보다 앞서려는 성취욕구 • 불확실성, 모호함, 위험에 대한 인내심 • 기회에 대한 강박 관념적 몰입	• 남보다 빠르게, 효과적으로 학습하고 가르침 • 역경을 슬기롭게 극복함 • 도덕성, 신뢰성, 정직성 • 리더십을 가지고 팀원들을 통솔 • 소통 능력이 뛰어남

3.　창업팀 갈등관리

3.1 갈등의 원인과 유형

　갈등(conflict)은 개인이나 조직이 가진 목표, 이해관계, 감정들이 서로 복잡하게 뒤얽혀 충돌하고 있는 상황을 의미한다. 조직 내에서 발생하는 갈등은 개인이 각기 다른 성장배경에서 형성된 선천적 요인과 서로 다른 사회 경험과 조직생활과 같은 후천적 요인에 의해 발생 된다고 할 수 있다. 결국 갈등의 발생 배경은 개인의 성장 과정과 배경의 차이, 사회 및 조직 경험의 차이, 조직 내 지위와 가치의 차이다[174]. 창업팀에 참여하는 공동 창업자나 팀원도 각기 다른 성장배경과 사회·조직 경험을 가진 경우가 대부분이다. 특히, 창업아이디어를 사업화하는 창업팀는 성공의 불확실성이 높기 때문에 팀 구성원 간 갈등이 빈번하게 나타난다.

갈등은 과업 갈등과 관계 갈등으로 구분할 수 있다[175]. 과업 갈등은 업무에 관한 서로 다른 관점, 아이디어 개발, 의견 등과 같이 과업을 수행하는데 있어 조직 구성원들 사이의 불일치로 발생 된다. 주로 업무를 수행하는 목표와 내용과 관련 있다. 과업갈등은 기업 내부 이슈와 관련하여 일어나는 갈등으로 업무에 긍정적인 영향을 미칠 가능성이 있다. 관계 갈등은 팀 구성원 간 관계로 인하여 발생되는 개인적 갈등으로 성격, 취향, 선호, 가치, 대인관계 스타일 등의 차이에 의해 발생한다. 관계 갈등은 회피, 불편함, 긴장, 원한 등과 같은 부정적 감정을 유발 시켜 팀의 기능과 문제해결에 부정적인 영향을 미치는 것이 일반적이다.

갈등의 유형은 갈등대상에 따라 공동 창업자 간 갈등과 리더와 팀원 간 갈등이 있다. 공동 창업의 경우 창업 초기 서로의 역량에 대한 신뢰와 열정으로 의기투합하여 팀을 꾸려도 항상 좋은 결과만 있는 것은 아니다. 스포츠에서 스타플레어가 많다고 좋은 성적을 내는 것은 아닌 것과 마찬가지다. 창업기업을 운영하는 과정에서 업무 스타일, 노력에 대한 보장, 의사결정 방법 등의 문제로 갈등이 발생할 수 있다. 대표적인 사례가 지분 배분과 관련된 갈등이다. 지분을 분배하는 간단한 방법은 창업시점에 창업자 간 동등한 비율로 나누는 것이다. 하지만 사업수행과정에서 각자의 역할과 기여도가 다를 수 있기 때문에 장기적으로 갈등의 씨앗이 될 수 있다. 이런 갈등을 예방하기 위해서는 소유 배분을 위한 동업자별 자금조달 기여도, 보유한 핵심역량 정도와 중요도 차이를 문서로 작성해 두는 것이 필요하다. 미국 실리콘 밸리의 경우 창업 시작 단계에서 외부 자문단으로부터 지분이나 경영권에 대한 계약서를 작성하는 것이 일반화 되어 있다.

리더와 팀원 간 갈등은 구성원 간의 상호작용이 본격화되면서 시작된다. 창업기업의 특성상 조직운영 시스템이 미흡하고 조직문화도 형성되지 못한 상황에서 서로가 가진 생각, 생활방식, 업무 스타일의 차이로 인해 갈등이 표면화된다. 자원과 인력 부족으로 일이 지연되거나 팀 구성원 간 빈번해지는 갈등을 리더가 제대로 조정하지 못하는 경우 팀 리더의 운영방식이나 절차에 대해 계속 불만을 토로하는 악순환에 빠질 수 있다. 갈등 해소를 위해서는 창업팀을 구성할 때 적격성과 적합성[176]의 고려한 팀원 선발과 함께 역할 분담을 위한 공식적인 조직체계 구축, 업무 분장, 구성원들 간의 합의된 규칙을 만드는 것이 필요하다.

3.2 갈등해결 전략

창업팀 내 갈등은 팀워크가 약화되어 조직 전체의 경쟁력이 저하될 수 있다. 하지만 갈등이 필연적으로 발생하지만 항상 부정적 효과만 있는 것은 아니다. 창업팀 내 어느 정도의 갈등은 발전적인 긴장감을 유지시키고, 구성원들로부터 다양하고 창의적인 사고를 유인할 수 있다. 갈등을 해결하는 방법은 자기 자신의 관심과 의견을 관철하는데 초점을 맞춘 독단성과 타인의 관심과 주장을 충족시키려는 협력성을 기준으로 다섯 가지 스타일로 나눌 수 있다[177].

첫째, 대결 스타일(competing style)은 기업가가 자신의 해결 방법을 밀어붙이는 공격적인 행동스타일이다. 합리적 해결보다는 자신의 관심사와 목표를 달성하는 것을 최우선으로 하는 'win-lose'방식이다. 대결스타일은 중요한 이슈나 위기에 직면해서 신속한 결단이 필요할 때 적용된다.

둘째, 수용 스타일(accommodating style)은 개인의 관심사는 포기하고 다른 사람의 관심사에 초점을 맞추는 해결방식이다. 협력적 관계유지를 위해 상대방의 요구조건을 받아주는 'lose-win'[178]방식이다. 이 스타일은 조직의 응집력을 유지하는 것이 더 중요하거나 장기적으로 신뢰성을 구축하는 것이 중요할 때 효과적인 방법이다.

셋째, 회피 스타일(avoiding style)은 기업가가 갈등 문제로부터 한발 물러나거나 문제가 있다는 사실을 인정하는 않는 것이다. 갈등해결을 위한 적극적 역할수행을 회피하거나 저절로 해결되기를 기대하는 유형이다. 이런 스타일은 갈등 문제가 사소할 때, 갈등 해결에 필요한 추가 정보를 얻기 위해 시간이 필요할 때, 갈등에 개입하는 것이 오히려 혼란이 가중될 것으로 예상될 때 적절한 방법이다.

넷째, 타협 스타일(compromising style)은 갈등 당사자들의 목표에 균형을 맞추는 것으로 서로 양보를 통해 해결점을 찾는 방식이다. 대결과 수용의 중간지점으로 신속한 합의를 이끌어내는데 초점이 맞추어져 있는 것이 특징이다. 각자 하나씩 양보하는 일명 승자도 없고 패자도 없는 해결방법이다. 이 스타일은 이해 당사자가 추구하는 목적의 중요성이 비슷하고, 서로 동등한 파워를 가지고 있으면서 시간 제약 때문에 희생을 최소화하는 손쉬운 해결방법을 원할 때 효과를 발휘할 수 있다.

다섯째, 협력 스타일(collaborating style)은 갈등 상황에 있는 당사자 모두를 만족시키려는 'win-win'해결방식이다. 당사자들이 서로 수용가능한 해결안을 도출하기 위해서는 상호 간의 협력과 존중이 중요하다. 갈등 이해관계자가 협상할 의지가 있고, 갈등 문제에 대해 이해관계를 가지고 있을 때 효과적인 방법이다.

[그림 13-2] 갈등 해결 방법[179)

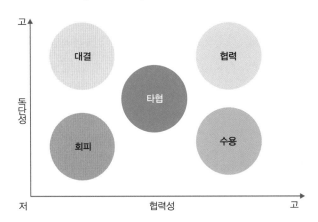

기업가가 갈등을 효과적으로 관리하고 해결하기 위해서는 자신과 팀원들이 어떤 스타일인지를 이해하는 것이 필요하다. 이상적인 갈등 해결은 서로에게 도움이 되는 협력 스타일이기는 하지만 갈등상황에 따라 해결 방법을 선택하는 것이 적절하다. 예를 들어 조직의 화합이 중요할 때는 서로의 생각과 의견을 수용하는 것이 필요하지만 긴급하거나 위급한 상황에서는 구성원의 부정적 평가를 감수해서라도 독단적 방법을 선택할 줄도 알아야 한다.

핵심주제 확인학습

아래의 주제들에 대해 자신의 견해를 정리하고, 다른 팀원들과 토론해 보시오.

자신의 잠재력에 관하여 다시 생각하기	여러분이 창업한다면 개인 창업과 팀 창업 중 어느 방법으로 창업을 하기를 원하는지 선택하고 그 이유를 설명하시오.
본문내용 확인하기	맞으면 T, 틀리면 F 하시오. ( ) 개인 창업보다 팀 창업이 투자유치에 유리하다. ( ) 팀 구성원 간 계약서를 작성해 주는 것이 갈등 문제 해결에 도움이 된다.
본문내용 파악하기	아래 질문에 대해 간략하게 대답하시오. 01_ 팀 창업이 유리한 이유는 무엇입니까? 02_ 창업팀을 구축할 때 고려해야 할 사항은 무엇인가?
의견 발표하기	팀별로 다음 주제를 토론해 보시오. 01_ 우리 사회에서는 동업에 대한 부정적인 인식이 강하다. 이에 대한 원인을 진단해 보고 극복하는 방법을 제시하시오.
조사하기	01_ 개인 창업으로 성공한 사례에 관한 신문기사나 인터넷 자료를 찾아보시오. 02_ 주위에 동업으로 성공한 사례 또는 실패한 사례를 조사하고 그 원인을 조사하시오. • 동업 과정에서 어떤 문제들이 발생했는가? • 동업자와 갈등이 발생한 경우 어떻게 처리되었는가? • 동업의 가장 큰 단점은 무엇인가? • 동업의 가장 큰 장점은 무엇인가?

[참고문헌]

1) 세계경제포럼, 기업가정신과 국가 경쟁력 상관관계 연구, 2015. 1. : 글로벌 경쟁력 지수(Global Competitiveness Index) 데이터와 세계기업가정신모니터(Global Entrepreneurship Monitor)의 기업가 활동평가 데이터를 44개국 5년간의 데이터를 분석을 기초한 결과임.

2) 2019년 기준 '세계 수출시장 점유율' 통계자료.

3) https://www.joongang.co.kr/article/23587130#home

4) https://m.blog.naver.com/moeblog/221007838339

5) U.S. Bureau of Labor Statistics, 2015.03.

6) KB금융지주 경영연구소, 2020 한국 1인가구 보고서, KB금융지주.

7) 디지털조선, 성인남녀 53.4% '평생직장은 없다.', 제2의 인생 시작하는 시점은?, 2019.05.07. http://digitalchosun.dizzo.com/site/data/html_dir/2019/05/07/2019050780040.html

8) European Commission(2013), Reneurship in the EU and beyond 2012. EC.

9) 중앙일보, '기업가는 타고난다' https://news.joins.com/article/2483270

10) 1985년-1998년 사이 미국 아리조나 대학 비즈니스스쿨 졸업생의 16년 이후 활동상황 조사(2024명).

11) 중앙일보, '기업가는 타고난다' https://news.joins.com/article/2483270

12) https://platum.kr/archives/161799

13) 중소벤처기업부 · 창업진흥원(2021).

14) 중소벤처기업부 · 창업진흥원(2021).

15) 통계청 기업생멸행정통계.

16) 한국무역협회.

17) 초기 창업 활동(18~64세 인구 중 초기 창업가의 비율) 시 직업 선택의 여지가 없어 창업을 선택한 경우를 '생계형', 새로운 사업 기회를 추구하고자 창업을 선택한 경우를 '기회 추구형'으로 분류함.

18) 2018년 글로벌기업가정신연구협회 보고서. https://www.mk.co.kr/news/business/view/2019/01/43631/

19) 중소벤처기업부·창업진흥원(2021).

20) 제1 벤처 붐의 시대인 2000년 6.1만 개에서 제2 벤처 붐이 일어난 2020년 12.3만 개, 벤처 투자액은 2000년 2.0조 원에서 2020년 4.3조 원.

21) 2020년 전체 창업기업 148.5만 개 중 기술 기반 창업 22.9만 개.

22) 중소벤처기업부·창업진흥원(2021).

23) 과학기술정보통신부(2018), '2017년 연구개발 활동 조사 결과'.

24) 과학기술정보통신부(2018), '2017년 연구개발 활동 조사 결과'.

25) https://biz.chosun.com/site/data/html_dir/2020/10/27/2020102701857.html

26) 이윤준, 한정희(2020), 4차 산업혁명 시대 기업가정신과 창업, 한경사.

27) 김한준(2018), '고용 있는 성장을 위한 고성장기업 육성방안'.

28) 전 세계 논문 자료를 보유한 데이터베이스 중 하나인 EBSCOHost에 entrepreneurship을 검색하여 총 2만 484건의 논문서지 정보수집, 수집된 논문 제목을 기준으로 중복 자료를 제거하였고, 최종적으로 18,961건의 논문서지 정보에서 주제어 161,332개(총 31,080가지)를 얻어 KH Coder 2.30으로

분석. 각 논문에서 사용한 주제어 중 상위 60위까지 출현한 주제어 79개 간 관계를 분석.

29) 배성호, 이나경, 김상규, 김형규, 유태용 (2013). 창업가정신 논문 주제어 간 관계 분석. 2013년도 한국 산업 및 조직심리학회 춘계학술대회 발표논문집. 108-109.

30) https://news.v.daum.net/v/nCTccChaFa?f=p

31) 맥킨지리더십센터.

32) www.chosun.com/national/weekend/2020/10/17/A4VR2HU5GRGMNPU34INHJK6PFA/

33) 정주영의 중동 건설시장 진출을 위한 사업 타당성 분석.

34) Ma, H. and J. Tan(2006), Key Components and Implications of Entrepreneurship: A 4-P Framework, Journal of Business Venturing 21(5):704-725.

35) 기업가의 과도한 자신감 문제를 극복하기 어려울 수 있다. 그 이유는 너무 낙천적이라 반박할 수 있는 정보를 찾기도 어렵고, 이를 막기 위한 해결책도 미리 알 수 없다. 따라서 의사결정 역량에 있어 자신감이 없는 기업가가 장애물에 직면해서 사업을 포기하는 것보다 자원과 정보가 부족한 상황에서 위험을 감수하더라도 과감하게 도전하는 것이 최선은 아닐지라도 차선책은 될 수 있다. Walt Disney의 조언이 과도한 자신감은 단순하지만, 통찰력을 제공한다. 보통 사람들에게 실패한 시도(failed attempt)는 패배(defeat)이지만 기업가에게 실패는 또 하나의 훈장(badge)이다(마크 트웨인).

36) 이민화, 이현숙(2011), 기업가정신, 동서미디어.

37) 이민화, 이현숙(2011), 기업가정신, 동서미디어.

38) 이민화, 이현숙(2011), 기업가정신, 동서미디어.

39) Pearce II, J. A. and R. B. Robinson, Jr.(1986), "Understanding Entrepreneurial Behavior," in Academy of Management Best Papers Proceedings, Forty-sixth Annual Meeting of the Academy of Management, Chicago를 축약하여 재구성.

40) Timmons, J. A. and S. Spinelli(2009), New Venture Creation, Entrepreneurship for the 21st Century, McGraw-Hill Higher Education.

41) Timmons, J. A. and S. Spinelli(2009), New Venture Creation, Entrepreneurship for the 21st Century, McGraw-Hill Higher Education.

42) Byers, T. H.,R. C. Dorf, and A. J. Nelson, Technology Ventures: From Idea to Enterprise, McGraw-Hill

43) 이희우(2014), '쫄지 말고 창업: 본격 버라이어티 창업 펌프질 이야기, 이콘'.

44) Drucker, P.(1985), Innovation and Enterpreneurship : Practice and Principles, Harper and Row.

45) 장영은 기사2020), '스마트폰시장 이익은 애플이 다 가져간다?'. https://www.edaily.co.kr/news/read?newsId=01361206625970312&mediaCodeNo=257

46) 매경 Economy, www.mk.co.kr/economy/view/2021/119653, 2021.02.04

47) https://evernote.com/blog/ko/nanowrimo-tips/

48) 25 Facts You Should Know About Googl eny Ericka Chickowski & How Google Works(구글은 어떻게 일하는가), 에릭슈미트(Eric Schmidt)

49) Michael Laverty and Chris Littel(2020), Entrepreneurship, Openstax.

50) www.mbaknol.com/management-articles/how-creativity-innovation-and-entrepreneurship-are-related/

51) www.mbaknol.com/management-articles/how-creativity-innovation-and-entrepreneurship-are-related/

52) 시로타 마코토의 '데스 바이 아마존(Death by Amazon)'을 참고하여 재작성.

53) 박재영(2013), 애플의 사례를 통해 살펴본 창조적 파괴, 경영관리연구, 6(1), 13-25.

54) 박재영(2013), 애플의 사례를 통해 살펴본 창조적 파괴, 경영관리연구, 6(1), 13-25.

55) 박재영(2013), 애플의 사례를 통해 살펴본 창조적 파괴, 경영관리연구, 6(1), 13-25.

56) 박재영(2013), 애플의 사례를 통해 살펴본 창조적 파괴, 경영관리연구, 6(1), 13-25.

57) https://www.donga.com/news/Economy/article/all/20210903/109069007/1

58) Abernathy, W. J. and K. B. Clark(1985), Innovation: Mapping the winds of creative destruction, Research Policy, 14(1), 3-22.

59) Abernathy, W. J. and Kim B. Clark, Innovation: Mapping the Winds of Creative Destruction, National Bureau of Economic Research, Cambridge, MA 02138, 3-22의 내용을 재구성함.

60) 노기엽·이상기(2016), 창업마케팅론, 학현사.

61) 윤남수(2020), 기업가정신과 창업, 한올.

62) 네이버국어사전, https://ko.dict.naver.com

63) 윤석철(2001), 경영학의 진리체계, 경문사와 윤석철(2011), 삶의 정도, 위즈덤하우스를 참고하여 작성함.

64) 윤석철(2011), 삶의 정도, 위즈덤하우스.

65) 정육면체 수박을 생산할 당시 둥근 수박이 2만 원 정도였지만 육면체 수박은 생산원가가 높아 8만 원에 판매되었다. 소비자가 4배나 비싼 수박을 사야 할 이유가 있을까? 정육면체 수박은 가격이 소비자가 지각하는 가치보다 높지 않아 실패로 돌아갔다.

66) 윤석철(2001), 경영학의 진리체계, 경문사와 윤석철(2011), 삶의 정도, 위즈덤하우스를 참고하여 작성함.

67) 윤남수(2020), 기업가정신과 창업, 한올.

68) Morrison, M., Eight Orientations of Innovation, 2012, 09. 재작성.

69) 노기엽·이상기(2016), 창업마케팅론, 학현사, 재작성.

70) Schumpeter, J. A.(1934), Theory of Economic Development, Oxford Uni. Press, pp. 20-25.

71) Drucker, P.(1985), Innovation and Enterpreneurship : Practice and Principles, Harper and Row.

72) Timmons, J. A.(1994), New Venture Creation : Entrepreneurship for the 21st Century, Irwin, Burr Ridge, Illinois, Fourth Edition.

73) 이재규 역(피터 드러커 저)(2004), 미래사회를 이끌어가는 기업가정신, 한국경제신문사.

74) Peters, T. and R. H. Waterman(2012), In Search of Excellence: Lessons from America's Best-Run Companies, Harper Collins.

75) http://mbiz.heraldcorp.com/view.php?ud=20211219000213

76) 이코노미플러스, 2010년 1월호, 호암 이병철 회장의 기업가정신 참조.

77) https://m.blog.naver.com/PostView.naver?isHttpsRedirect=true&blogId=wonderwork91&logNo=221824487830

78) AFL-CIO, 「CEO-to-Worker Pay Ratios Around the World」, 2013과 2014년도 5대 그룹 최고 보수

경영자와 직원 평균 보수 차이.

79) 답은 항상 같은 티셔츠만 입고 다닌다.

80) 우리는 매일매일의 생활에서 작은 의사결정을 하며 살아간다. 예를 들어 아침에 무엇을 먹지, 오늘 무슨 옷을 입지, 무슨 신발을 신을까 등등, 이런 사소한 일을 결정하는데 나의 에너지를 최소화하고, 대신 중요한 나의 사업에 열정과 몰입에 에너지를 쏟아붓기 위해 같은 옷을 매일 입는다(중요한 일에 에너지를 100% 활용하기 위해).

81) https://www.mk.co.kr/news/special-edition/view/2011/03/175715/

82) 박정웅, 정주영(2014), 이봐, 해봤어?, 프리미코노미북스.

83) 김병희(2015), 창의적 인물의 창조정신 구조분석-정주영 창조정신의 구성 요인과 중요도를 중심으로, 한국광고홍보학보, 17(2), 138-170의 내용을 수정 재구성함.

84) 현대경제연구원(2014), 지금, 기업가 정주영이 필요하다. VIP 리포트, 통권562호, 재인용.

85) 한국은행, 현대 50년사, 한국자동차산업협회·한국조선해양플랜트협회·현대건설, 현대상선 사업보고서.

86) 한국무역협회, 현대 50년사, 해외건설협회, 한국자동차산업협회, 한국조선해양플랜트협회, 현대전자, 현대상선 사업보고서.

87) 한국은행, 현대 50년사, 한국자동차산업협회·한국조선해양플랜트협회·현대건설, 현대상선 사업보고서.

88) 한국무역협회, 현대 50년사, 해외건설협회, 한국자동차산업협회, 한국조선해양플랜트협회, 현대전자, 현대상선 사업보고서.

89) 한국은행, 현대 50년사, 한국자동차산업협회·한국조선해양플랜트협회·현대건설, 현대상선 사업보고서.

90) 유광호, 류석춘(2015), 정주영의 기능공 양성과 중산층 사회의 등장: 현대중공업 사례를 중심으로, 東西 硏究, 27(3), 131-179.

91) 유광호, 류석춘(2015), 정주영의 기능공 양성과 중산층 사회의 등장: 현대중공업 사례를 중심으로, 東西 硏究, 27(3), 131-179.

92) 김성훈, 차소정(2011), 전략적 사회 공헌: 故정주영회장과 울산지역의 사례, 전문경영연구, 14(2), 153-182.

93) 이코노미 인사이트, '기업가정신' 살아있는 신화 정주영, 2010.05. www.economyinsight.co.kr

94) 4차 산업혁명 시대의 이해, http://teachingsaem.cmass21.co.kr

95) 과학기술정보통신부.

96) 4차 산업혁명 시대의 이해, http://teachingsaem.cmass21.co.kr

97) 포항공대신문: http://times.postech.ac.kr

98) 포항공대신문: http://times.postech.ac.kr

99) 과학기술정보통신부, 2020년 O2O 서비스 산업조사 보고서.

100) https://my-encyclopedia.tistory.com/entry/iot-examples

101) 중앙일보, 2014가족 빅뱅 … 새로운 가족이 온다, 2014.09.

102) 중앙SUNDAY, '여성이 "그냥 싫다"고 할 때 '그냥'의 뜻을 아시나요?', 2015.03.22.

103) 중앙SUNDAY, '여성이 "그냥 싫다"고 할 때 '그냥'의 뜻을 아시나요?', 2015.03.22.

104) 김옥남, 고객 통찰력 확보를 위한 소비자 조사 기법, LG Business Insight, 2009.3.

105) 박영숙, 유엔미래포럼, 2014.9.20. www.indaily.co.kr

106) 한국산업기술진흥원, Citrix 2020 기술 동향 예측 보고서, 2015.

107) 현대경제연구원(2016), 4차 산업혁명의 등장과 시사점, 16-32(통권 705호).

108) 이미지 google에서 캡처.

109) 조선일보, 전기차 보조금 대란, 2021.5.28. https://biz.chosun.com

110) 한국환경정책평가원(2012), 우리나라기후변화의 경제학적 분석.

111) 한국환경정책평가원(2012), 우리나라기후변화의 경제학적 분석.

112) 김교태(2016), 기후변화 시대, 새로운 기회다. http://biz.chosun.com/site/data/html_dir

113) 레고의 자동차나 헬기와 같은 복잡한 조립과정은 남자에게는 달성해야 할 목표와 성취감을 주는 즐거운 대상이지만 여성들은 자동차를 조립하는 어려운 과정이 전혀 즐겁지 않기 때문이다.

114) 기회 개발: Ardichvili, A., R. Cardozob, and S. Ray(2003), A theory of entrepreneurialopportunity identification and development, Journal of Business Venturing, 18, 105-123.
기회 창조: McGrath, R. G., & MacMillan, I. C. (2000), The entrepreneurial mindset: Strategies for continuously creating opportunity in an age of uncertainty. Boston, Mass: Harvard Business School Press.

115) 김영수(2019), 기업가정신: 이론과 실천, 학현사.

116) 김영수(2019), 기업가정신: 이론과 실천, 학현사.

117) Hunter, M., Not all opportunities are the same: A look at the four types of entrepreneurial opportunity, www.orbus.be/info/important_news_may_extra_006- 2012.htm

118) Hunter, M., Not all opportunities are the same: A look at the four types of entrepreneurial opportunity, www.orbus.be/info/important_news_may_extra_006- 2012.htm

119) 예를 들어 대형마트 조리식품매장 시식코너에서 제공하는 음식을 먹은 소비자가 시식한 제품을 구매하는 것을 관찰했다고 가정 해 봅시다. 시식을 한 소비자가 시식을 하지 않은 않는 소비자보다 구매 빈도가 높다는 것을 여러 번 발견했습니다. 그런 다음 시식 경험이 있는 고객이 구매 가능성이 높다는 결론에 도달합니다. 귀납적 과정을 통해 결론(시식경험과 구매행동 관계)을 추론했습니다.

120) Marvin B. Lieberman, M. B. and S. Asaba(2006), Why Do Firms Imitate Each Other?, The Academy of Management Review, 31(2), 366-385.

121) The National Federation of Independent Business and sponsored by the AmericaRelated Services Company, Inc.

122) 조선일보, '無人車'의 경제학, 2016.05.

123) 최순화(2003), 불황 때는 팔릴 물건을 만들어라: 고객 마음을 읽는 마케팅 조사기법, 삼성경제연구소, CEO Information, 405.

124) 디스(deeds)란 겉으로 드러나는 소비자의 행위 자체만을 지칭하는 개념이다. 소비자행동(consumer behavior)과는 다르다. 행위 그 자체만을 뜻한다.

125) 크리에이티브 커먼즈, 행동을 보고 숨은 Needs를 파악하자. Deeds가 마케팅 길을 열어 주리라!, 2014. http://insightsalive.tistory.com/

126) LG경제연구원(2015), NewsWire, 미래가 불확실해도 기업의 미래 예측이 중요한 이유,

www.newswire.co.kr/newsRead.php?no=779137

127) 중앙일보, 데스크 칼럼-이태리타월은 명품 맞다, 2015.08.12. 안중기.

128) Steven, G. A. and J. Burlery(1997), 3,000 Raw Idea= 1 Commercial Sucess, Research-Technology Management 5-6.

129) Schneider, J. and J. Hall(2011), Why Most Product Launches Fail, HBR, April.

130) 중소기업청; 기술수용주기 캐즘(출처 www.4inno.com).

131) '가면'을 의미하는 심리학 용어로 본서에는 '잠재 표적 집단의 주요 고객을 대표하는 특정 인물'을 의미한다.

132) 현재 산업으로부터 경제적/사회적/정치적 요인들로 인해 투자수익률이 낮거나 심지어 손실을 보고 있는 경우에도 진출 산업에서 선뜻 발을 빼지 못하는 정도를 의미한다. 사례 : 중동지역에 진출한 건설업체들의 경쟁, GM의 다마스 차량 생산 중단(정치적, 사회적).

133) 진입장벽이란 어떤 기업이 새로운 산업에 진출하고자 할 경우, 얼마나 쉽게 진입할 수 있는가의 정도를 의미한다. 시장진입에 엄청난 자본이 소요되거나(정유시설, 반도체), 기존 기업의 제품이 탁월(제품 차별성 높음) 해서 신규 진입자의 시장진출을 어렵게 하는 요인들, 기타 진입장벽 요인으로는 규모의 경제, 유통채널 접근, 원가 우위, 학습곡선, 정부 정책, 기존 업체의 예상되는 보복 등이 있다.

134) 고감미 감미료 중 설탕과 가장 비슷한 맛이 날 뿐 아니라 설탕의 200분의 1 정도만 사용하면 되기 때문에, 많은 식품에 설탕 대용의 저칼로리 감미료로 쓰이고 있다. 특히, 다이어트 콜라와 같은 저가당 식품에 많이 쓰인다.

135) 이마트 이플러스 우유, 이마트 2만 개, 4조 원 이상 판매.

136) 공급자가 원료를 공급하고 있는 업체를 통합할 능력 및 가능성.

137) 김진수·이창영(2014), 창조경제시대의 기업가정신과 창업론.

138) 알렉산더 오스터왈더·예스 피그누어, 비즈니스모델의 탄생, 유효상역, 타임비즈, 2011.

139) 김옥남, 고객 통찰력 확보를 위한 소비자 조사 기법, LG Business Insight, 2009.3.

140) 곤도데쓰로(2019), 한 장으로 끝내는 비즈니스 모델, 청림출판. 이미지 출처:www.oreno.co.jp

141) Osterwalder, Alexander and Yves Pigneur(2010), Business Model Generation, John Wiley and Sons.

142) Osterwalder, Alexander and Yves Pigneur(2010), Business Model Generation, John Wiley and Sons.

143) 이데일리, 2020.08.21. 성공을 부르는 도구 '린 캔버스'. www.edaily.co.kr

144) Aulet, B.(2013), Disciplined Entrepreneurship: 24 Steps to a Successful Startup. John Wiley and Sons, Inc. New Jersey.

145) www.kipris.or.kr

146) 이본진(2017), 특허칼럼, 공업화학 전망, 20(5), 60-62.

147) 이본진(2017), 특허칼럼, 공업화학 전망, 20(5), 60-62.

148) 이본진(2017), 특허칼럼, 공업화학 전망, 20(5), 60-62.

149) 출원 연도별 인공지능 특허 동향, 한국정보통신기술협회(www.e-patentnews.com/5928)

150) 마크 헨릭스, 쉽게 알자! 사업계획서.

151) 매경프리미엄, 2021.02.04. https://www.mk.co.kr/premium/life/view/2021/02/29714/

152) 매경프리미엄, 역시 부동산 불패? 맥도날드는 일찍이 눈떴다, 2021.02.14.

153) 이건희 회장은 호텔을 [장치산업]이자 [부동산업]으로 반도체를 [양심 산업]이면서 [시간산업]으

로 정의했다. 호텔은 위치가 성패를 좌우할 만큼 중요할 뿐 아니라, 내부의 수많은 시설로 손님을 유치해야 성공할 수 있다. 실제로 호텔 방 하나에는 1,000개가 훨씬 넘는 비품이 들어가는 것으로 알려져 있는데, 이 비품들의 품질이 호텔 사업의 성공에 있어서 매우 중요하게 작용한다는 의미입니다. 반도체 산업의 경우엔 수천 명의 인력이 수백 개의 공정을 통해 협업하려면 서로 책임을 떠넘기지 않고 서로 믿는 풍토가 중요하기 때문에 '양심 산업'이고, 경쟁사보다 한발 앞서는 게 승패를 가르는 산업이기 때문에 '시간산업'이라는 정의했다. https://www.mk.co.kr/premium/life/view/2021/02/29714/

154) 맥도날드의 성공은 좋은 음식과 서비스를 제공하는 것만으로 이뤄지진 것이 아니라 성공 가도에 오른 것은 '부동산'에 눈을 뜬 시점부터이다. 점주들이 매장을 지을 위치와 부지를 정하고 직접 매장을 차린 다음 맥도날드 본사는 운영을 도우며 로열티만 받았는데, 임대업(부동산업)을 함께 하면서 성공할 수 있었다. https://www.mk.co.kr/premium/life/view/2021/02/29714/

155) 한국경제, 공동구매로 외식·공연·스파 반값에…새 '비즈 모델' 부상, 2010, 8.13.

156) 심재후, 2007, 친절한 창업교과서, 한스앤리, 서울.

157) K-스타트업 창업사업화지원사업 사업계획서 작성매뉴얼을 참고하여 작성되었음. www.k-startup.go.kr

158) 문제점 1. 무슨 사업인지 알 수 없다(남성복, 여성복, 어린이), 2 실질적인 매출과 수익이 모호하다(높은?), 3. 상권이 어디인지 알 수 없다(도심, 쇼핑센터, 외곽 등), 4. 소유주와 직접 협상되는지 알 수 없다. Smith, B. and T. L. West(1985), Buying Your Own Small Business, The Stephen Green Press.

159) 남성복 의류 점포 점주 모집: 남성 정장/코트/캐주얼웨어 전체라인/연 매출 3억 보장/도심 쇼핑센터 위치/월세 1천만 원/연락처 소유자 052-2***-9**0.

160) Erin Griffith. "Why Startups Fail, According to Their Founders." Fortune. September 25, 2014. http://fortune.com/2014/09/25/why-startups-fail-according- to- their-founders/

161) Michael Laverty and Chris Littel(2020), Entrepreneurship, Openstax 수정 재인용.

162) 주우진·박철·김현식(2020), 『마케팅관리』, 경문사.

163) Under Armour. "Our Story." http://www.uabiz.com/company/history

164) https://startupbrothers.tistory.com/16

165) Wasserman, Noam, The Founder's DilemmaPrinceton University Press, 2013.

166) Timmons, J., & Spinelli, S. New Venture Creation, Entrepreneurship for the 21st Century. McGraw-Hill Higher Education, 2009.

167) 조선일보, '1석4조' 동업, 2017.02.13. 손진석, news.chosun.com

168) 조선일보, '1석4조' 동업, 2017.02.13. 손진석, news.chosun.com

169) 배기홍, 스타트업 바이블, 파이카, 2010.

170) Wasserman, Noam(2013), The Founder's DilemmaPrinceton University Press.

171) Wasserman, Noam(2013), The Founder's DilemmaPrinceton University Press.

172) 오덕환, 뛰어난 창업팀의 중요성, 전자신문, 2013.11.09.

173) Timmons, J. and Spinelli(2009), S. New Venture Creation, Entrepreneurship for the 21st Century. McGraw-Hill Higher Education.

174) 한만현(2014), 리더의 갈등은 엄청난 손실초래 동반자로 만드는 중재 힘써라, 동아비즈니스 리뷰, 146. dbr.donga.com/article/view/1201/article_no/6233/ac/magazine

175) 박준기, 이혜정, 스타트업 팀워크와 성과: 과업 갈등과 관계 갈등의 영향을 중심으로, 벤처창업연구, 11(2), 101-111.

176) 적격성(eligibility:관련자격증, 전문지식과 기술, 창업경험, 관련분야 경력, 개인네트워크, 자본투자 기여도), 적합성(suitability: 공유된 비전·목표·가치, 팀 구성원과의 개인적 적합성, 상호신뢰, 융통성, 학습 및 적응능력, 리더십) .

177) Daniel J. Levi(2013) Group Dynamics for Teams, SAGE Publications.

178) 아담 그랜트(Adam M. Grant) 와튼스쿨 조직심리학 교수는 자신의 책 『Give and Take』에서 이런 유형의 사람을 '호구'로 표현함.

179) Daniel J. Levi(2013) Group Dynamics for Teams, SAGE Publications.

175) 박동건·최대정(2003), 창업자의 역량평가도구 개발 및 타당도 분석, 한국심리학회지: 산업 및 조직, Vol. 16(2), 61-91의 논문을 참고하여 사용함.

176) 트렌드 분석을 통해 사업기회를 발굴할 때 두 가지 점에 주의해야 한다. 첫째, 일시적인 유행(fade)과 트렌드를 구분할 수 있어야 한다. 일시적 유행에 기반 한 사업기회는 사업수행을 통한 이익창출이 어려울 수 있기 때문이다. 둘째, 개별 트렌드 분석을 통해 사업기회를 찾지만 다른 트렌드와의 연관성을 고려해야 한다는 것이다. 개별 트렌드는 독립적인 것처럼 보이지만 다양한 트렌드가 서로 연계되어 발생하는 경우가 대부분이기 때문이다. 예를 들어 스마트폰이 대중화된 이유 중의 하나는 이동전화가 대중화 되고(사회적 동향), 지속적으로 소형화되는 전자기술(기술적 동향)과 스마트폰을 활용한 온라인 비교쇼핑과 온라인 뱅킹 등의 소비자 편리성(경제적 동향) 등 동시대에 몇 개의 트렌드가 서로 융합된 것에서 오는 혜택에서 비롯되었다고 볼 수 있다.

부록

기업가정신과 창업 포트폴리오

학과 : _____

학번 : _____

성명 : _____

기업가정신과 창업

수행과제

아래의 기업가정신 선서를 첫 시간에 한번 낭독해 보기 바랍니다.

기업가정신 선서

"나는 평범한 사람이 되는 것을 거부한다. 나의 능력에 따라 비범한 사람이 되는 것은 나의 권리이다.

나는 안정보다는
기회를 선택한다.
나는 계산된 위험을
단행할 것이고 꿈꾸는 것을
실천하고 건설하며,
또 실패하고 성공하기를 원한다.
나는 보장된 삶보다는 삶에 대한 도전을 선택한다.
나는 유토피아의 생기 없는
고요함이 아니라
성취의 전율을 원한다.
나는 어떠한 권력자 앞에서도
굴복하지 않을 것이며
어떠한 위협 앞에서도
굽히지 않을 것이다.
자랑스럽고 두려움 없이
꿋꿋하게 몸을 세우고 서는 것,
스스로 생각하고 행동하는 것,
내가 창조한 것의 결과를
만끽하는 것 그리고
많은 이의 도움으로
내가 이 일을 달성했다.
이것이 '기업가가 된다는 의미다'

I do not choose to be a common man,
It is my right to be uncommon … if I can, I seek
opportunity … not security.

I do not wish to be a kept citizen.
Humbled and dulled by having the
State look after me.
I want to take the calculated risk;
To dream and to build.
To fail and to succeed.
I refuse to barter incentive for a dole;
I prefer the challenges of life
To the guaranteed existence;
The thrill of fulfillment
To the stale calm of Utopia.
I will not trade freedom for beneficence
Nor my dignity for a handout
I will never cower before any master
Nor bend to any threat.
It is my heritage to stand erect.
Proud and unafraid;
To think and act for myself,
To enjoy the benefit of my creations
And to face the world boldly and say:
This, with God's help, I have done
All this is what it means
To be an Entrepreneur."

- Thomas Paine, Common Sense

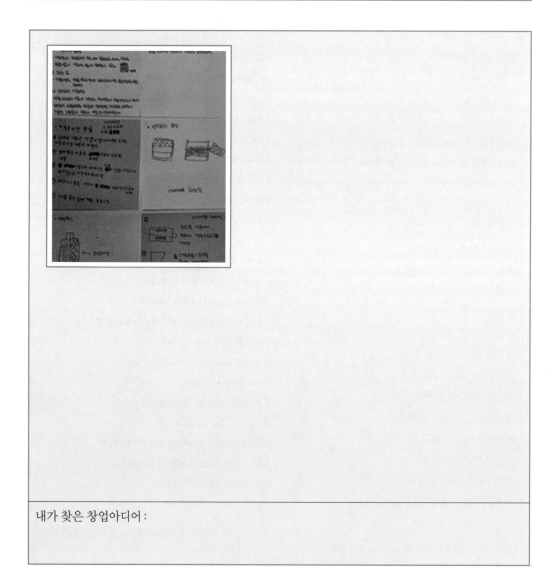

'불평해보기' 수행과제 실행방법

1. 우리가 가장 많이 사용하거나 접하는 것들에 대해 불평해보고, 불평내용을 포스트잇에 기록하여 붙여 보자
2. 학기말까지 10건 이상의 불평사항 기록하기
3. 기록한 내용중에 창업아이디로 가능성 있는 것 1개 이상 제시하기
4. 항상 스마트폰과 포스트잇을 가지고 다니자.

내가 찾은 창업아이디어 :

기업가정신과 창업 포트폴리오 노트

과목명 : 기업가정신과 창업	학습목표
교수명 :	1.
강의일시 : 20 년 월 일	2.
강의시간 : 요일 시	3.

핵심질문 또는 내용	강의내용

강의요약(3줄로 요약하기, 나의 생각은?)

복습체크 : 일 뒤, 월말 ____ 중간: ____ 기말 ____ 강의평가

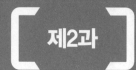
수행과제 1

수행과제 실행방법

1. 10가지 차원의 기업가적 역량에 대해 스스로 평가하기(설문지에 응답)
2. 10가지 차원의 응답결과의 합계값을 창업역량 합계표에 기입하기
3. 각 차원의 값을 도표에 표시하기(원 그래프)
4. 자신의 기업가적 역량을 스스로 평가하기(강점과 약점)
5. 부족한 나의 기업가적 역량의 멘토 찾기
6. 멘토링 결과보고서 작성하고 발표하기

나의 기업가적 역량은?[180]

1. 귀하의 의견과 가장 가까운 번호를 골라 빈칸에 ∨표를 해 주십시오.[리더십]

항 목	전혀 그렇지 않다	↔	보통	↔	매우 그렇다
1. 나는 다른 사람을 설득하는 능력을 갖고 있다.	1	2	3	4	5
2. 다른 사람에게 내 생각을 잘 전할 수 있다.	1	2	3	4	5
3. 나와 다른 의견을 가진 사람도 내 의견에 따라오게 할 수 있다.	1	2	3	4	5
4. 내 의견을 설득력 있게 말할 수 있다.	1	2	3	4	5
5. 나는 모임을 잘 리드한다.	1	2	3	4	5
[1] 합 계					

2. 귀하의 의견과 가장 가까운 번호를 골라 빈칸에 ∨표를 해 주십시오.[대인관계]

항 목	전혀 그렇지 않다	↔	보통	↔	매우 그렇다
1. 나는 어릴 때부터 친한 친구가 많이 있다.	1	2	3	4	5
2. 나는 이익이 될 만한 사람을 많이 사귄다.	1	2	3	4	5
3. 나는 사람 만나는 것을 좋아한다.	1	2	3	4	5
4. 멀리서 아는 사람을 보면, 다가가서 먼저 인사한다.	1	2	3	4	5
5. 남 앞에서 스스럼없이 자기소개를 한다.	1	2	3	4	5
[2] 합 계					

3. 귀하의 의견과 가장 가까운 번호를 골라 빈칸에 ∨표를 해 주십시오.[자기통제]

항 목	전혀 그렇지 않다	↔	보통	↔	매우 그렇다
1. 실패와 성공은 나 자신에게 달려 있다.	1	2	3	4	5
2. 내 사업이 실패한다면 그것은 나의 책임이다.	1	2	3	4	5
3. 나의 미래는 내가 결정하고 개척해 나가는 것이다.	1	2	3	4	5
4. 개인의 성공과 실패는 운 보다는 개인의 노력 여하에 달려있다.	1	2	3	4	5
5. 나의 노력 여하에 따라서 사업의 성패가 결정된다.	1	2	3	4	5
[3] 합 계					

4. 귀하의 의견과 가장 가까운 번호를 골라 빈칸에 ∨표를 해 주십시오.[위험감수]

항 목	전혀 그렇지 않다	↔	보통	↔	매우 그렇다
1. 나는 위험이 따르는 일을 좋아한다.	1	2	3	4	5
2. 전에 해보지 못한 새로운 일을 하는 것을 즐긴다.	1	2	3	4	5
3. 평범하고 안정된 직장보다는 조금 위험 하더라도 다양한 경험을 할 수 있는 직장이 좋다.	1	2	3	4	5
4. 새로운 제품이 나오면 남저 사서 사용한다.	1	2	3	4	5
5. 음식점에 가서 먹어보지 않은 음식을 주문한다.	1	2	3	4	5
[4] 합 계					

5. 귀하의 의견과 가장 가까운 번호를 골라 빈칸에 ∨표를 해 주십시오.[자기개발]

항 목	전혀 그렇지 않다	↔	보통	↔	매우 그렇다
1. 요즈음 새로운 것을 배우기 위해 시간을 낸다.	1	2	3	4	5
2. 무언가를 배우는 모임에 참여하는 것이 즐겁다.	1	2	3	4	5
3. 내 분야에서 최고가 되기 위해 노력한다.	1	2	3	4	5
4. 나는 새로운 기술을 익히기 위해 노력하는 편이다.	1	2	3	4	5
5. 나의 관심분야와 관련해서 새로운 것을 해보고 싶다.	1	2	3	4	5
[5] 합 계					

6. 귀하의 의견과 가장 가까운 번호를 골라 빈칸에 ∨표를 해 주십시오.[과업완수]

항 목	전혀 그렇지 않다	↔	보통	↔	매우 그렇다
1. 나는 끈기 있게 일할 수 있는 자질을 가지고 있다.	1	2	3	4	5
2. 진행 중인 일에 뜻하지 않는 어려움이 있어도 중단하지 않는다.	1	2	3	4	5
3. 인내력이 강한 편이다	1	2	3	4	5
4. 나는 하루에 계획된 일을 마치고야 만다.	1	2	3	4	5
5. 일단 결정된 일을 시작하면 끝을 봐야 직성이 풀린다.	1	2	3	4	5
[6] 합 계					

7. 귀하의 의견과 가장 가까운 번호를 골라 빈칸에 ∨표를 해 주십시오.[사업지향]

항 목	전혀 그렇지 않다	↔	보통	↔	매우 그렇다
1. 나는 여행하기 전에 그 지방에 무엇이 유명한지 미리 알아본다.	1	2	3	4	5
2. 나는 정보 수집을 잘 한다.	1	2	3	4	5
3. 사적인 모임에서도 내게 유용한 정보를 찾기 위해 노력한다.	1	2	3	4	5
4. 내가 관심 있어 하는 것들과 관련된 구체적인 정보를 가지고 있다	1	2	3	4	5
5. 필요한 정보를 어디서 얻어야 하는지 알고 있다.	1	2	3	4	5
[7] 합 계					

8. 귀하의 의견과 가장 가까운 번호를 골라 빈칸에 ∨표를 해 주십시오.[신용]

항 목	전혀 그렇지 않다	↔	보통	↔	매우 그렇다
1. 나는 눈앞의 이익보다는 주변 사람과의 신용을 중시한다	1	2	3	4	5
2. 나의 신용상태는 좋은 편이다	1	2	3	4	5
3. 나는 약속을 잘 지키는 편이다.	1	2	3	4	5
4. 나는 일을 할 때 요령을 부리지 않는다	1	2	3	4	5
5. 나는 꾀를 부리지 않는다.	1	2	3	4	5
[8] 합 계					

9. 귀하의 의견과 가장 가까운 번호를 골라 빈칸에 ∨표를 해 주십시오.[문제해결]

항 목	전혀 그렇지 않다	↔	보통	↔	매우 그렇다
1. 문제가 생기면, 그것을 해결할 나만의 해결방법이 있다	1	2	3	4	5
2. 다른 사람들이 잘 풀지 못하는 일을 내가 참여하면 쉽게 해결되는 경우가 많다.	1	2	3	4	5
3. 어려운 문제를 접해도 그에 대한 해결책이 잘 떠오른다	1	2	3	4	5
4. 문제 발생 시 대처할 수 있는 다양한 방법을 가지고 있다.	1	2	3	4	5
5. 나는 아이디어맨으로 알려져 있다	1	2	3	4	5
[9] 합 계					

10. 귀하의 의견과 가장 가까운 번호를 골라 빈칸에 ∨표를 해 주십시오.[목표설정]

항 목	전혀 그렇지 않다	↔	보통	↔	매우 그렇다
1. 현재의 나의 상황을 파악하고 앞으로의 계획을 세운다.	1	2	3	4	5
2. 나는 설정한 목표를 달성하기 위해 노력하는 편이다.	1	2	3	4	5
3. 나는 나의 장래에 대한 구체적인 목표가 있다.	1	2	3	4	5
4. 나는 내 인생의 이루고자 하는 목표가 뚜렷하다.	1	2	3	4	5
5. 나는 성취하고자 하는 일이 있을 때 구체적인 목표를 세워 한다.	1	2	3	4	5
[10] 합 계					

2. 10차원의 응답결과의 합계 작성

나의 기업가적 역량

창업역량 평가점수

구분	리더십	대인 관계	자기 통제	위험 감수	자기 개발	과업 완수	사업 지향	신용	문제 해결	목표 설정
점수										

3. 각 차원의 값을 도표에 표시하기

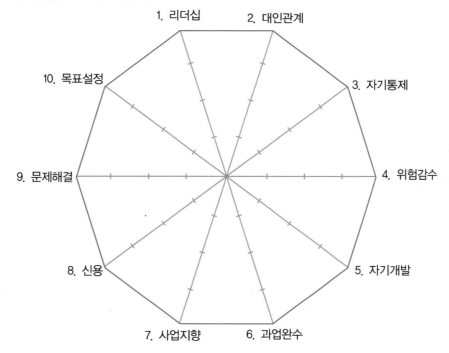

4. 자신의 기업가적 역량을 스스로 평가하기(강점과 약점)

_____

_____

5. 부족한 나의 기업가적 역량의 멘토 찾기

- 누구(개략적인 프로파일 제시: 나와의 관계, 하는 일 등)

- 멘토로 선정한 이유(나의 부족한 역량과 관련하여 구체적으로)

_____

6. 멘토링 결과보고서

멘토링 결과보고서

1차	일시		장소	
2차	일시		장소	
3차	일시		장소	

- 멘토의 조언

- 내가 느낀 점(앞으로 해야 할 일)

인증사진	인증사진

스티븐잡스의 스탠포드 연설을 QR코드를 활용하여 듣고 아래 내용을 정리해 보시오.

자료	내용정리
스티븐잡스	핵심주제 3가지
	시사점
	가장 감동적인 부분과 이유

기업가정신과 창업 포트폴리오 노트

과목명 : 기업가정신과 창업	학습목표
교수명 :	1.
강의일시 : 20　년　월　일	2.
강의시간 : 　　요일　　　시	3.

핵심질문 또는 내용	강의내용

강의요약(3줄로 요약하기, 나의 생각은?)

복습체크 :　　일 뒤,　　월말 ____ 중간: ____ 기말 ____ 강의평가

251

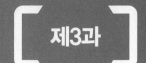
수행과제 1

학과 _____ (학번과 성명은 학번순서대료)

학번	성명	학번	성명

* 자신의 전공 관련분야에서 아래 창의적 혁신분야의 사례를 제시해 보시오.

스마트폰 →	제품	← 유선전화
[농업] 기계화 →	생산방식	← 수작업
동력 →	생산방식	← 수차
선주문 후생산 →	배송방식	← 선생산 후구매
네트워크 →	산업조직	← 관료제

학과 _____ (학번과 성명은 학번순서대료)

학번	성명	학번	성명

* 아래 혁신유형에 해당되는 사례를 2개 이상 찾고, 그 이유를 제시하시오.

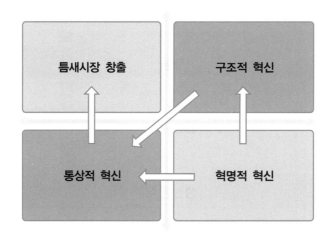

기업가정신과 창업 포트폴리오 노트

과목명 : 기업가정신과 창업	학습목표
교수명 :	1.
강의일시 : 20 년 월 일	2.
강의시간 : 요일 시	3.

핵심질문 또는 내용	강의내용

강의요약(3줄로 요약하기, 나의 생각은?)

_____

_____

_____

복습체크 :   일 뒤,   월말 ____ 중간: ____ 기말 ____ 강의평가

성 명 _____　　학 과 _____

학 년 _____　　학 번 _____

수행과제

죠하리의 창을 통해 자신의 유형을 진단해 보자

1. 진단지에 응답을 실시한다.
2. 진단지의 24개 문항 중 홀수문항 12개(1, 3, 5, … 23)의 점수를 모두 합하고, 같은 방식으로 짝수문항(2, 4, 6, … 24)의 점수를 모두 합한다.
3. 짝수와 홀수 합계점수를 도표에 표시하고 직선으로 연결하여 사각형을 만든다.
4. 각 영역의 넓이를 기준으로 자신의 유형에 대해 평가한다.
5. 학생전체를 도표에 표시(포스트 잇 이용)하여 성별 차이 등을 비교해 본다.

1. 진단지

문항	질문문항의 내용이 나와 _____	전혀 맞지 않는다	거의 맞지 않는다	어느 정도 맞는다	상당히 맞는다	꼭 들어 맞는다
1	내가 생각하고 있는 바를 자신있게 말한다.	1	2	3	4	5
2	상대방이 나를 비판할 때 변호를 하기보다는 귀를 기울이는 편이다.	1	2	3	4	5
3	어떤 일에 대하여 잘 모르는 것은 잘 모른다고 확실히 말한다.	1	2	3	4	5
4	다른 사람의 말에 대해 몸짓과 표정, 눈길로 관심을 나타낸다.	1	2	3	4	5
5	자기 자신을 솔직하게 표현한다.	1	2	3	4	5
6	남이 무엇인가를 표현하려고 애쓸 때에는 그것을 도와준다.	1	2	3	4	5
7	나는 나의 잘못에 대해서 변명하기 보다는 잘못을 인정하는 편이다.	1	2	3	4	5
8	나의 의견에 대해서 상대방이 어떻게 생각하는지 물어보고 경청하는 편이다.	1	2	3	4	5
9	별로 좋은 일이 아닐지라도 남들이 알아야할 일이라면 알려준다.	1	2	3	4	5
10	토의를 독단적으로 운영하지 않으며, 아이디어를 자유로이 제기할 수 있도록 한다.	1	2	3	4	5

문항	질문문항의 내용이 나와 _____	전혀 맞지 않는다	거의 맞지 않는다	어느 정도 맞는다	상당히 맞는다	꼭 들어 맞는다
11	남녀(내연)관계에 있어서 정직하다.	1	2	3	4	5
12	다른 사람의 가정을 존중한다.	1	2	3	4	5
13	대화나 토의를 할 때 다른 사람이 그들의 생각을 발표하도록 권장한다.	1	2	3	4	5
14	처음 만나는 사람에게도 자신을 솔직히 드러내는 편이다.	1	2	3	4	5
15	이야기를 독점하여 상대방을 짜증나게 하는 일이 거의 없다.	1	2	3	4	5
16	나는 다른 사람에 비해 비밀이 적은편이라고 생각한다.	1	2	3	4	5
17	관심을 갖는 체하거나, 경청하는 체하지 않는다.	1	2	3	4	5
18	본대로 솔직하게 이야기하며, 거짓말을 하지 않는다.	1	2	3	4	5
19	다른 사람이 내말에 찬성하지 않는다고 화내거나 푸대접하지 않는다.	1	2	3	4	5
20	자신의 본성을 그대로 나타내며, 과장하지 않는다.	1	2	3	4	5
21	다른 사람의 조언이나 충고를 고맙게 받아들인다.	1	2	3	4	5
22	다른 사람이 이해할 수 있는 말과 용어를 쓴다.	1	2	3	4	5
23	중요한 토의를 할 때 방해되는 일이 일어나지 않도록 사전에 예방조치를 한다.	1	2	3	4	5
24	다른 사람이 잘못을 했을 경우 잘못한 사람에게 솔직하게 이야기한다.	1	2	3	4	5
짝수번호 합계						
홀수번호 합계						

2. 죠하리의 창에 결과 표시하기

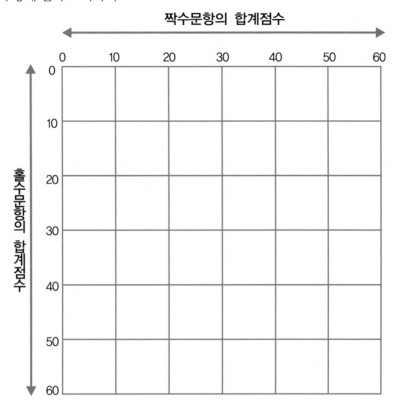

짝수문항의 합계점수

3. 결과 진단하기

1. 나의 타입 :

3. 개선방향 (자기노출 / 피드백)

기업가정신과 창업 포트폴리오 노트

과목명 : 기업가정신과 창업	학습목표
교수명 :	1.
강의일시 : 20 년 월 일	2.
강의시간 : 요일 시	3.

핵심질문 또는 내용	강의내용

강의요약(3줄로 요약하기, 나의 생각은?)

_____

_____

_____

복습체크 :   일 뒤,   월말 ____ 중간: ____ 기말 ____ 강의평가

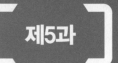
성 명 _____   학 과 _____

학 년 _____   학 번 _____

수행과제 | 정주영 기업가정신 : 2주간 진행

Youtube나 인터넷 검색을 통해 『정주영 회장』과 관련된 어록과 에피소드 내용을 요약하고, 오늘날의 우리 또는 나에게 시사하는 바를 제시해 보시오.

자료	내용정리
( )괄호 안의 내용을 채우시오.	1. 나는 생명이 있는 한 (　　)은/는 없다고 생각한다. 내가 살아있고 건강한 한 나한테 (　　)은/는 있을지언정 (　　)은/는 없다. 2. (　　)마음을 가집시다. (　　)마음은 당신을 굳세고 바르고, 총명하게 만들 것입니다. 3. (　　)을/를 모르면 (　　)을/를 찾고, (　　)이/가 없으면 (　　)을/를 만들어야지!
이봐, 해보기나 했어?	주요내용 시사점
중앙대학교 초청특강	주요내용 시사점

기업가정신과 창업 포트폴리오 노트

과목명 : 기업가정신과 창업	학습목표
교수명 :	1.
강의일시 : 20 년 월 일	2.
강의시간 : 요일 시	3.

핵심질문 또는 내용	강의내용

강의요약(3줄로 요약하기, 나의 생각은?)

복습체크 :   일 뒤,   월말 ____ 중간: _____ 기말 ____ 강의평가

265

수행과제

트렌드분석[181]을 통한 사업기회 탐험

웰빙에 대한 사회적 관심사에 대한 트렌드를 살펴보고 결과에 대해 토론해 보시오.

[수행절차](www.kinds.or.kr)
1. 사이트에서 과거 10년간 웰빙과 관련된 기사를 검색한다.
2. 1년 단위로 기사의 총수를 조사하여 그래프를 그리자.
3. 최근 1년 동안 월간 웰빙 관련 기사의 총수를 조사하여 그래프를 그리자.
4. 조사결과에 대해 토론해 보자.

1. www.kinds.or.kr 의 트렌드 분석하기 실습

검색키워드: 나홀로족	키워드	분석결과 기술하기
1. 최근 5년간 관련 기사의 수		
2. 2016년 월별 기사의 총수		
3. 연관이슈 분석		

기업가정신과 창업 포트폴리오 노트

(1주 강의 최소 1장이상)

과목명 : 기업가정신과 창업	학습목표
교수명 :	1.
강의일시 : 20 년 월 일	2.
강의시간 : 요일 시	3.

핵심질문 또는 내용	강의내용

강의요약(3줄로 요약하기, 나의 생각은?)

복습체크 :   일 뒤,   월말 ____ 중간: ____ 기말 ___ 강의평가

성 명 _____ 학 과 _____

학 년 _____ 학 번 _____

수행과제 1

1. 팀을 구성한다.
2. 팀별로 아이디어(자유주제 가능)를 선정한다.
3. 영향바퀴 분석을 실시한다.
4. 작성된 그림을 발표한다.
5. 준비물
   A4용지, 필기구, 포스트잇

1인가구의 증가로 나타날 수 있는 다양한 변화를 영향바퀴분석을 통해 분석하고, 사업아이디어를 2개 이상 제안해 보시오.

1인 가구의 증가

1. 팀을 구성한다.
2. 팀별로 관찰대상(자유주제 가능)을 선정하고, 관찰한 후 기록한다.
3. 분석표 작성한다
4. 발견된 아이디어를 발표한다.
5. 준비물
   A4용지, 필기구, 포스트잇

가정에서 세탁기로 빨래하기, 카레 만들기 중 하나를 선정하고 관찰기록 분석표를 작성해 보시오.

행동 단계	관찰 행동	비고
①단계		
②단계		
③단계		
④단계		
⑤단계		
⑥단계		
⑦단계		
⑧단계		
⑨단계		
⑩단계		
⑪단계		

관찰결과의 분석기준		관련 행동 단계	개선 방향	개선 방법
소요시간				
소요 노력	육체적			
	정신적			
금전적 비용	보완제품			
	유지/보수			
감각적 소구	시각			
	청각			
	후각			
	미각			
	촉각			

기업가정신과 창업 포트폴리오 노트

과목명 : 기업가정신과 창업	학습목표
교수명 :	1.
강의일시 : 20 년 월 일	2.
강의시간 : 요일 시	3.

핵심질문 또는 내용	강의내용

강의요약(3줄로 요약하기, 나의 생각은?)

복습체크 : 일 뒤, 월말 ____ 중간: ____ 기말 ____ 강의평가

273

수행과제 1

다음 페르소나 사례를 참고하여 자신에 대한 페르소나를 작성해 보시오.

1. 관심있는 사업아이템(카페, 음식점, 의류, 신발 등)을 정한다.
2. 아이템 관련하여 자신의 페르소나를 작성한다.
3. 작성내용: 이름(가명), 사진, 좌우명, 개인프로필, 성격, 라이프스타일, 목표, 불만사항, 동기부여, 사용하는 브랜드, 선호하는 채널.
* 사업아이템을 대표할 수 있는 소비자를 대상으로 작성해 보시오.

서현엄마 이*주 : 커피카페 창업 페르소나 사례

"가족행복이 먼저 Family First!!. 나만의 삶도 필요해.."

나이: 35
직업: 웹디자이너 프리랜서
가족: 남편과 아들
주소: 울산, 무거동
성격: 연변가형(ENFJ)
사용자 정의 유형: 자신의 삶과 일의 조화를 선호함

성격

내향적 ──────── 외향적

분석적 ──────── 창의적

보수적 ──────── 진보적

수동적 ──────── 활동적

──

계획적　똑 부러짐　아들 바보　커피 애호가

라이프 스타일

나의 웹디자인 프리랜서 일에 만족하는 워킹맘이다.

개구쟁이 4살 아들이 너무 사랑스럽고 귀엽위 일을 그만 둘까 고민도 했지만, 나의 일을 포기할 수 없어서 가족과 일에 방해가 되는 것은 가급적 돈이 들더라도 서비스를 이용하는 것을 선호한다.

아들이 유치원에 있는 시간에 최대한 일을 마무리하고 싶지만 긴급한 프로젝트가 있는 경우에는 남편이나 친정엄마께 아이를 부탁하고 가까운 커피전문점에서 일을 하는 경우가 많다.

육아에 대한 정보는 친정엄마, 친구, 페이스북, 관련커뮤니티를 많이 이용하고, 업무와 관련해서는 드롭박스와 구글을 를 주로 이용한다. 일이 잘 안되거나 시간의 여유가 있을 때 틱톡 동영상 보는 것을 좋아한다.

목표

• 아들과 많은 시간 보내기
• 가정과 일의 조화를 위해 불필요한 시간을 줄일 수 있는 서비스와 기기를 최대한 활용
• 스타벅스 커피는 나의 삶의 휴식
• 정보가 돈이고 시간임

불만사항

• 아들이 유치원에서 돌아오면 일에 집중할 수 있는 시간이 부족함
• 남편이 집안일과 아이를 케어해 주는 노력부족
• 급한 프로젝트가 있을 때 집중해서 일을 할 수 있는 공간이 부재
• 집 근처에 스타벅스와 같이 맛있는 커피전문점이 없어 불편함

동기부여

사교동기(사회활동)

두려움

성취욕구

성장동기

권력동기

사용 브랜드

선호하는 채널

전통광고(TV/신문/잡지등)

온라인과 SNS

입소문(가족/친구/커뮤니티 등)

개인 PR 노력

소비자명(가명) : _____

(사진)

나이:

직업:

가족:

주소:

성격:

사용자 정의 유형:

라이프 스타일

목표

- .
- .
- .
- .

불만사항

- .
- .
- .
- .

성격

내향적	외향적

분석적	창의적

보수적	진보적

수동적	활동적

동기부여

사교동기(사회활동)

두려움

성취욕구

성장동기

권력동기

사용 브랜드

선호하는 채널

전통광고(TV/신문/잡지 등)

온라인과 SNS

입소문(가족/친구/커뮤니티 등)

개인 PR 노력

다음 자료를 활용하여 고객생애가치를 계산해 보시오.

상품명 : 청소기

- 1명의 고객에게서 발생되는 수입(매출) : 필터교체형 차량용 진공청소기
  - 제품판매 수입 : 청소기 60,000원 3년에 한번 교체
  - 부가수입 : 필터는 4개월마다 교체 되면 1회 교체비용 10,000원
- 이익률 : 청소기 20%, 필터 70%
- 고객유지율 : 청소기 70% 필터 80%
- 재구매율 : 청소기 70% 필터 70%

구분	세부항목	구매시점	1년차	2년차	3년차	4년차	5년차	비고
제품 판매 수입	판매가격①							2년마다 구매
	구매주기②							구매주기 2년
	재구매율③							
	고객유지율④							
	누적 고객비율⑤							전년기 누적고객 비율*④
	이익률⑥							
	면도기 총판매수익⑬							①*②*③*⑤*⑥
부가 수입	판매가격⑦							
	구매주기⑧							구매주기 6개월 (1년2회)
	재구매율⑨							
	고객 유지율⑩							
	누적 고객비율⑪							전년기 누적고객 비율*⑩
	이익률⑫							
	총판매수익⑭							⑦*⑧*⑨*⑪*⑫
총수익⑮								⑬+⑭
고객생애가치								⑮의 5년간 합계

당신은 창업자로 새로운 우유제품으로 창업을 준비하고 있다. 국내 우유시장의 산업분석을 통해 시장매력도와 경쟁력을 평가해 보시오.

실습목표 : 산업구조분석 모델을 활용하여 사업아이디어의 매력도를 평가하는데 필요한 정보를 수집하고, 이를 활용하여 분석결과를 도출하는 방법을 익힌다.

| 1. 개별 또는 팀별을 구성한다. | 3. 작성된 표와 그림을 발표한다. |
| 2. 팀별로 산업구조분석을 단계별로 실행한다. | 4. 준비물 : A4용지, 필기구, 포스트잇 |

다음의 단계에 따라 평가를 진행한다.

단계 1. 산업구조분석 주요 분석요소에 필요한 정보를 수집한다. [이텔릭체는 작성사례임]

구분	분석요소	검토사항	정보원천
신규 진입자 위협	*제품차별화 정도*	*시장점유율이 높은 브랜드가 있는가? (50%이상)*	*서울32%/남양17%/매일11%/빙그레 9%/ 동원F&B5%, 기타26%[포커스뉴스 국내우유시장점유율 현황 2016.10.14]*
	유통채널 접근성	*판매망을 확보하는데 어려움이 없는 가(온라인 활동)*	
	정부정책	*정부정책이 적극적인가(인허가 문제 등)*	
기존 기업 간의 경쟁	*산업성장율*	*우유시장의 시장성장율의 추세가 어 떠한가?*	
구매자	*가격민감도*	*구매자가 가격에 민감한가?*	
공급자	*공급물량*	*공급물과 공급처가 많은가?*	
대체품 위협	*대체품의 수*	*대체가능한 제품이 얼마나 많은가?*	
	대체품의 상대적 가격	*대체품이 저렴한가?*	

단계2 : 정보에 기초하여 구조요인 평가하기 [이텔릭체는 작성사례임]

| 구분 | 분석요소 | 검토사항 | 평가 | | 종합평가** |
			현재위협*	미래위협*	
신규 진입자 위협	제품차별화 정도	시장점유율이 높은 브랜드가 있는가? (50%이상)	중상	중	중상
	유통채널 접근성	판매망을 확보하는데 어려움이 없는 가(온라인 채널 활동가능성)			
	정부정책	정부정책이 적극적인가(인허가 문제 등)			
기존 기업 간의 경쟁	산업성장율	우유시장의 시장성장율의 추세가 어떠 한가?			
구매자	가격민감도	구매자가 가격에 민감한가?			
공급자	공급물량	공급물량과 공급처가 많은가?			
대체품 위협	대체품의 수	대체가능한 제품이 얼마나 많은가?			
	대체품의 상대적 가격	대체품이 저렴한가?			

* : 강도의 정도를 고려하여 5등급(상/중상/중/중하/하)으로 평가
**: 각 요인별 현재 및 미래위협 정도를 5등급(상/중상/중/중하/하)으로 평가

단계3 : 산업구조 요인별 분석결과를 아래 표에 작성하고, 종합적인 평가의견을 제시한다. [이텔릭체는 작성사례임]

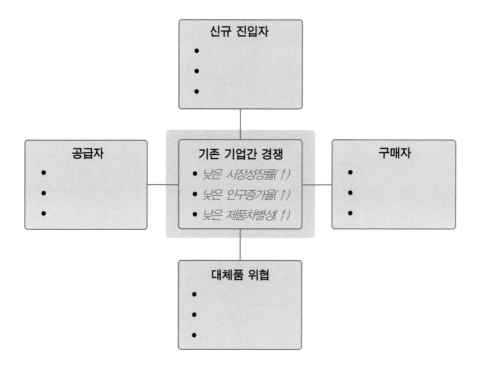

평가의견
- 기존 기업 간 경쟁 : *기존 기업 간 경쟁이 심화되어 시장의 매력도와 수익성 창출이 어려울 것으로 평가된다. 그 근거로 우유시장 전체시장 규모가 확대되지 않고 있고(낮은 시장성장율), 미래 잠재고객이라고 할 수 있는 인구가 증가하고 있지 않기 때문에(낮은 인구증가율) 매출과 수익증대가 점점 어려워 질 것으로 평가된다. 또한, 제품특성상 경쟁제품과 차별화가 어렵기 때문에 차별화를 통한 경쟁우위 달성 가능성도 낮은 것으로 평가된다.*

- 신규 진입자 :

- 공급자 :

- 구매자 :

- 대체품 위협 :

기업가정신과 창업 포트폴리오 노트

과목명 : 기업가정신과 창업	학습목표
교수명 :	1.
강의일시 : 20 년 월 일	2.
강의시간 : 요일 시	3.

핵심질문 또는 내용	강의내용

강의요약(3줄로 요약하기, 나의 생각은?)

_____

_____

복습체크 :   일 뒤,   월말 ____ 중간: ____ 기말 ____ 강의평가

수행과제

1. 팀을 구성한다.
2. 팀별로 아이디어(자유주제 가능)를 선정한다.
3. 아이디어에 대한 캔버스를 작성한다.

4. 작성된 캔버스를 발표한다
5. 준비물 : 포스트잇, 매직

학기를 마친 선배들은 좁은 원룸의 책장에 자리를 차지하고 있는 비싸게 구입한 전공서적은 항상 애물단지이다. 새로운 학기를 준비하는 후배들은 수강한 과목의 전공서적 가격을 보고 놀라지 않을 수 없다. 각 팀은 이들 선배와 후배가 서로 윈-윈(win-win)할 수 있는 비즈니스 모델을 작성하여 보시오.

비즈니스 모델 캔퍼스 :

파트너	핵심활동	가치제안	고객관계	고객세분화
	핵심자원		경로	

비용구조	수익원천

기업가정신과 창업 포트폴리오 노트

과목명 : 기업가정신과 창업	학습목표
교수명 :	1.
강의일시 : 20 년 월 일	2.
강의시간 : 요일 시	3.

핵심질문 또는 내용	강의내용

강의요약(3줄로 요약하기, 나의 생각은?)

복습체크 :   일 뒤,   월말 ____ 중간: _____ 기말 ____ 강의평가

수행과제

손익분기점 분석 연습 : 아래 자료를 참고하여 손익분기점 판매량, 매출액 1,000,000원 목표이익 분기점을 구하시오

> 울산대학교 앞에서 스마트폰 점포를 운영하고 있는 길동이는 아이패드만을 취급하고 있다. 1개당 판매가격은 500,000원이고, 구입단가는 400,000원이다. 점포운영비로 임대료 500,000원, 은행융자 이자가 월 200,000원 지급되고 있고, 판매원 1명에 대한 인건비(아르바이트)로 월 1,000,000원 지급되고 있다. 각종 세금이 월 100,000원이 소요되고 있다. 중고차 감가상각비 200,000원, 판매수수료가 1대당 20,000원이 소요된다.

1) 고정비 항목을 고르시오

2) 변동비 항목을 고르시오

3) 손익분기점 판대대수는?

4) 손익분기점 매출액은?

5) 2,000,000원의 목표이익을 실현하기 위해서 아이패드를 몇 대 팔아야하며, 그 시점의 매출 액은 얼마인가?

기업가정신과 창업 포트폴리오 노트

과목명 : 기업가정신과 창업	학습목표
교수명 :	1.
강의일시 : 20 년 월 일	2.
강의시간 : 요일 시	3.

핵심질문 또는 내용	강의내용

강의요약(3줄로 요약하기, 나의 생각은?)

복습체크 : 일 뒤, 월말 ____ 중간: _____ 기말 ____ 강의평가

수행과제

여러분이 포장마차(차량)를 이용하여 음료수, 햄버거, 떡볶이 등 길거리 먹거리 창업을 한다고 가정하고 아래 양식에 따라 창업계획서를 작성해 보자.

1. 회사소개

회사 이름(실제 이름, 법인 설립시 이름)

- 기업 명 :
- 의미 :

- 비전 :

- 브랜드 명 :

- 도메인 네임(웹사이트) :

- 조직도

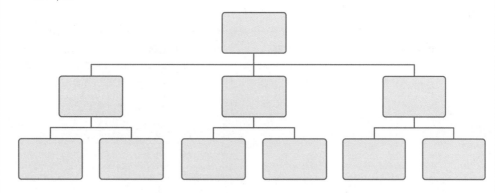

2. 제품소개

제품명 :

제품특징 :

구분	특징	재료	원가(원)	판매가격	비고 (경쟁제품)

3.표적시장

표적시장 :

분류기준	1차 고객	2차 고객	비고
예) 연령	18~21세 여성	22~31세 여성	

4.경쟁자 분석

경쟁자, 경쟁상품, 경쟁자분포(상권분석: 중기청 상권정보시스템 sg.smba.go.kr), 시장점유율 등 : 인터넷 검색, 협회 홈페이지, 업계지 등

경쟁기업	주요상품	특징	가격	1일 매출	비고(사진)
맘마 햄버거	햄버거	저가 닭가슴살	1,200	80개	예시

5.비즈니스 모델

수익원천 :

비즈니스 모델(그림)

6. 소비자 분석

시장규모(성장률, 기술 및 사회적 변화)

소비자의 인구 통계적 특성

소비패턴

7.기술 분석

핵심기술 :

핵심장비 :

대분류	소분류	내용	단가	구입가격	비고
	차량	라보 이동식 차량	8,000,000	8,000,000	예시
장비					
재료					

8. 마케팅 및 영업전략

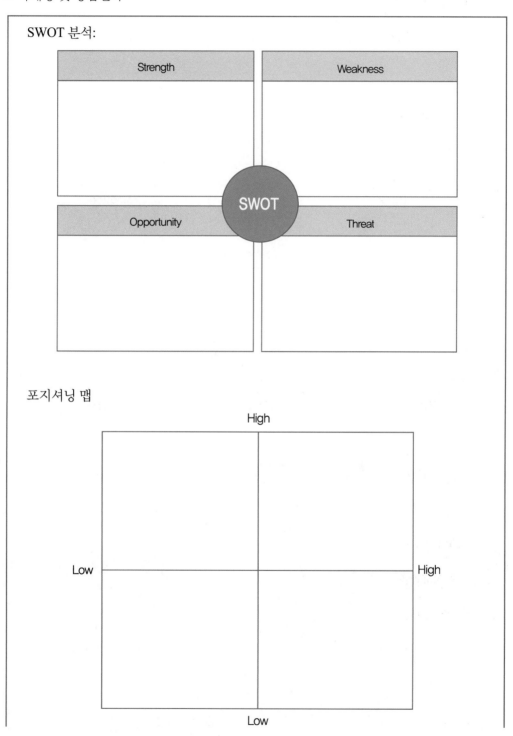

SWOT 분석:

Strength	Weakness

SWOT

Opportunity	Threat

포지셔닝 맵

High

Low ─────────────── High

Low

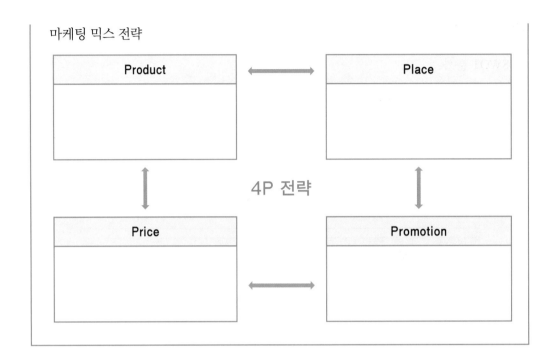

마케팅 믹스 전략

| Product | | Place |
| Price | | Promotion |

4P 전략

9.재무계획

9.1 수익성 분석

구분	사례	예시
창업아이템		선정한 아이템명 [예 : 햄버거]
투자금액	원	이동식 차량 구입비
월평균 목표 수익	원	목표수익 2,000,000원
월평균 매출목표	원	
일 목표매출	원	
고객당 매출	원	
1일고객수	명	일 목표매출/고객당 매출
재구매 주기	일	
확보해야할 고객 수	명	1일고객수 X 구매주기일수

9.2 손익분기점 분석

과목	금액	비고
고정비		차량구입은 반드시 하는 것으로 가정
판매가격		1개당(단위) 판매가격
매출원가		1개당(단위) 변동비
손익분기점 매출량		고정비/(판매가격-판매원가 또는 단위당 변동비)
손익분기점 매출액		손익분기 판매량*판매가격(단위당)
목표수익 매출량		2,000,000원 수익을 목표로 함
목표수익 매출액		목표수익 매출량*판매가격(단위당)

9.3 추정손익계산서

과목	내용	금액	비고
매출액			단가: 원 수량: 개
매출원가			재료비, 인건비
매출총이익			매출액-매출원가
일반관리비			
판매관리비			
지급이자			이자율 10%(12개월) 가정
순이익			매출총이익-(일반관리비+판매관리비+지급이자)

9.4 추정손익계산서

항 목	1월	2월	3월	4월
매출액				
매출원가				
매출총이익				
일반관리비				
판매관리비				
지급이자				
순이익				

기업가정신과 창업 포트폴리오 노트

(1주 강의 최소 1장이상)

과목명 : 기업가정신과 창업	학습목표
교수명 :	1.
강의일시 : 20 년 월 일	2.
강의시간 : 요일 시	3.

핵심질문 또는 내용	강의내용

강의요약(3줄로 요약하기, 나의 생각은?)

복습체크 :   일 뒤,   월말 _____ 중간: _____ 기말 _____ 강의평가

성 명 _____ 학 과 _____

학 년 _____ 학 번 _____

수행과제

고객 니즈에 초점을 맞추어 당신의 해결책이 문제를 해결할 수 있음을 제시하되 계량화된 수치로 표현한다.

가치제안서 작성 요령	
첫 번째 문장	1. For(목표고객) 2. Who(니즈 또는 기회에 대한 양적인 문장) 3. The(제품이름) is (제품 범주) 4. That(제품을 통한 이익)
두 번째 문장	1. Unlike(최고의 경쟁재) 2. Our product(제품의 차별화된 점)

제목 : 네모난 수박

1. 둥근 수박을 재배하는 2만명의 농부는
2. 모양이 둥근 수박을 재배하면 운송 중 파손되는 수박 20% 발생하고, 운송차량에 많은 양을 적재하지 못하는 문제점을 인지했다.
3. 우리 수박 모양은 네모이다.
4. 수박 파손 방지와 더 많은 수박 운송이 가능해 기존 둥근수박보다 20% 정도 파손비용과 운송비용을 줄인다.

1. 기존의 둥근 수박과는 달리 수박 파손으로 인해 피해를 연간 20% 줄일 수 있고, 수박 운송 비용을 20%로 줄일 수 있으며, 소비자가 냉장고에 보관하기도 편리하다.

가치제안서 수행과제

학과: _____ 학번_____ 성명_____

제목 :
1.
2.
3.
4.
1.
2.

제목 :
1.
2.
3.
4.
1.
2.

기업가정신과 창업 포트폴리오 노트

과목명 : 기업가정신과 창업	학습목표
교수명 :	1.
강의일시 : 20 년 월 일	2.
강의시간 : 요일 시	3.

핵심질문 또는 내용	강의내용

강의요약(3줄로 요약하기, 나의 생각은?)

복습체크 :   일 뒤,   월말 ____ 중간: ____ 기말 ____ 강의평가

수행과제 1

각 팀별로 선정한 사업아이템을 기초로 구체적인 창업팀을 구축하여 발표한다.

진행순서

1. 팀별 사업아이템을 선정한다.
2. 사업아이템에 대한 점검표를 작성한다.
3. 점검표를 기초로 조직도와 인력운영 계획서를 작성한다.
4. 각자의 인적네트워크를 활용하여 사업을 지원하는 전문가 그룹을 작성한다.
5. 결과물을 발표한다.

1. 사업아이템 점검표 [사업아이템 명 :   ]

영역	핵심성공 요인	필요인력 (경력 여부)	내부조달 인력	외부조달 인력
제품/서비스개발				
마케팅 (영업/인적네트웍)				
창업자금조달				
기타				

2. 조직도와 인력운영 계획서

조직도	인력운영			
	성명	직위	역할	경력

3. 사업을 지원하는 전문가 그룹

역할	성명	소속(지위)	주요 경력
자금조달/은행			
창업멘토/창업센터			
변리사/변호사			
회계사/세무사			
마케팅전문가			

팀별로 다음의 갈등상황에 대해 토론해 보시오.

> 강의지원 앱을 개발한 창업자가 공동창업자들과 주식을 동등하게 나눴다. 그러나 갈수록 그는 혼자 일한다는 생각이 들었다. 본인은 휴가도 포기하고 회사 일에 전력투구 했지만, 다른 창업자들은 휴가를 즐기며 사업을 부업처럼 여겼다. 결국 이들은 주식을 다시 분배했다. 대부분의 경우 이런 과정에서 갈등을 겪으며, 심한경우 팀 해체까지 이를 수 있다.

위와 같은 일에 직면했을 때 어떻게 해결하는 것이 좋은가?

기업가정신과 창업 포트폴리오 노트

과목명 : 기업가정신과 창업	학습목표
교수명 :	1.
강의일시 : 20 년 월 일	2.
강의시간 : 요일 시	3.

핵심질문 또는 내용	강의내용

강의요약(3줄로 요약하기, 나의 생각은?)

복습체크 :   일 뒤,   월말 ____ 중간: ____ 기말 ____ 강의평가

311

창업 아이디어 신청서 작성사례

학부(과)	*****	전 공	*****	학 번	*****
이 름	***	연락처	***-****-****	이메일	****@****.***

서약서 (□에 체크)	☑ 위 본인이 제출한 아이디어는 타인/타사의 동일아이템이 아님을 확인하고, 타인/타사의 저작권 침해 및 허위로 인해 발생할 수 있는 일체의 책임은 본인에게 있음을 확약합니다. ☑ 아이디어는 울산과학대학교 산학협력단이 이용·소유하는 것에 동의합니다.
아이디어 제목	알권리(알바생들의 권리를 지키는 어플리케이션)
아이디어 분야	□ 기술　　☑ IT·지식　　□ 일반　　□ 기타
제안배경	지금까지 수많은 아르바이트를 했는데 최저임금을 못 받은 경우도 있었고, 야간수당이나 연장근로 수당 같은 것들은 당연히 못 받는 것이라고 생각했습니다. 하지만 요즘 뉴스에서 아르바이트생들의 권리가 침해받는 사건이 대두되면서, 아르바이트생들에게 더 이상 이러한 사건이 발생하지 않았으면 좋겠다고 생각하게 되었습니다. 하지만 관련법이 이해하기 어려운 단어들이 많았고 권리침해 신고 관련 절차도 복잡했습니다. 그래서 '나의 권리를 지켜주고, 수당관련 계산이 간편하게 될 수 있는 어플리케이션이 있다면 어떨까?' 라는 생각으로 아이디어를 제안하게 되었습니다.
주요내용	❖　별첨으로 개략도(사진)나 기타 자료를 첨부해도 됩니다. *어플리케이션을 통해 나의 권리를 찾다.* 온라인 근로계약서 작성 → 날짜별 근로시간 체크 → 근로기준법에 맞게 각종수당으로 자동환산 **장점** 1. 스마트폰과 연동되기 때문에 편리하다. 2. 기록에 남기 때문에 증거로 활용할 수 있다. 3. 임금으로 인한 갈등을 최소화 할 수 있다. 4. 가계부 어플과 연동하여 수입과 지출관리가 용이하다. 일한만큼 받고 고용한만큼 주고 ← 정확한 임금 지불 ← 월말 합산 　권리를 지키기 위한 근로계약서부터 아르바이트생들이 법의 테두리 안에서 보호받을 수 있도록 하였습니다.

주요내용	2016년 4월 일 월 화 수 목 금 토 27 28 29 30 31 ①② ③④⑤⑥⑦ 8 9 10 11 12 13 14 15 16 17 18 19 20 21 22 23 24 25 26 27 28 29 30 1 2 3 4 5 6 7 •시급 : 6030원 •시간 : 36시간 •총 임금 (기본임금+수당) 217,080원+36,180원 =253,260원	**4월7일 근로 시간표(신규)** 근로 시간 : [ ]시~[ ]시 -특징 • 날짜에 맞게 공휴일과 휴일은 자동으로 임금이 계산됩니다. • 사용자가 일일이 계산하지 않고 법에 의거하여 자동으로 계산되어 불편함을 최소화 하였습니다.

어플리케이션 내부를 구상하여 임금계산 페이지를 만들어 보았습니다. 사용자는 일한 시간만 입력하면 어플리케이션 안에서 수당을 자동으로 계산하여 표시해주어 사용자의 불편함을 최소화 하였습니다.

차별점
및 기대효과
	• 차별점
	  1. 임금을 계산해주는 어플리케이션이 있지만 복잡하고, 이해하는데 어려움이 있습니다.
	  2. 어플리케이션 내에서 근로계약서를 작성하는 것부터 임금관련 부당 처우에 관하여 법적도움까지 주는 어플리케이션은 아직 없습니다.
	
	• 기대효과
	  1. 아직까지 지켜지지 못하는 근로기준법의 현실화에 다가갈 수 있습니다.
	  2. '알바천국', '알바몬'과 같은 아르바이트 관련 회사와 협약을 맺어 사업을 확장시킬 수 있습니다.
	  3. 근무지 내에서 일어나는 폭행, 성희롱, 성폭력 관련 사건을 신고 받아 2차 피해를 줄이고 '악덕업주'를 줄일 수 있습니다.

창업 아이디어 신청서

학부(과)		전 공		학 번	
이 름		연락처		이메일	
서약서 (□에 체크)	□ 위 본인이 제출한 아이디어는 타인/타사의 동일아이템이 아님을 확인하고, 타인/타사의 저작권 침해 및 허위로 인해 발생할 수 있는 일체의 책임은 본인에게 있음을 확약합니다. □ 아이디어는 울산과학대학교 산학협력단이 이용·소유하는 것에 동의합니다.				
아이디어 제목					
아이디어 분야	□ 기술　　　□ IT·지식　　　□ 일반　　　□ 기타				
제안배경					
주요내용	❖ 별첨으로 개략도(사진)나 기타 자료를 첨부해도 됩니다.				
차별점 및 기대효과					

창업 아이디어 신청서

학부(과)		전 공		학 번	
이 름		연락처		이메일	

서약서 (□에 체크)	□ 위 본인이 제출한 아이디어는 타인/타사의 동일아이템이 아님을 확인하고, 타인/타사의 저작권 침해 및 허위로 인해 발생할 수 있는 일체의 책임은 본인에게 있음을 확약합니다. □ 아이디어는 울산과학대학교 산학협력단이 이용·소유하는 것에 동의합니다.
아이디어 제목	
아이디어 분야	□ 기술 □ IT·지식 □ 일반 □ 기타
제안배경	
주요내용	❖ 별첨으로 개략도(사진)나 기타 자료를 첨부해도 됩니다.
차별점 및 기대효과	

창업 아이디어 신청서

학부(과)		전 공		학 번	
이 름		연락처		이메일	
서약서 (□에 체크)	□ 위 본인이 제출한 아이디어는 타인/타사의 동일아이템이 아님을 확인하고, 타인/타사의 저작권 침해 및 허위로 인해 발생할 수 있는 일체의 책임은 본인에게 있음을 확약합니다. □ 아이디어는 울산과학대학교 산학협력단이 이용·소유하는 것에 동의합니다.				
아이디어 제목					
아이디어 분야	□ 기술　　　　□ IT·지식　　　　□ 일반　　　　□ 기타				
제안배경					
주요내용	❖ 별첨으로 개략도(사진)나 기타 자료를 첨부해도 됩니다.				
차별점 및 기대효과